깨어있는 양육

깨어있는 양육

아이가 보내는 신호를 제대로 읽고 소통하는 법

셰팔리 차바리 지음
구미화 옮김

Out of Control

나무의마음

일러두기

이 책에 소개된 사례들은 실생활에서 일어나는 상황을 반영하지만, 실제 인물을 그대로 묘사하지는 않았다. 각기 다른 형편에 처한 다양한 부모를 무수히 만나본 지난 수년간의 경험을 토대로 합성한 사례들도 있다.

내 딸 마이아에게

내가 미숙한 에고를 단련하는 법을 배우고
좀더 자비로운 어른으로 성장할 수 있었던 건 전부
엄마로서 너를 키운 덕분이야.

자신을 이해하고 존중하며
옳다고 인정하는 네 모습이
매일같이 나에게 놀라움과 깨달음을 준단다.

차례

사회의 통념을 깨고 완전히 새로운 방식을 시도해보라고 부추기는 책은 잘 나오지 않는다. '집안에서' 일어나는 일에 관한 것이라면 더욱 그렇다.

모든 부모까지는 아니더라도 대다수 부모에게 이 책에 담긴 내용은 무척 새롭게 느껴질 것이다. 어떤 부모는 마치 회초리를 맞거나 머리를 세게 얻어맞은 것 같은 충격을 경험하기도 할 것이다. 그런가 하면 현재 자신의 양육 방식이 옳다는 것을 확인받는 부모들도 있을 것이다. 그들은 어디서도 찾기 힘든 양육에 관한 새로운 통찰과 지지를 이 책에서 얻게 될 것이다.

나처럼 성인이 된 자녀를 둔 부모라면 이런 의문이 들고도 남을 것이다.

"내가 아이를 키울 땐 왜 이런 책이 없었지?"

정말이지 우리는 셰팔리 차바리 박사가 이 책을 통해 나누는 놀라운 생각들을 전혀 알지 못한 채 아이를 키웠다. 아이들을 사랑하고 최선을 다해 보살폈지만, 전부 우리 자신이 자랄 때 경험한 양육 방식에 기반한 것이었다. 우리는 아이들을 다르게 키우는 법을 알지 못했다. 자신감 있고 행복하며 책임감 있는 어른으로 자라도록 좀더 친절하게, 아이의 모습을 있는 그대로 인정하며 키우는 법을 알지 못했다.

뮤지컬 「지저스 크라이스트 슈퍼스타」에 나오는 노랫말이 생각난다.

"우리 다시 시작해도 될까?"

부모 그리고 아이를 돌보는 모든 사람이 듣고 싶은 대답은 "좋아요!"이다.

오늘날 사회가 돌아가는 모습을 보면 자유와 특권이 확대되고 의식이 높아져서, 과거에 '업무가 작동하던 방식'으로 받아들여지던 것의 상당 부분이 통하지 않는다. 우리가 겪고 있는, 지축을 뒤흔드는 변화들로 인해 사회 제도 곳곳에 깊고 뚜렷한 균열이 생겼으며, 우리 가정과 아이들도 예외가 아니다.

지금껏 우리는 대부분 가부장제 사회에서 살았고, 이 가부장제의 특성들이 사회 주요 기관의 구조와 운영 방식에도 고스란히 반영되어 있다.

최근까지도 이렇게 '위에서 권력을 행사하는' 모델이 효과가 있었던 이유는 강제로 복종하게 하지 않으면, 즉 통제하지 않으면 모든 것이 무너져 혼란에 빠질 거라고 믿었기 때문이다.

지금 우리는 다른 사람을 위에서 지배하는 세상에서 벗어나 보편적 평등과 상호 존중의 세상으로 이동하는 아주 중요한 과도기에 있다. 이 변화는 우리가 매일 생활하고 숨 쉬는 공간에도 닥쳐올 것이다. 우리의 가정생활, 더 구체적으로는 부모로서 우리가 아이들을 대하는 방식에도 영향을 미칠 것이다.

셰팔리 박사는 우리에게 지금까지 아이들을 대하던 방식에서 벗어나라고 제안한다. 때로는 애원하기까지 한다. 부모로서 '힘을 행사하는' 것이 아니라 아이를 존중하며, 그 성스러운 관계를 통해 아이 그리고 우리 내면의 가장 소중한 것과 연결되기 위해 노력해야 한다는 것이다. 이를 위해 우리는 반드시 우리에게 상처를 남긴 성장 과정을 돌아봐야 한다. 그래야 더 깨어있는 상태로 아이를 돌보고 우리 자신도 치유받을 수 있다.

용감하게 아이 양육의 기회를 받아들이자. 그러는 동시에 아이가 우리를 더 성장시키도록 마음을 열자. 다정한 집사가 되어 아이 스스로 인성의 가장 높은 산에 오르도록 격려하고, 위험천만한 삶의 급류도 자신감을 가지고 성공적으로 건너게 돕자. 아이들은 우리의 씨앗이 아닌 신이 주신 씨앗에서 비롯된다. 우리는 정원사로서 그 씨앗이 튼튼한 식물로 자랄 때까지 물을 주고, 잡초를 뽑고, 비료를 주고, 가치를 알아봐주고, 감사한 마음으로 지지를 보내는 기회와 영광을 얻은 것이다.

"나무가 어떤지 알려면 그 열매를 보면 된다"는 말이 있는데, 나는 이렇게 바꿔 말하고 싶다.

"우리가 어떤 부모인지 알려면 우리가 가꾸는 정원을 보면 된다."

오케이, 방금 우리 편집장이 이렇게 말했다.

"이제 그만. 책을 거저 주지 마세요!"

콘스탄스 켈로그
나마스테 출판사 발행인

1장

훈육이 통하지 않는 이유

많은 부모가 아이와 끊임없이 무언가를 거래한다.
나는 이것을 '죄수와 간수 양육법'이라고 부른다.
여기서 간수는 아이의 행동을 철저하게 감시해야 한다.
죄수에 해당하는 아이는 옳거나 그른 행동을 하고,
간수 역할을 하는 부모는 보상이나 처벌을 내리기 바쁘다.
그러나 세월이 흐르면 서로를 괴롭히느라
누가 간수이고 누가 죄수인지조차 구분이 안 되는 지경에 이른다.

〉
〉

"우리 애는 내 말을 도통 듣지 않아요. 차라리 벽에 대고 말하는 게
나을 정도예요. 숙제라도 시키려면 악몽이 따로 없고, 하루하루가 전
쟁의 연속이죠. 무엇 하나 싸우지 않고 넘어가는 일이 없어요."

많은 부모가 이렇게 말한다.

"가장 최근에 아이와 싸우게 됐을 때 어떻게 하셨어요?"

내가 묻는다.

"처음엔 소리를 질렀죠. 그다음엔 아이가 좋아하는 것을 못 하게 하겠
다고 협박했어요."

"예를 들어주시겠어요?"

"아이가 저녁 시간 내내 숙제는 안 하고 게임만 했어요. 그래서 휴대전
화를 빼앗고 2주 동안 주지 않겠다고 했죠."

"그래서 어떻게 됐어요?"

"난리가 났죠. 애가 엄마 싫다고, 다시는 엄마랑 말 안 하겠다고 소리를 질러댔어요. 그러고는 방에서 두 시간을 울더라고요. 이제 애한테서 빼앗을 것도 없어요. 그래봐야 달라지는 것도 없고요!"

이런 이야기, 어딘가 익숙하지 않은가. 아이를 키우면서 한 번도 협박을 안 해본 부모가 있을까? 아이가 꼬박꼬박 말대꾸하면 우리는 아이에게 텔레비전을 보지 못하게 하고, 아이가 눈을 치켜뜨면 친구와의 모임을 취소해버린다. 아이가 시험을 잘 못 보면 놀이동산에 가기로 한 약속을 없던 일로 만든다. 아이가 방을 청소하지 않으면 아이패드를 빼앗는다. "네가 ~하지 않으면, 나는 ~할 거야"라는 조건부로 아이를 통제하려고 진을 뺀다.

많은 부모가 이런 식으로 아이와 끊임없이 무언가를 거래한다. 나는 이것을 '죄수와 간수 양육법'이라고 부른다. 여기서 간수는 아이의 행동을 철저하게 감시해야 한다. 죄수에 해당하는 아이는 옳거나 그른 행동을 하고, 간수 역할을 하는 부모는 보상이나 처벌을 내리기 바쁘다. 이내 죄수는 간수의 통제에 의존해 행동을 조절하게 된다.

이런 보상과 처벌의 양육 방식은 아이에게서 스스로 절제하는 법을 배울 능력을 빼앗는다. 아이 안에 잠재된 자기조절 능력을 무너뜨리는 것이다. 그리하여 아이는 모든 행동을 간수에게 의존하는 꼭두각시가 되고 내적 동기가 아닌 외적 동기의 영향을 받게 된다. 그렇게 세월이 흐르면 서로 조종하고 조종당하는 악순환이 반복돼, 서로를 괴롭히느라 누가 간수이고 누가 죄수인지조차 구분이 안 되는 지경에 이른다.

간수 역할을 하는 건 부모에게 행복한 상황은 아니다. 그런 역할이 마음에 드느냐고 물으면 부모들은 "절대 아니다"라고 힘주어 대답한다. 그러나 그들이 어떻게 간수 노릇을 하고 있는지 내가 짚어내고 이제 멈춰야 한다고 말하면 부모들은 내가 머리 둘 달린 괴물이라도 되는 양 쳐다본다.

그러면 나는 이렇게 말한다.

"휴대전화를 빼앗거나 소리를 지르며 밖에 나가지 못하게 하고 손으로 때리며 아이를 훈육하면, 문제는 해결되지 않고 영원히 반복되는 거예요. 그런 훈육법이 효과가 없다는 증거를 지금 눈으로 보고 있잖아요. 효과가 있었다면 아이가 여태 그런 행동을 하진 않겠지요."

부모가 아이를 훈육해야 한다는 생각을 하지 않는 사람이 있을까? 나도 오랫동안 그래야 한다고 믿었다. 아이에게 소리를 지르고, 타임아웃을 줘서 잠시 아무것도 못 하게 하고, 으름장도 놓았다. 내가 부모인 이상 그렇게 해야 한다고 믿었다. 그러니 내가 이제 와서 부모들에게 훈육은 필요 없을 뿐만 아니라, 실제로는 고쳐주려고 애쓰는 부정적인 행동을 더 부추기게 된다고 말하면 그들의 타고난 권리를 포기하라는 소리처럼 들리는 게 당연하다.

"대체 무슨 말씀을 하시는 거예요?"

부모들은 분개하며 이렇게 되묻는다.

"어떻게 아이를 훈육하지 않을 수 있죠? 제가 겁을 주거나 혼내지 않으면 아이는 아무것도 안 할 거예요."

당혹스럽다 못해 어쩔 줄 몰라하는 부모들의 말을 듣고 있으면, 훈육이 양육의 기반이라는 믿음이 얼마나 깊이 뿌리내리고 있는지 느껴진다. 또한 그런 양육 방식의 폐해도 보게 된다. 아이들은 끊임없이 부모의 통제를 받는 데 익숙해져 위협이나 뇌물이 없으면 정말로 아무것도 하지 않는다.

우리가 훈육이 부모 역할의 필수적인 부분이라고 믿으며 아이들을 대하는 건 아이들은 본래 무례하니 교양을 가르쳐야 한다고 주장하는 것과 같다. 그러나 아이러니하게도 가장 엄격한 훈육을 받은 아이들이 스스로를 통제하지 못할 때가 가장 많다.

　우리는 지금껏 훈육에 대해 제대로 생각해보지도 않은 채 훈육을 하지 않으면 아이들이 제멋대로 굴 거라고 믿어왔다. 아이들이 하는 모든 잘못된 행동을 이런 관점에서 해석한다. 그러나 내가 제안하는 것은 그 믿음과는 정반대다. 우리가 '훈육'이라고 믿어왔던 것은 해롭고, 부모가 아이에게 그토록 갈망하는 행동을 불러일으키지 못한다.

　원래 '훈육'이라는 단어는 교육, 훈련과 관련된 온화한 뜻을 지녔다. 하지만 오늘날 어떤 부모에게 물어도 훈육이라고 하면 아이의 행동을 통제하는 법, 즉 부모가 아이에게 자신의 의지를 강요하는 전략으로 잘못 알고 있다.

　실제로 많은 부모들이 이런 고민을 한다.

　'아이가 특별히 좋아하는 것 중 어떤 걸 못 하게 해야 내 말을 들을까?'

　자신이 아이에게서 빼앗는 그 무언가가 아이의 문제 행동과 조금이라도 관련이 있는지 따져볼 생각은 하지 않는다. 아이가 보물처럼 소중히 여기는 물건이나 권한을 빼앗기면 정신이 번쩍 들어 부모 말에 귀를 기울일 거라고 믿는다. 이것이 얼마나 어리석은 방식인지 알기 위해 어른의 사례로 바꿔 생각해보자.

　어느 날 당신이 다이어트를 하기로 약속한 다음 몰래 도넛 한 봉지를 먹다가 배우자에게 들킨다. 그러자 당신의 배우자가 다시는 도넛 가게에 못 가도록 자동차 열쇠를 빼앗는다.

자, 당신 기분이 어떨까? 혹은 친구와의 점심 약속에 늦었더니 친구가 당신에게 가장 아끼는 보석을 달라고 요구한다. 그때 당신 기분은 어떨까?

이런 대응은 도넛을 먹거나 약속에 늦는 행동을 막는 건 고사하고 결혼생활이나 우정 자체에 전혀 도움이 안 된다는 데 모두가 동의할 것이다. 우리가 '훈육'이라고 부르는 것 또한 그만큼 아이들에게 황당하고 대단히 억울하게 느껴진다.

다음 글을 읽고 각 문장과 당신의 반응과의 관련성을 생각해보자.

"네가 살을 빼면 우리는 놀이동산에 갈 수 있어."

"네가 수영팀에 들어가면 친구들과 하룻밤 자게 해줄게."

"네가 시험을 잘 보면 할머니랑 영화 보러 가도 돼."

"당장 숙제하지 않으면 신발 안 사줄 거야."

"공손하게 말하지 않으면 휴대전화 압수한다!"

"계속 거짓말하면 3주간 밖에 못 나가게 할 거야!"

솔직하게 인정하는 부모도 있다.

"생각도 안 해보고 협박할 때가 있죠. 너무 화가 나면 그런 말이 그냥 튀어나와요. 일단 말을 뱉으면 끝까지 밀어붙이는 수밖에 없고요. 안 그러면 아이는 제가 그냥 하는 소리라고 생각하고 난장판을 만들 테니까요."

나는 이렇게 대답한다.

"잠깐은 좋아지겠죠. 하지만 그런 접근법으로 상황을 완벽하게 바꿀 수 있나요?"

이 질문을 받은 부모들은 하나같이 "절대 아니다"라고 답한다. 한 부모는 이렇게 말했다.

"저는 큰애가 네 살 때 그런 한계에 부딪혔어요. 그때 생각했죠. '이 방법만 있을 리 없어. 인간은, 아이는 선하잖아!'

그 애가 지금 열한 살인데, 그날 이후로 저는 절대 아이를 협박하거나 위협하거나 벌을 주지 않아요."

사실 이렇게 아이를 가혹하게 휘어잡으려는 접근법으로는 절대 긍정적인 결과를 얻지 못한다. 실제로 아이들에게 벌을 주면 부정적인 영향이 오래간다는 것이 연구로도 입증됐다.

내가 이런 이야기를 하면 언제나 이렇게 말하는 부모가 있다.

"하지만 전 어렸을 때 훈육을 받았어요. 제 아버지가 저를 죽일 듯이 팼거든요. 그래서 결국 제가 괜찮은 사람이 됐잖아요!"

나는 이렇게 말하는 부모에게 정말로 '괜찮은지' 따지고 들지는 않는다. 그런 논쟁이 문제의 핵심에서 벗어난다는 사실을 알기 때문이다. 대신에 이렇게 묻는다.

"어릴 때 벌을 받거나 맞으면 기분이 어땠어요?"

솔직한 부모라면 대개 이렇게 대답한다.

"싫었죠. 많이 울었어요. 겁이 나고 나 자신이 싫었죠. 도망치고 싶은 마음뿐이었어요."

그러면 나는 다시 묻는다.

"그렇다면 왜 아이를 훈육하세요?"

대답은 예상한 대로다.

"아이가 배우길 원하니까요. 내가 안 가르치면 어떻게 배우겠어요?"

우리의 목표가 아이를 가르치는 데 있다면, 내가 앞서 암시했듯이 훈육은 가르침의 '적'이라는 사실을 기억하자. 사람들의 일반적인 믿음과는 달리 훈육과 교육은 같은 개념이 아니라 완전히 동떨어진 세계다.

이를 구체적으로 이해하기 위해 다음과 같은 상황에서 기분이 어땠는지 돌이켜보자. 부모가 당신이 가장 좋아하는 텔레비전 프로그램을 꺼버리고, 친구도 못 만나게 하며, 휴대전화도 빼앗고, 소리를 지르거나 때리기까지 했을 때 기분이 좋았는가? 부모님이 당신에게 가르침을 주려고 그런 것이니 그 의도를 이해하고 자연스럽게 받아들였는가? 아니다. 그런 경험을 통해 당신이 배운 건 이런 것이다.

'부모가 대장이니 화나게 하면 안 돼.'

또한 당신 부모가 다른 어른들이나 직장 동료, 심지어 반려동물을 대할 때조차 당신을 대할 때보다 훨씬 정중하다는 사실도 알아챘을 것이다.

훈육은 합리적이기보다 부모의 기분에 좌우되는 것처럼 보이기 때문에, 아이들은 언제나 억울함을 느낀다. 설령 아이들이 부모의 요구에 따르더라도, 시키니까 따를 뿐 속으로는 부모의 요구에 반발하며, 그걸 시키는 부모에게 더욱 거부감을 느낀다. 그런데 아이들이 반발하거나 마지못해 건성으로 하는 것 같으면 부모는 더 강하게 통제해야 한다고 느낀다. 부모가 엄격할

수록 아이가 더 순응할 거라 믿고 강압적으로 접근한다. 이렇게 해서 생기는 반감이 아이에게 정서적 앙금으로 남아 학습과 성장을 가로막고, 무엇보다 부모와의 교감을 차단한다.

아이가 겉으로는 부모의 뜻을 따를지 몰라도 마음은 그렇지 않다. 받아들이려는 마음이 전혀 없다.

훈육에 실패하는 이유

☐ 부모의 기분에 따라 훈육하면 실패한다.

☐ 보상과 뇌물로 아이를 조종하면 아이의 잠재된 자기조절 능력을 키울 수 없다.

☐ 강압적으로 접근하면 반감만 커진다. 정서적 앙금은 아이의 학습과 성장을 가로막고, 부모와의 교감을 차단한다.

☐ 가장 엄격한 훈육을 받은 아이가 스스로를 통제하지 못하는 경우가 가장 많다.

☐ 아이들은 끊임없이 부모의 통제를 받는 데 익숙해져 위협이나 뇌물이 없으면 정말로 아무것도 하지 않는다.

☐ 소리를 지르고, 타임아웃을 줘서 아무것도 못 하게 하고, 으름장을 놓으며 협박하면 고쳐주려고 애쓰던 부정적인 행동을 더 부추기게 된다.

☐ 훈육과 교육은 같은 개념이 아니라 완전히 동떨어진 세계다.

☐ 훈육은 합리적이기보다 부모의 기분에 좌우되는 것으로 보이기 때문에 아이들은 언제나 억울함을 느낀다.

2장

통제가 만연한 세상

。

네 살배기 딸은 엄마가 무서운 표정을 지으며
자기의 양팔을 붙들고 마구 흔드는 모습을 바라보았다.
물건을 소리 나게 내려놓고 진짜로, 정말로 미친 사람처럼 말하는 모습을
지켜보았다. '책임' '벌' '훈육' 같은 어려운 말도 들렸다.
'이게 다 무슨 말이지?'
너무 겁이 나 그 자리에서 오줌을 쌀 것 같았다.
하지만 그러면 엄마가 더 화를 낼 테니 머릿속으로 이렇게 생각하며 참았다.
'쉬는 안 돼. 쉬야 참아야 해. 하나, 둘, 셋!'

∨
∨

한 엄마가 엄청난 혼란에 빠졌다. 겪어본 적 없는 최악의 상태였다. 아무 말이나 막 내뱉고, 발을 쿵쿵거리고, 문을 쾅 닫았다. 소리를 지르고 싶었다. 아니면 도망치거나. 왜 그녀의 딸은 엄마가 시키는 대로 하지 않을까? 도저히 감당이 되지 않는 아이였다.

언제나 똑같았다. 장난감이 사방에 널려 있었다. 한 시간 전에 장난감을 치우라고 말했고, 그 이후에도 몇 번이나 말하지 않았던가? 하지만 아직 그대로다. 이제 15분 뒤면 저녁 식사를 함께할 손님이 도착한다. 주방에서도 할 일이 무척 많은데, 거실까지 정리해야 한다니, 이 엄마는 미칠 지경이다. 결국 장난감을 낚아채 신경질적으로 상자에 던지며 소리쳤다.

"못된 것 같으니라고! 왜 이렇게 엄마 말을 안 들어? 왜 맨날 엄마를 이렇게 힘들게 하는 거야?"

네 살배기 딸은 엄마가 무서운 표정을 지으며 자기의 양팔을 붙들고 마구 흔드는 모습을 바라보았다. 물건을 소리 나게 내려놓고 진짜로, 정말로 미친 사람처럼 말하는 모습을 지켜보았다. '책임' '벌' '훈육' 같은 어려운 말도 들렸다. '이게 다 무슨 말이지?' 아이는 알지 못했다. 아이는 그저 겁이 났다. 너무 겁이 나 그 자리에서 오줌을 쌀 것 같았다. 하지만 그러면 엄마가 더 화를 낼 테니 머릿속으로 이렇게 생각하며 참았다.

'쉬는 안 돼. 쉬야 참아야 해. 하나, 둘, 셋.'

엄마는 언제 다시 행복한 엄마가 될까? 언제 먹구름이 사라질까? 이 조그만 아이는 먹구름이 몰려오는 게 싫었다. 먹구름은 언제나 새로 생겨나는 것 같았고, 그건 전부 아이 탓이었다.

혹시 이 엄마에게서 당신의 모습이 보이는가? 나는 내 모습이 보인다. 이 엄마가 바로 나이고 아이는 내 딸이기 때문이다.

아니면 아이가 나였던가?

바쁜 일정, 내 계획과 따로 노는 아이, 도착 직전의 손님들, 거기에 모든 것을 통제하고 싶은 내 욕구까지 더해져 나는 그야말로 폭발하기 직전이었다. 그래서 딸에게 화를 내고, 감정을 터트리고, 스트레스를 준다며 아이를 나무랐다. 아이가 반항하려 들면 무슨 일이 벌어질지 몰랐다. 어쨌거나 딸아이를 훈육하는 것은 부모인 나의 권리이자 의무가 아닌가?

비록 속으로 내 딸은 벌을 받아도 '싸다'고 생각했지만, 바닥에 널린 장난감에 대한 내 반응이 지나쳤다는 것, 그건 아이의 행동 때문이라기보다는 상황을 통제하고 싶은 내 욕구 때문이었다는 걸 알고 있었다. 그래서 아이에게 분통을 터뜨린 뒤 기분이 썩 좋지 않아 다시는 그렇게 화내지 않겠다고 다짐했다. 아이가 다음에 내 심기를 건드리는 행동을 하기 전까지는 말이다. 그러니까 그럴 때는 또 나 자신을 어쩌지 못했다.

이렇듯 아이가 내 통제에서 벗어난 듯 보이면 계속해서 나 자신이 통제가 안 됐다. 가슴이 조여오고 목이 콱 막히는 느낌이 들어서 이를 악물었다. 순식간에 상냥한 엄마에서 분노한 폭군으로 변했다.

부모가 되기 전에는 아이에게 욱하고 감정을 폭발시킬 거라고는 생각지도 못했다. 어느 순간 정신없이 화를 냈다가 이내 아이에게 상처를 입힌 나 자신이 역겨웠다. 나도 내 분노가 당혹스러웠다.

심리학자이자 심리치료사로서 나는 내담자들도 나처럼 자기도 모르게 통제에 집착하는 경향이 있음을 발견한다. 상황이 뭔가 잘못되거나 아이가 도를 넘는 행동을 하면 부모는 균형감을 잃는다. 그러다 시간이 흐르고 나면 언제나 아이에게 미안해지고, 화를 터트리고 힘겨루기를 하고 아이의 죄책감을 자극한 스스로가 너무나 부끄러워진다. 하지만 우리는 아이들이 우리가 원하는 대로 하지 않을 때 적절한 행동으로 이끌 다른 방법을 알지 못한다. 마치 속도 조절이 되지 않는 믹서기에 감정을 한꺼번에 쏟아부은 느낌이다.

이렇게 통제력을 잃게 될 때면 나는 마치 타임캡슐을 타고 어린 시절로 돌아간 것 같았다. 갑자기 네 살배기 아이가 되어 발을 구르고 떼를 쓰며 어떻게든 원하는 것을 얻어내려고 발악했던 때로 말이다. 내가 딸아이로 인해 심하게 발끈했던 이유는 그 상황이 과거의 내 감정들을 끄집어냈기 때문이다. 내 기억 속엔 어린 시절 손님이 오기로 한 날 저녁이면 무척이나 허둥지둥하던 엄마의 모습이 생생하게 남아 있다. 그럴 때마다 모든 것을 통제하려 드는 엄마의 행동을 못땅하게 여겼으면서도 그런 엄마의 감정을 나도 모르게 흡수했다. 교양 있는 겉모습 뒤에 숨어 있던 그 감정이 훈육을 핑계로 되살아나 내 정신을 온통 뒤흔들고 이성을 잃게 했다.

우리가 어렸을 때 본 부모의 행동 방식은 우리가 아이를 키우는 표본이 된다. 부모가 불러일으킨 감정은 사라지지 않고 우리 안에 남아 우리가 아이의 행동을 바라보고 해석하는 렌즈 역할을 한다. 다시 말하면 아이의 행동에 대한 우리의 반응은 상당 부분 우리의 '잠재의식'에 달려 있다.

우리는 모두 어느 정도는 과거의 노예이며, 아이들은 그 과거를 곧잘 불러 낸다. 왜냐하면 분명 잊힌 것 같은 사건들도 우리가 마주하고 그 사건을 둘러싼 감정들을 해소하기 전까지는 무의식 차원에서 계속 우리를 조종하기 때문이다. 그래서인지 심리 치료사로 일하다 보면 40대, 50대, 60대 남녀가 아직도 정서적으로 어린 시절에서 벗어나지 못하고 부모의 분노와 멸시, 방치, 억압의 메아리에 갇혀 있는 경우를 자주 접한다.

우리가 살면서 겪는 모든 갈등은, 그 대상이 아이든 배우자든 아니면 다른 어른이든, 어느 정도는 우리의 어린 시절과 관련이 있다. 모든 관계, 모든 상호작용은 우리가 양육될 때 만들어진 설계도에 따라 이루어진다. 그러니 어떤 의미에서는 갈등 상황에 어른은 존재하지 않고, 떼쓰는 아이들만 있는 셈이다. 이를 양육에 적용하면 여러 면에서 애가 애를 키우는 꼴이다. 재닛이 바로 그런 사례다.

∨
∨

재닛은 열 살짜리 아들과의 관계가 너무 악화되어, 아이가 방에 들어올 때면 늘 긴장했다. 십중팔구 일어날 게 분명한 충돌이 두려웠기 때문이다. 심리 치료 과정에서 이 감정을 돌아본 재닛은 그 감정이 어렸을 때 그녀를 자주 때린 아버지와 함께 있을 때 느낀 무력감과 같다는 것을 깨달았다. 세월이 그렇게 흘렀음에도, 아들이 '여느 남자아이들처럼' 잠시도 가만있지 못하고 이따금 상당히 공격적이어서 그녀의 해결되지 않은 과거를 되살려낸 것이다.

그런 사실을 인지하지 못했던 재닛은 아들을 대할 때 마치 아버지를 대하듯 행동했다. 아들이 곁에 있으면 금세 방어적인 태도를 보였던 것도 그 때문이었다. 하루가 멀다 하고 아들과 싸우는 동안, 재닛은 아들이 폭군이라는 믿음을 굳혔다. 사실 그것은 아들이 아니라 그녀 아버지와 관련 있는 이미지였음에도 말이다. 다시 말하자면 재닛이 아이를 키우는 방식은 수십 년 전 부모와의 관계에서 형성된 행동 방식 그대로였다.

억압당하며 자란 아이들은 자라서 억압하거나 억압당하거나 둘 중 하나다. 자녀를 지배하고 통제하는 것이 부모의 권리라는 믿음이 오랫동안 만연했던 이유가 바로 이 때문이다. 특히 가족을 대신한 아버지의 '결정' 권한, 흔히 '가부장제'라고 부르는 것에 대한 믿음이 팽배했던 이유도 여기에 있다.

∨
∨

한 40대 여성 내담자가 이렇게 말했다.

"제가 어렸을 때 엄마는 종종 이런 말을 했어요. '네 아버지가 이 집의 왕이자 주인이다.' 저와 오빠는 엄마 말을 믿었어요. 그래서 아버지가 화난 표정을 하면 시키는 대로 순종할 수밖에 없었죠. 아이의 보드라운 뺨은 몇 대만 맞아도 금세 말을 알아들어요. 저는 아버지가 이를 악물기만 해도 곧장 순종했어요. 우리 집에서 가장 많이 쓰인 말이 또하나 있어요. '아이들은 얌전히 있어야 한다.' 저에게 부모 자식 관계는 명확했어요. 복종 아니면 끝. 어떤 상황에서도, 아무에게도 제 취향같은 건 중요하지 않았어요. 돌아보면 저에게 선택권이 있다는 것조차 의식하지 못하고 살아온 것 같아요. 그러다 보니 '저 밖에 있는' 누군가 혹은 무언가를 탓하는 것이 숨 쉬듯 자연스러워졌죠."

전 세계는 수세대에 걸쳐 나이로 보나 경험으로 보나 부모가 위이고 자녀는 당연히 아래라고 여기는 양육법을 지지해 왔다. 자녀가 부모에게 맞춰야지 그 반대가 되면 안 된다는 뜻이다. 나는 이렇게 말하는 사람들을 자주 본다.

"이 아이는 내 자식이니까 무엇이 좋을지는 내가 결정합니다."

아이를 세상에 태어나게 했으니 자기 소유라고 생각하는 사람들이 많다. 아이를 부모의 여러 소유물 중 하나로 여기는 것이다. 이런 잘못된 생각을 근거로 하여 부모는 자녀에게 명령할 권한이 있다는 믿음이 생겨난다. 이런 잘못된 생각을 바탕으로 강압, 조종, 심지어 체벌까지도 정당화한다. 물론 우리는 그것을 '가르침'이라고 표현하며, 가혹한 '훈육'이라는 철학을 새로 만들어 멋진 전략과 기술, 장치들까지 생각해낸다. 그것을 주제로 한 책도 세상에 많다. 하지만 우리가 용기를 내어 인정한다면, 모든 '훈육'은 그 형태가 어떻든 위장한 분노 발작일 뿐이다. 혹시 우리가 '훈육'이라고 부르는 것이 대부분 몸만 어른일 뿐 정신적으로는 어른이 되지 못한 사람adult child이 떼쓰는 것에 지나지 않는다고 생각해본 적이 있는가?

강압적이고 가혹한 훈육은 부모가 자녀보다 우월하다는 착각을 전제로 한다는 사실을 우리가 깨닫지 못하는 한, 각 가정과 교실, 운동장 그리고 더 넓은 세상 속 갈등 상황에서 다툼은 매일같이 수그러들지 않고 계속될 것이다. 사실 권위적인 양육법은 우리가 아는 이 세상의 좋지 않은 모습에 상당한 책임이 있다. 여자란 모름지기 아버지의 '명령을 따라야 한다'고 주장하는 아버지 때문에 한 번도 자기 뜻대로 살아본 적 없는 중년 여성, 국민에게 횡포를 부리는 독재자, 국제 분쟁을 일으켜 다른 나라를 지배하려는 국가 등의 모습은 모두 강압적인 양육법과 관련이 있다.

우리가 개인적으로, 국가적으로 그리고 전 세계적으로 경험하는 문제들은 근본적으로 사람은 통제받아야 한다는 믿음에 기반한다. 문화와 지역에 상관없이 우리의 양육법에도 이 같은 믿음이 스며 있다. 지배 욕구, 이것이야말로 훈육을 하는 진짜 이유이며, 오랫동안 인간의 특징으로 묘사된 정서적 고통 또한 대부분 이 지배 욕구 때문에 생긴 것이다.

소위 '위대하다'고 일컬어지는 과거의 인물들을 보면 많은 경우 정복 욕구가 강한 폭군이다. 그들의 '위대함'은 통제를 통해 정복당한 이들의 희생으로 만들어졌다. 알렉산더 대왕이나 나폴레옹 같은 인물도, 로마와 영국 같은 제국도 모두 지배와 통제 욕구에 의해 움직였다.

우리는 지도자의 '위대함'을 평가할 때 대개 얼마나 많은 지배권을 확보했는지를 본다. 같은 맥락에서 '좋은 시민'은 '착한 아이들'처럼 순종적인 사람들이다. 그렇다면 모든 시민 중 가장 복종을 잘하는 사람은 누구인가? 오직 명령에 따라 움직이고 무엇보다 규율을 중시하는 군인이 아닌가? 규율을 중시하는 세계에서는 획일적인 행동이 최고의 선이다.

그런가 하면, 반대로 다른 사람들의 삶의 질을 극적으로 개선해주는 리더가 등장하기도 한다. 역사상 그런 인물은 매우 드물지만, 우리 중에 자기 자녀가 진정으로 훌륭한 리더, 더 나아가 인류의 평화와 번영, 행복을 강화하는 위대한 지도자가 되길 바라지 않는 부모가 있을까? 아이가 자라서 독창적이고 혁신적인 자유사상가, 개척자가 되길 원치 않는 부모가 있을까? 자기 자녀가 고분고분 다른 사람에게 조종당하거나 통제를 받기보다 자기의 본모습에 충실한 사람이 되길 원치 않는 부모가 있을까?

우리는 자녀를 위해 이런 것들을 원한다고 말하지만, 훈육에 중독돼 그 목표를 스스로 망가뜨린다. 통제와 순응, 순종에 익숙한 삶이 보장하는 것은 그저 그런 재미없는 일상 아니면 독재와 폭정이다.

우리가 사는 세상의 일부 지역은 여러 면에서 암흑기를 지나 르네상스를 거쳐 계몽시대로 이동했다. 이제 우리는 사람들에게 족쇄를 채우지 않으며, 종교적 신념이 다르다는 이유로 그들을 화형에 처하지 않는다. 질병이 신의 응징이라고 믿지도 않는다. 우리는 이제껏 지구상에 존재했던 그 어떤 시대보다 위계질서는 약하고 민주적인 성격은 더 강한 시대를 살고 있다.

인간의 가치를 소중히 여기고 누구나 평등하다는 인식과 함께 지구를 보호해야 한다는 의식도 높아지고 있다. 그러나 유독 아이를 기르는 문제에 관한 한 안타깝게도 여전히 암흑기에 머물러 있다. 전 세계 곳곳의 아이들이 매일 훈육이라는 명목 아래 처참한 대우를 받고 있으며, 그 정도가 너무 심해서 비극적인 결과로 이어지는 경우도 빈번하다.

이제 양육의 패러다임 전체를 바꿔야 할 때다. 지금의 양육 방식은 권위주의적 훈육과 같은 잘못된 방식이 핵심을 차지하고 있다. 힘으로 아이들 '위에 군림하는' 대신 아이들과 건설적으로 협력하여 그들이 자기조절능력을 키울 수 있도록 용기를 북돋워주어야 한다.

양육의 패러다임을 바꿔야 할 때

☐ 억압당하며 자란 아이들은 자라서 억압하거나 억압당하거나 둘 중 하나다.

☐ 모든 훈육은 그 형태가 어떻든 위장한 분노 발작일 뿐이다.

☐ 우리가 '훈육'이라고 부르는 것은 대부분 몸만 어른일 뿐 정신적으로는 어른이 되지 못한 사람adult child이 떼쓰는 것에 지나지 않는다.

☐ 시간이 흐르고 나면 언제나 아이에게 미안해지고, 화를 터트리고 힘겨루기를 하고 아이의 죄책감을 자극한 스스로가 너무나 부끄러워진다.

☐ 강압적이고 가혹한 훈육은 부모가 자녀보다 우월하다는 착각을 전제로 한다.

☐ 지배 욕구야말로 훈육을 하는 진짜 이유이며, 오랫동안 인간의 특징으로 묘사된 정서적 고통은 대부분 이 때문에 생긴 것이다.

☐ 부모는 자녀가 자기의 본모습에 충실한 사람이 되길 원한다고 말하지만, 훈육에 중독돼 그 목표를 스스로 망가뜨린다.

☐ 통제와 순응, 순종에 익숙한 삶이 보장하는 것은 그저 그런 재미없는 일상 아니면 독재와 폭정이다.

☐ 교양 있는 겉모습 뒤에 숨어 있던 감정은 훈육을 핑계로 되살아나 우리의 정신을 온통 뒤흔들고 이성을 잃게 한다.

3장

그게 정말 아이의 행복을 위한 것일까?

부모들은 매우 기괴한 형태의 훈육에 대해서도 이렇게 정당화하곤 한다.
"다 아이 잘되라고 그러는 거죠."
하지만 그런 대우를 받는 아이에게 남는 건 억울함뿐이다.
시간이 지나면 이 억울함은 쓰라린 자기혐오로 악화될 수 있다.
그리하여 자존감이 먹구름처럼 내려앉고,
못난 자기 모습을 거울처럼 비추는
사람들과 상황을 자꾸만 끌어들여 삶을 엉망으로 만들 수 있다.

"여기 앉아 부모님으로부터 억눌린 느낌을 받았던 때를 돌아보니 믿을 수가 없네요. 과거의 분노와 슬픔, 실망감에서 벗어나려고 그렇게 오랫동안 애를 쓰고 이제 마흔한 살이 됐는데도, 그때 일을 생각하면 여전히 숨이 턱 막히고 눈물이 나요. 나이를 먹고 지혜가 생겨도 도저히 이해가 안 돼요. 어떻게 다 큰 어른이 겨우 두 살짜리 여자애를 깜깜하고 축축한 지하실 벽장에 가둘 수 있는지 말이에요. 제가 말을 안 들었으니 벌레들이 저를 잡아먹을 거라며 기약도 없이 절 거기에 남겨 뒀어요. 제가 겁에 질려 소리를 지르고, 문을 발로 차고, 손잡이를 잡아당기는데도 아버지는 기어이 계단으로 올라가버렸고, 이내 발소리가 사라졌죠."

한 내담자의 이야기다. 내담자의 아버지는 분명 아이에게 중요한 교훈을 가르치고 있다고 믿었을 것이다. 딸에게 두려움을 심어줌으로써 규율을 지키게 만들 수 있다고 생각했을 것이다. 부모로서 바람직한 결과를 얻으려면 강압적인 통제 전략을 사용할 필요가 있다는 논리를 따른 것이다.

부모들은 매우 기괴한 형태의 훈육에 대해서도 이렇게 정당화하곤 한다.

"다 아이 잘되라고 그러는 거죠."

내가 부모가 윽박지르고 가두고 때릴 때 '나 잘되라고 그러는 것'이라고 느끼는 아이는 세상에 없다고 말하면 그들은 깜짝 놀란다. 그런 대우를 받는 아이에게 남는 건 억울함뿐이다. 시간이 지나면 이 억울함은 쓰라린 자기혐오로 악화될 수 있다. 그리하여 자존감이 먹구름처럼 내려앉고, 못난 자기 모습을 거울처럼 비추는 사람들과 상황을 자꾸만 끌어들여 삶을 엉망으로 만들 수 있다.

부모가 맹목적으로 자신의 이상에 사로잡히면 아이들에게 엄청난 피해를 준다. 우리는 자녀의 행복을 위한 길이라고 믿으면 그 길로 가기 위해 극단적인 상황도 감수하려 한다. 이런 태도가 얼마나 해로운지를 명백히 보여주는 사건이 있다.

∨
∨

한 엄마가 일곱 살짜리 아들을 때려 죽음에 이르게 한 뒤 시신을 불태운 혐의로 17년 형을 선고받았다. 판사의 설명에 따르면, 아이가 과제로 주어진 성경 구절을 '외우지 못했고', 그 행동이 '매를 맞아 죽는' 결과로 이어졌다. 재판에서 판사는 그 엄마를 향해 이렇게 말했다.

"피고는 피해자를 학교도 가지 못하게 하고 집에서 혼자 공부하게 했다."

그 공부엔 '성경 구절 암기'가 포함됐다. "피고가 피해자를 폭행한 이유는 피해자가 성경 구절을 빨리 외우지 못한다는 피고의 부당한 생각 때문이었다"라고 판사는 덧붙였다.

집에서든 학교에서든 무언가를 외우지 못했다는 이유로 매를 맞는 아이들이 얼마나 많은가?

일곱 살짜리 아이를 죽음에 이르게 한 엄마의 잠재의식 속엔 분명 자기만의 기준이 있었다. 그 기준 때문에 아이를 때려서라도 가르쳐야 한다고 믿은 것이다. 여기서 '기준'은 겉으로 드러나는 말과 행동 이면의 진짜 의도를 뜻한다. 그녀는 아들에게 신앙을 가르치는 훌륭한 엄마라는 이상적인 자기 이미지에 집착하느라 아들의 나이, 암기력, 흥미 같은 현실적인 면을 전혀 고려하지 않았다.

아이에게 위협하는 법을 가르치려는 것이 아니라면 절대 아이를 겁먹게 하는 행동을 해서는 안 된다. 나는 절대 그러지 않는다고 자신하지만 우리가 깨닫지 못하는 사실이 있다. 아무리 친절해 보이는 방식이라도 그것으로 아이들을 통제하려 하면 역효과가 난다는 점이다.

요즘은 '온화한' 훈육 혹은 '깨어있는' 훈육이라는 명목 아래 새로운 훈육이 유행이다. 하지만 모두 모순이다. 물론 신체적 위해를 가하지 않는다는 분명한 의도가 담겼지만, 덜 공격적일 뿐 기존의 훈육과 마찬가지로 순응을 유도하기 위해 두꺼운 가면을 쓴 전략일 때가 많다. 이런 훈육법은 아이의 타고난 자기조절 욕구를 약화시킨다.

부모가 아무리 좋은 의도를 가졌다고 해도, 모든 훈육은 아이에게 공격당한 느낌을 남긴다. 아이들이 훈육을 싫어하는 이유는 옳은 일을 하기 싫어서가 아니라 협박과 강요, 체벌이 그들을 하찮은 존재로 느끼게 하기 때문이다. 아이들은 부모가 자신을 통제하려 한다는 걸 본능적으로 안다. 그렇게 되면 본래 자유로운 정신을 가진 아이는 억울하게 누명을 쓰고 감옥에 갇힌 사람처럼 무력감을 느낀다. 부모가 외출 금지나 다른 방식으로 아이를 훈육하면, 아이는 일말의 자존감이라도 지키기 위해 더 반항한다. 우리가 아이를 더 밀어붙이면 "외출 금지 싫어"라고 말하던 아이들이 금세 "엄마 싫어, 살기 싫어, 죽고 싶어"라고 말하게 된다.

사실 훈육을 고통스러워하는 부모도 많다. 특히 엄마들은 체벌과 같은 강압적인 훈육이 해로운 결과로 이어진다는 걸 직감적으로 안다. 그래서 많은 경우 아빠에게 훈육을 떠넘긴다. 문제는 부모들이 그것 말고는 다른 방법을 모른다는 점이다. 대개는 어찌할 바를 모르다가 분별력을 잃고 만다.

부모들과 워크숍을 하다 보면 가장 흔하게 듣는 이야기가 있다.
"아이가 제 말을 듣게 할 팁 좀 알려주세요. 어떻게 하면 아이들이 제 말에 따를까요? 제가 쓰는 방법은 안 통해요. 도와주세요!"
일단 부모가 질문을 한다는 건 좋은 일이다. 문제의 핵심을 크게 벗어나긴 했지만 말이다. 중요한 건 어떻게 훈육하느냐가 아니라, 아이들이 원하는 바를 이해하는 것이다. 아이의 행동은 단지 욕구를 표현하는 것이며, 그 욕구는 크게 두 가지로 분류된다.
교감과 배움.

여기서 교감은 교정과는 본질적으로 다르다. 교정은 안타깝게도 대부분 징벌과 연결된다. 우리가 감옥을 '교정 시설'이라고 부르는 것만 봐도 알 수 있다.

우리는 오로지 아이의 행동을 읽는 데만 단련이 되고 행동 뒤에 감춰진 의도를 읽어내는 훈련이 되어 있지 않아서 아이의 표면적인 행동에 매몰된다. 예를 들어 아이가 "엄마 싫어!"라고 말하면, 부모는 그 말을 액면 그대로 개인적인 공격으로 받아들여 아이를 나무란다. 그러는 대신 아이의 심리를 좀더 깊이 들여다보며 분노를 표출한 이유를 찾는다면, 아이가 학교에서 괴롭힘을 당했거나 다가오는 시험이 걱정되거나 그날 부당하게 벌을 받아 기분이 나쁜 상태임을 발견하게 될지도 모른다. 단순히 아이가 피곤해서 혹은 배가 고파서 그럴 수도 있다.

부모는 감정적으로 반응하기보다 아이의 행동에 숨겨진 의미를 침착하게 해독하고 아이가 분노를 표출했다는 사실에 연연하지 말아야 한다. 중요한 건 부모가 아이의 말로 인해 균형감을 잃지 않고 중심을 잡는 것이다. 그래야 진짜 문제가 무엇인지 조심스럽게 찾아낼 수 있다.

부모의 역할은 아이 스스로 배우게 하는 것이다. 그런데 억울함과 극도의 증오심이 불타오를 정도까지는 아니더라도, 아이가 자기방어를 하느라 진을 다 뺀 상태라면 무엇을 배울 수 있을까? 그런 아이들은 절대 배우고 싶어하지 않는다. 이런 상황에서 아이가 생각할 수 있는 건 부모에 대한 보복, 아니면 부모로부터 멀리 도망치는 것뿐이다.

달리 말하면 훈육으로 얻을 수 있는 것은 아이의 반항적인 행동뿐이다. 아이가 훈육을 당하며 스스로에 대해 느낀 감정이 문제 행동으로 표출되는 것이다. 이렇게 훈육은 부모 눈에 반항으로 보이는 행동의 뿌리가 된다.

훈육으로는 절대 부모가 원하는 목표를 달성하지 못한다. 중요한 건 훈육을 하느냐 마느냐 혹은 어떻게 훈육하느냐가 아니라, 우리가 정말로 아이들과 교감하고 있느냐다. 실제로 많은 부모가 아이로부터 소외되고 그들의 세계에 들어가지 못하게 차단당하고 있다고 느낀다. 아이가 10대로 접어들면 특히 그렇다. 서로 교감을 나누지 못한 세월이 마침내 정점에 이른 것이다.

부모가 협박하거나 뇌물로 구슬리거나 벌을 줄 때, 아이는 부모가 자기를 염려해서 혹은 자기의 배움에 관심이 있어서 그렇다는 뜻으로 받아들이지 않는다. 부모가 아이의 본래 모습을 끊임없이 공격해 타고난 자존감을 깎아내린 탓에 아이들은 다음과 같이 받아들인다.

'나는 나쁜 아이가 틀림없어. 그러니 벌을 받아도 싸!'

이런 태도는 다시 자기혐오, 회의감, 수치심, 죄책감으로 바뀌기 때문에 무언가를 배우기에 좋은 상태라고 보기 어렵다.

아이가 부모의 훈육을 자기의 감정보다 자기가 하는 행동이 더 중요하다는 뜻으로 받아들인다면, 그것은 마치 부모가 이렇게 말하는 것과 같다.

"네가 어떻게 느끼는지는 중요하지 않아. 그러니까 사실 너도 중요하지 않아. 정말 중요한 건 너로 인해 내가 어떻게 보이느냐 하는 거지."

우리가 아이의 감정이 아니라 행동에 초점을 맞추면 그때부터 단절이 시작된다. 내가 강조하고 싶은 점은 아이와의 교감은 언제나 감정 차원에서 일어난다는 사실이다. 아이가 우리 곁에 있을 때 정말로 중요한 건 아이의 감정인데, 우리는 행동이 중요하다고 생각한다. 아이의 감정을 이해하지 못한다면 아이의 행동 또한 절대 이해할 수 없다.

아이가 어떤 놀이나 만들기 혹은 그리기 등 자기가 좋아하는 활동에 몹시 집중한 모습을 상상해보자. 그 집중과 몰입의 표정이 훈육받을 때의 표정과 같을까? 훈육은 어떤 행동을 유발하는 감정이 아니라 행동 자체에 초점을 맞추기 때문에 우리가 이루고자 하는 목표를 무너뜨린다.

훈육이 역효과를 낸다면, 부모가 어떻게 해야 아이들이 가장 잘 배울까? 그건 바로 아이가 부모와 연결된 느낌을 받을 때다. 그때 비로소 아이는 차분하게 받아들이고 감수성도 열리게 된다. 아이가 상처받거나 겁에 질리거나 화가 나거나 억울함을 느낀다면 그런 감정이 배우려는 자연스러운 욕구를 막게 되고, 그러면 부모는 결국 "장난감 정리해라" "방 좀 치워라" "숙제해라" 같은 말을 계속 반복하게 된다.

우리 중에 정말로 훈육받기를 좋아하는 사람이 누가 있을까? 개인적인 삶에서든 직장에서든 누가 윗사람에게 불려가 지적받는 것을 두려워하지 않을까? 안타까운 예지만 국세청에서 당신에게 세무조사를 할 예정이라는 통보를 해온다면 당신 기분이 어떻겠는가. 부과된 세금을 꼬박꼬박 납부하는데도 왜 우리는 세무조사를 두려워할까? 세무조사라고 하면 일단 실수를 찾아내 문제삼으려는 기운이 느껴지기 때문이다. 우리가 잘못한 게 없어도 조사관이 잘못한 점을 어떻게든 찾아내려고 할 것 같기 때문이다.

일반적으로 직장인들은 상사가 '훈계'를 위해 사무실로 부르면 싫어한다. 그것이 무슨 의미인지 알기에 두려운 것이다. 상사의 호출을 받는 순간 우리는 인간적으로 얼마나 성장할 수 있을지, 어떻게 하면 일 잘하는 법을 배워 직장에서 인정받을 수 있을지 생각할까? 아니다. 그 순간 우리가 생각하는 건 자신을 보호할 변명뿐이다. 훈계를 받으면 굴욕감까지는 아니더라도 당혹감을 느끼며 사무실에서 나온다. 그리고 대개는 곧장 자리로 돌아가 회사에 헌신하겠다고 다짐하는 게 아니라 오해와 부당한 대우를 받고 있으니 조용히 지내야 한다는 생각에 한동안 정신을 못 차린다. 그 훈계로 인해 애사심은 줄어들고 씁쓸한 감정이 들어 '나의 가치를 인정해주는 곳으로 이직하고 싶다'고 생각한다는 걸 상사는 알지 못한다.

부모가 아이에게 교훈을 주기 위해 훈육해야 한다는 태도로 양육에 접근하면 아이는 대개 통제받는다는 느낌만이 아니라 자신이 부족하다고 느끼게 된다. 왜냐하면 훈육을 하다보면 필연적으로 아이의 약점을 부각하고 강조할 수밖에 없기 때문이다. 의도한 바는 아니지만, 이렇게 함으로써 우리는 나중에 아이가 문제 행동을 하도록 만드는 공범이 된다.

혼내는 것 말고는 방법을 모른다면

☐ '온화한' 훈육 혹은 '깨어있는' 훈육이라는 명목 아래 새로운 훈육이 유행이다. 하지만 모두 모순이다. 아무리 친절해 보이는 방식이라도 그것으로 아이들을 통제하려 하면 역효과가 난다.

☐ 신체적 위해를 가하지 않는다는 분명한 의도가 담긴 '온화한' 훈육도 덜 공격적일 뿐 기존의 훈육과 마찬가지로 순응을 유도하기 위해 두꺼운 가면을 쓴 전략일 때가 많다. 이런 훈육법은 아이의 타고난 자기조절 욕구를 약화시킨다.

☐ 아이들이 훈육을 싫어하는 이유는 옳은 일을 하기 싫어서가 아니라 협박과 강요, 체벌이 그들을 하찮은 존재로 느끼게 하기 때문이다.

☐ 부모가 외출 금지나 다른 방식으로 아이를 훈육하면, 아이는 일말의 자존감이라도 지키기 위해 더 반항하게 된다.

☐ 우리가 아이를 더 밀어붙이면 "외출 금지 싫어"라고 말하던 아이들이 금세 "엄마 싫어, 살기 싫어, 죽고 싶어"라고 말하게 된다.

☐ 부모는 아이의 행동 뒤에 감춰진 의도를 읽어내는 훈련이 되어 있지 않아서 아이의 표면적인 행동에 매몰된다. 그래서 아이가 "엄마 싫어!"라고 말하면, 우리는 그 말을 액면 그대로 개인적인 공격으로 받아들여 아이를 나무란다.

☐ 중요한 건 어떻게 훈육하느냐가 아니라, 아이들이 원하는 바를 이해하는 것이다. 아이의 행동은 단지 욕구를 표현하는 것임을 기억하자.

4장

아이가 행동의 결과를
달게 받게 하라

。

아이들이 자제력을 배우지 못하는 단 하나의 이유는
원인과 결과가 짝을 이룬다는
인과의 법칙을 충분히 경험하지 못해서다.
그리고 그렇게 되는 가장 흔한 원인은 부모의 간섭이다.

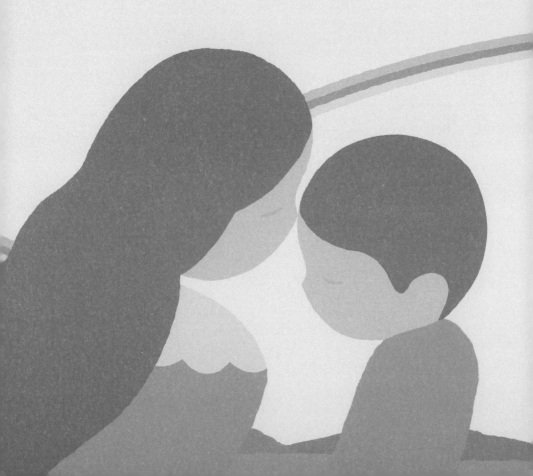

한 부모가 내게 이렇게 물었다.

"뇌물이나 벌을 줄 수 없다면, 어떻게 아이로 하여금 내가 원하는 걸 하게 만들죠? 아이가 나쁜 행동을 하면 당연히 결과가 따라야 하잖아요!"

"그럼요, 결과가 따라야죠. 사실 정확히 말하면, 아이가 자기주도적이고 책임감 있는 태도를 어떻게 배우느냐가 진짜 결과죠. 우리가 사용하는 '결과'라는 단어의 의미를 명확히 할 필요가 있어요. 벌을 주는 것과 결과는 본질적으로 달라요."

나는 이렇게 답했다.

한 아이는 내게 이렇게 말했다.

"제가 엄마 말을 안 들으면 결과가 따를 거예요."

내가 어떤 종류의 결과냐고 물으니 아이는 이런 대답을 했다.

"친구들과 만나서 놀기로 약속한 날에 못 나가겠죠."

내가 다시 물었다.

"전에 친구들과 만나서 놀 때 무슨 일이 있었니? 엄마가 네가 친구들과 노는 것을 허락하면 안 되겠다고 생각할 만한 일이 있었던 거야?"

그랬더니 아이는 다음과 같이 대답했다.

"아니에요. 그냥 친구들과 만나서 재미있게 놀았어요. 하지만 엄마는 제가 엄마 말을 안 들었대요."

'징벌' 대신에 '결과'라고 용어를 바꿨을 수도 있지만, 어쨌거나 이 엄마는 여전히 아이에게 벌을 주고 있었다. 아무래도 결과를 통해 아이에게 깨달음을 줘야 한다는 말의 의미를 전혀 이해하지 못하는 것 같다. 아이는 자기 행동의 결과를 직접적으로 느낄 때 비로소 교훈을 얻는다. 부모가 벌을 줄 경우, 아이는 교훈을 얻지 못하고 그저 부모를 원망하기만 한다. 이 두 접근법의 차이를 알아야 아이 스스로 자제력을 기르도록 할 수 있다.

용어만 바꾸고 결과가 달라지길 기대하면 안 된다. 방법론이 바뀌어야 한다. 그것을 '훈육'이라고 부르든 '결과'라고 부르든 상관없지만, 여전히 징벌에 초점을 맞추면 용어만 온화해졌을 뿐 결국 징벌에 불과하다. 아이들은 속지 않는다. 벌을 주면서 '결과'라고 불러도 그건 징벌일 뿐이다. 아이들은 그걸 안다.

만약 어떤 부모가 '징벌'이라는 단어를 께름칙하게 느낀다면 '결과'라는 개념을 선호할 가능성이 크다. 내담자가 내게 이렇게 말하면 나는 웃지 않을 수 없다.

"아이가 이런 행동을 하면 제가 어떤 결과를 줘야 하나요?"

아마 숙제를 안 하거나 어떤 음식을 먹지 않거나 제시간에 잠자리에 들지 않거나 건방지게 굴거나 하는 행동들을 가리켜 하는 말일 것이다. 그러면 나는 되묻는다.

"아이에게 결과를 '준다'는 게 어떤 의미죠?"

결과를 '준다'는 생각 자체가 핵심을 놓친 것이다. 결과는 우리가 주는 게 아니다. 결과는 슈퍼마켓 진열대 사이를 거닐며 카트에 담을 상품을 고르듯 우리가 선택해야 하는 것이 아니다. 우리가 무언가를 전혀 '하지' 않아도 그 상황에 저절로 나타나는 것이다. 아이에게 결과를 '줘야' 한다고 생각하는 순간 우리는 어떤 결과를 떠올려야 한다. 그러면 어느새 징벌의 영역으로 옮겨가게 된다.

결과는 자연스러운 것이다. 이 말은 곧 주어진 상황과 직접적으로 연결된다는 뜻이다. 어쩌면 내재한다고 말할 수도 있을 것이다. 부모가 할 일은 그저 결과가 효과를 발휘하도록 하는 것인데, 그게 쉽지 않다. 우리는 아이에게 '교훈'을 주는 데 너무 익숙해서, 그 상황 안에서 자연스럽게 깨달음을 얻도록 아이를 가만히 지켜보는 것이 어색하기만 하다.

훈육에서 멀어지려면 자연스러운 결과를 통해 아이의 행동이 교정되도록 지켜보는 법을 배워야 한다. 훈육은 역효과를 내지만, 아이가 자기 행동의 결과를 감내하게 하는 방법은 아이가 혼자 힘으로 교훈을 얻는 강력한 효과를 발휘한다.

모든 행동엔 당연히 결과가 따른다. 그것은 일상생활의 질을 높이는 긍정적인 결과일 수도 있고 삶을 더 고단하게 만드는 부정적인 결과일 수도 있다. 아이가 자기 행동에 뒤따른 자연스러운 결과를 받아들이도록 부모가 지켜보는 것은 징벌과 아무 관련이 없으며, 아이가 성장하도록 도우려면 꼭 필요한 부분이다.

아이가 억지로 자기의 뜻을 굽히도록 강요하는 건 결과에 포함되지 않는다. 부모로서 우리는 항상 아이가 자기 행동의 결과를 받아들이고 각자의 풍부한 자원으로 더 나은 삶의 기술을 개발해 적절히 대응하도록 격려와 안내로 도움을 주는 데 초점을 맞춰야 한다. 이 같은 양육법은 부모에게 엄청난 분별력을 요구한다. 분별력은 늘 쉽게 얻어지는 것은 아니지만 효과적인 양육에 필수적이다. 부모는 뒤로 물러서는 법을 터득해 아이들이 생활 속에서 스스로 배우게 해야 한다.

결과는 원인과 그에 따른 영향, 즉 인과에 관한 것이다. 많은 부모가 아이에게 원인과 결과에 대해 가르치고 있다고 생각하지만 실상은 전혀 그렇지 않다. 인과는 우주의 기본 법칙이며, 모든 행동이 서로 연관되어 있어서 무언가에 의해 발생하고 또 다른 무언가에 영향을 미친다는 뜻이다. 아이들이 자제력을 배우지 못하는 단 하나의 이유는 원인과 결과가 짝을 이룬다는 인과의 법칙을 충분히 경험하지 못해서다. 그리고 그렇게 되는 가장 흔한 원인은 부모의 간섭이다.

예를 들어 컵에 물을 너무 많이 부으면 물이 넘쳐흐르는 결과를 초래한다. 이런 경험을 통해 우리는 물을 그렇게 많이 부으면 안 된다는 것을 배운다. 뜨거운 냄비를 만지면 그 결과는 화상이다. 이를 통해 우리는 뜨거운 냄비를 함부로 만지면 안 된다는 것을 배운다. 운전할 때 주의를 기울이지 않으면 사고로 이어진다. 이는 운전대를 잡으면 딴 데 정신 팔지 말고 집중해야 한다는 교훈을 준다. 이런 위험 요소들을 다른 사람이 아무리 알려줘도, 우리는 대개 직접 겪어봐야만 그 의미를 정말로 이해한다.

결과가 효과를 발휘하지 못하게 부모가 방해하는 예는 다음과 같다. 아이가 물을 흘리지 않게 하려고 물을 따를 때마다 옆에서 가득 채우지 말라고 알려주는 것이다. 진정한 결과는 부모가 끼어들어 아이를 구해주는 대신 아이가 자연스럽게 배우는 것들이다. 우리가 상황에 개입하지 않으면 아이는 자연스럽게 자제력과 자립심, 책임감을 키운다.

부모가 자연스러운 결과로부터 아이들을 보호해야 하는 유일한 경우는 실제적인 위험이 예상될 때다. 예를 들면 아이가 찻길로 뛰어들려 하거나 유독 물질을 삼키려고 할 때, 혹은 그 밖에 다른 방식으로 자기나 남에게 피해를 주려 할 때다. 다시 말해 세상엔 아이들이 모르거나 이해하지 못하는 해롭기만 한 결과들이 있다. 이럴 때는 부모가 바로 개입해야 한다.

이런 경우를 제외하고는 부모가 끼어들 때 신중을 기하는 것이 원칙이다. 그렇다고 해서 닥쳐올 이런저런 결과에 대비해 최선을 다해 아이를 준비시켜야 하는 부모의 역할이 사라지는 것은 아니다. 부모에게는 아이에게 주의하라고 경고함으로써 어떤 행동으로 인해 좋지 않은 결과가 생길 수 있음을 일깨울 권리가 있다. 하지만 아이가 계속해서 부모의 충고를 받아들이지 않는다면, 그때는 부모가 뒤로 물러서서 아이가 자연스러운 결과를 통해 가르침을 얻도록 지켜보는 것이 중요하다.

부모로서 참고 기다린다는 건 참으로 쉽지 않다. 아이들이 매번 결과로부터 즉각 교훈을 얻는 건 아니기 때문이다. 이따금 아이들은 인생의 긴장 수위를 높여야만 교훈을 얻기도 한다. 예를 들어 어떤 아이는 컵에 물 따르는 법을 배울 때 몇 번이고 계속해서 물이 넘치게 하기도 한다. 이 경우 물을 흘릴 때마다 직접 물을 닦게 하면 아이가 좀더 주의하려고 할 것이다. 물론 이것은 컵에 물을 따르는 데 필요한 운동 기능과 근육의 힘이 충분히 발달했을 때의 이야기다. 뜨거운 냄비를 만지는 행동도 마찬가지다. 어떤 아이는 딱

한 번 만져보고 다시는 같은 행동을 하지 않지만, 같은 행동을 서너 번 반복하고 나서야 비로소 배우는 아이도 있다. 다치거나 죽을 상황이 아닌 한, 부모가 끼어들지 않고 아이가 결과로부터 자연스럽게 배우도록 두면 아이는 어떻게든 배우게 마련이다. 인생은 우리가 더 나은 방식으로 살아가도록 자연스럽게 도와주기 때문이다.

　나는 수많은 상담을 통해 부모들이 아이의 행동에 따르는 자연스러운 결과와 '결과'라는 이름 아래 인위적으로 가해지는 벌칙의 차이를 이해하는 데 어려움을 겪는다는 사실을 알 수 있었다. 그 차이를 이해하기 위해 예를 하나 들어보겠다.

$\vee$

숙제를 하지 않는다는 이유로 아이가 가장 좋아하는 텔레비전 프로그램을 못 보게 하는 부모가 있다. 이것은 아이의 행동에 따른 자연스러운 결과인가, 아니면 부모가 임의로 부과한 벌칙인가? 좀더 솔직해져 보자. 과연 아이가 부모에게 "오, 엄마 아빠, 덕분에 제가 뭔가 배웠어요. 다시는 그러지 않을게요!" 이렇게 반응할까? 아니면 마음 깊이 원망하며 부모를 자기의 즐거움을 망치는 사람으로 인식할까? 이때 진짜 해결책은 아이에게 벌을 주는 것도, 개인 과외를 붙이는 식으로 지나치게 도움을 주는 것도 아니다. 동기부여가 되지 않았을 때 얻게 될 결과를 아이가 직접 겪게 하면 된다. 예를 들면 학교에서 낮은 성적을 받았을 때, 그런 결과를 통해 아이는 자신의 성취욕에 부응하지 못하는 경험을 하게 된다. 아이 고유의 성취욕은 부모가 강요한 목표를 억

지로 달성해야 할 때 느끼는 원망과는 사뭇 다른 감정이다.

아이가 버릇없이 굴면 부모는 스케이트장에서 열릴 친구 생일파티에 보내주지 않겠다고 하고, 아이가 친구를 때리면 '남을 때리면 안 된다는 것을 가르치기 위해' 아이를 손바닥으로 때린다. 아이가 학교에서 C를 받아오면 휴대전화를 빼앗고, 아이가 거짓말을 하면 일주일간 컴퓨터를 사용하지 못하게 한다.

이런 것들은 벌이지 결과가 아니다. 전부 아이의 행동과 무관하며, 부모가 부과하지 않는 한 자연스럽게 일어나는 일이 아니다(아이의 행동과 관련된 결과에 대해서는 다음 장에서 이야기하겠다. 하지만 당장 넘어가지는 마라! 그러면 '결과'가 따를 것이다).

인위적인 귀결이 효과를 발휘하지 못하는 이유는 아이가 납득을 하지 못해서다. 아이는 부모가 터무니없이, 임의로 강요하는 것들을 이해하지 못한다. 자연스러운 귀결은 벌칙이 아니라 진짜 결과여야 한다. 그렇지 않으면 늘 역효과를 낸다. 아이의 나쁜 행동도 계속될 것이다. 게다가 부모 자녀 관계도 나빠진다.

앞에서 나는 부모가 임의로 결론을 낸다고 말했다. 여기서 '임의로'라는 단어를 사용한 데는 이유가 있다. 부모가 부과하는 '결과'가 대부분 TV 시청 금지, 컴퓨터나 휴대전화 사용 금지, 파티 참석 금지, 외출 금지, 엉덩이 맞기와 같은 전적으로 부모의 순간적인 기분에 따른 것들이기 때문이다. 이른바 '결과'라고 하는 것이 어떤 날은 가혹하고 또 어떤 날은 약할지도 모른다. 이것은 절대 결과가 아니다. 뜨거운 냄비를 만지면 화상을 입는 것처럼 자연스러운 결과는 언제나 일관적이다.

자연스럽지 않고 강요된 것은 효과가 오래가지 못한다. 인위적인 '결과'는 아이에게 인생에 대한 진정한 가르침을 주지 못한다. 진짜 인생에서 비롯된 것이 아니라 부모가 마음대로 정한 것이기 때문이다.

자연스러운 길을 따르면 아이들은 모든 행동이 다른 일에 영향을 미친다는 사실을 배운다. 우리가 기존의 훈육 방정식에서 빠져나와 아이들이 자기 행동의 결과를 직접 경험하게 지켜본다면 아이들은 세상과 의미 있는 관계를 만들어간다. 이렇게 하면 우리가 더는 아이들의 경험에 끼어들지 않게 되기 때문에, 아이들은 우리를 밀어내야 할 적으로 보지 않고 위로와 격려, 안내를 구할 수 있는 동지로 바라보게 될 것이다.

✓ **Key points!**

행동의 결과를 달게 받는다는 말의 의미

☐ 아무리 점잖은(온화한) 훈육이라도 처벌에 초점을 맞추면 징벌에 불과하다.

☐ 아이는 자기 행동의 결과를 직접적으로 느낄 때 비로소 교훈을 얻는다.

☐ 아이가 자기 행동에 뒤따른 자연스러운 결과를 받아들이도록 부모가 지켜보는 것은 징벌과 아무 관련이 없으며, 아이가 성장하도록 도우려면 꼭 필요한 부분이다.

☐ 아이가 행동에 따른 결과를 달게 받게 하는 대신 부모가 벌을 줄 경우, 아이는 교훈을 얻지 못하고 그저 부모를 원망하기만 한다.

☐ 아이가 자기주도적이고 책임감 있는 태도를 어떻게 배우느냐가 진짜 결과다.

☐ 훈육에서 멀어지려면 자연스러운 결과를 통해 아이의 행동이 교정되도록 지켜보는 법을 배워야 한다.

☐ 훈육은 역효과를 내지만, 아이가 자기 행동의 결과를 감내하게 하는 방법은 아이가 혼자 힘으로 교훈을 얻는 강력한 효과를 발휘한다.

☐ 아이가 억지로 자기의 뜻을 굽히도록 강요하는 건 결과에 포함되지 않는다.

☐ 부모로서 우리는 항상 아이가 자기 행동의 결과를 받아들이고 각자의 풍부한 자원으로 더 나은 삶의 기술을 개발해 적절히 대응하도록 격려와 안내로 도움을 주는 데 초점을 맞춰야 한다. 이 같은 양육법은 부모에게 엄청난 분별력을 요구한다.

☐ 분별력은 늘 쉽게 얻어지는 것은 아니지만 효과적인 양육에 필수적이다. 부모는 뒤로 물러서는 법을 터득해 아이들이 생활 속에서 스스로 배우게 해야 한다.

☐ 부모가 자연스러운 결과로부터 아이들을 보호해야 하는 유일한 경우는 실제적인 위험이 예상될 때, 예를 들면 아이가 찻길로 뛰어들려 하거나 유독 물질을 삼키려고 할 때, 혹은 자기나 남에게 피해를 주려 할 때다. 이런 경우를 제외하고는 부모가 끼어들 때 신중을 기하는 것이 원칙이다.

5장

무책임한 아이로 키우는
부모의 양육 습관

∘

부모는 아이가 살아가는 데 필요한 적절한 능력을 갖추게 해야 한다.
그러지 않으면 아이를 실패로 내모는 것과 같다.
우리는 아이를 함정에 빠뜨릴 게 아니라 가르쳐야 한다.

왜 우리는 아이들이 자연스러운 결과로부터 배우게 내버려두지 못하고 제 멋대로 끼어들어 가르치려는 걸까?

이유는 매우 간단하다. 내가 아이의 인생을 통제할 수 없다고 생각하면 무력감을 느끼기 때문이다. 무력감은 불안을 일으킨다. 부모는 이 불안감 때문에 아이의 자율성을 억압하려 한다. 내가 아이의 인생을 진두지휘하면 성과가 확실할 거라고 착각하는 것이다. 다시 말해 부모가 윗사람으로서 아이를 통제하려는 것은 인생의 불확실성에서 오는 위험을 제거하려는 시도다.

아이들에게 자연스러운 결과가 일어나도록 내버려두지 못하고 훈육이라는 수단을 동원하게 만드는 동기는 단지 부모의 불안 때문만은 아니다. 아이의 불안도 관련이 있다. 자기 행동에 따른 결과에 대한 아이의 불안이 부모의 불안을 더 키운다. 나는 그 과정을 수없이 목격했고, 내 내담자들에게서도 여러 차례 보았다.

열한 살인 니콜은 아침마다 꾸물거리다 스쿨버스를 놓치는 일이 잦았다. 니콜의 엄마는 딸이 학교에 지각해 선생님께 야단맞지 않도록 차로 학교에 태워다주었다. 그런 일이 거듭될수록 아침에 규칙적으로 하던 일들을 변경해야 했기 때문에 니콜이 꾸물거리는 것이 짜증나기 시작했다. 하지만 계속해서 니콜이 지각하지 않도록 도와주었고, 학교 가는 길에 늘어놓는 훈계가 하나라도 아이에게 효과를 발휘해 다음날은 기적처럼 제시간에 등교하기를 바랐다.

어느 날 아침, 니콜의 엄마는 문득 깨달았다. 시간은 제한적이니 우리는 시간 관리하는 법을 배워야 하는데, 딸이 이런 사실을 깨닫지 못하는 데는 엄마인 자기 탓도 있다는 것을. 그런데도 니콜의 엄마가 태도를 선뜻 바꾸지 못한 건 압박감에 끊임없이 시달려야 하는 세상으로부터 아이를 보호하고 싶은 욕구 때문이었다. 그러나 세상엔 피할 수 없는 압박들이 있다.

자신이 아이를 돕고 있는 게 아니라는 생각이 들자 니콜의 엄마는 접근법을 바꿨다. 제시간에 스쿨버스를 타는 것은 부모가 당연히 키워줘야 하는 기량이며, 그러지 않으면 다른 사람의 일정에 피해를 주는 버릇이 들게 된다는 사실을 받아들였다.

이 엄마가 가장 먼저 한 일은 아이가 아침에 할 일들을 계획할 능력이 부족한지 판단해보는 것이었다. 혹시 시간 관리를 충분히 할 수 있는데도 단지 그 필요성을 느끼지 못하는 걸까? 아이가 그 과보를 받지 않도록 엄마가 보호해주니까? 아이가 특정한 방식으로 행동할 때 부모는 그 이유가 상황에 대처하는 능력이 부족해서인지, 아니면 상황에 맞게 행동하지 못했을 때 생길 문제나 어려움을 실감하지 못해서인지를 정확히 판단해야 한다.

∨
∨

니콜의 엄마는 아이가 아침 시간을 잘 관리할 능력이 충분하지만 그럴 필요성을 느끼지 못하고 있다고 판단했다. 마치 운전기사처럼 엄마가 차로 태워다줄 것을 알기 때문이었다. 그동안 엄마가 아이에게 비정상적인 역학 구도를 만들었으며, 그 구도를 깰 수 있는 사람은 오직 엄마 자신임이 분명해졌다. 아이의 잘못이 아니었다. 아이가 자연스럽게 배워야 하는 과정에 엄마가 끼어들었기 때문이다. 아침마다 아이를 태워다줘야 하는 것이 짜증나기 시작했을 때 알아차렸어야 했다. 아이가 스쿨버스를 놓치면 그 행동으로 인한 불안을 엄마가 아닌 아이가 경험해야 한다는 것을.

불안감은 사람이 살다보면 자연스럽게 생겨나므로 완전히 피하는 건 불가능하다. 아기였을 때 우리는 배가 고프면 불안해져 우유를 달라고 울었다. 혼자라고 느끼면 불안감이 차올라 부모가 달래주기를 바랐다. 이처럼 적정 수준에서 자연스럽게 경험하는 불안감은 우리가 성장하는 데 강력한 효과를 발휘한다.

부모가 할 일은 아이의 불안감을 없애주는 것이 아니라, 불안감이 너무 낮거나 너무 심하지 않도록 지켜보는 것이다. 이를 위해서는 다른 사람보다 더 민감하고 쉽게 상처받는 아이들도 있음을 알아야 하며, 주어진 상황에 부모의 두려움을 주입하지 않도록 주의해야 한다.

아이들은 부모가 적절히 도와주기만 하면 성장해감에 따라 차츰 불안감을 다스리는 법을 배운다. 살다보면 자연스럽게 생겨나는 불안감은 아이들이 경험해도 괜찮을 뿐만 아니라, 사실 유익한 경험이라는 걸 알아야 한다. 다만 불안감이 과도해지지 않도록 부모가 적절하게 개입할 필요는 있다.

부모가 자신의 불안감을 아이에게 떠넘기거나 아이의 행동에 자연스럽게 뒤따르는 불안감으로부터 아이를 지나치게 보호하는 건 아이가 타고난 회복력을 스스로 발견할 기회를 빼앗는 것과 같다. 아이들은 적당한 수준의 불안감을 느낄 때, 예를 들어 어떤 문제가 유독 어렵게 느껴질 때 자연스럽게 해결책을 모색한다.

엄마가 자연스러운 결과를 계속 막아왔기 때문에 니콜은 시간 관리하는 법을 배우려고 애쓸 필요가 없었다. 니콜의 엄마는 딸에게 더는 차로 학교에 데려다주지 않겠다고 미리 알렸다. 또한 스쿨버스를 타고 다니며 계획적으로 움직일 줄 아는 것이 중요하다고 이야기했다. 변화에 대비해 엄마는 아침에 할 일을 니콜과 함께 수차례 연습하며 문제를 풀어나갔다. 이것이 아이를 가르치는 방법이다.

부모는 아이가 살아가는 데 필요한 적절한 능력을 갖추게 해야 한다. 그러지 않으면 아이를 실패로 내모는 것과 같다. 우리는 아이를 함정에 빠뜨릴 게 아니라 가르쳐야 한다. 나는 내담자의 자녀는 물론 내 딸과도 역할 놀이를 자주 한다. 역할 놀이는 아이들이 다양한 상황에 대처하는 능력을 발달시키는 데 도움이 된다. 내 사무실에 오면 학교에 갓 입학했을 때, 사람들과 어울릴 때, 숙제할 때 그리고 잠자리에 들 때 하는 행동을 반복해서 연기하는 내

모습을 볼 수 있을 것이다. 아이들도 이런 연습을 통해 여러 상황에 능숙하게 대처하게 된다.

∨
∨

니콜이 아침에 일어나 스쿨버스 시간에 맞춰 나가야 했을 때, 니콜의 엄마는 예전처럼 아이가 제시간에 준비할 수 있도록 끼어들지 않았다. 모든 것을 니콜에게 맡긴 채 옆에 비켜서 있었다. 어느 정도 예상했듯이 니콜은 스쿨버스를 놓쳤다. 엄마는 서둘러 외투를 입고 자동차 열쇠를 챙겨 달려나가는 대신 파자마 차림으로 느긋하게 커피를 마셨다. 니콜은 엄마가 차로 태워다주지 않을 거라는 사실을 곧 깨달았다. 덜컥 겁이 나고 눈물이 차올라 울먹이는 목소리로 말했다.

"엄마, 이제 나 어떡해? 큰일났어. 나 좀 도와줘."

니콜이 점점 더 불안해하는 모습을 지켜보려니 마음이 불편했지만, 엄마는 늑장을 피운 데 따르는 자연스러운 결과를 아이가 받아들이게 해야 한다고 생각했다. 그래서 비난 대신 부드러운 어조로 원인과 결과를 연결해 설명하며 니콜이 5분 정도 앉아서 불편한 감정을 다스리게 했다. 그런 다음 이렇게 말했다.

"해결책을 생각해보자."

몇 분 뒤 니콜이 담담하게 말했다.

"수업은 이미 시작했어. 그러니 교무실로 가서 지각 사유서를 받아서 써야 할 것 같아."

그날 니콜은 지각 사유서를 써서 제출했고, 이후 다시는 스쿨버스를 놓치지 않았다.

지난 몇 주 동안 그렇게 애를 써도 못 가르친 것을 니콜이 단 하루 만에 배운 이유는, 엄마가 그 상황에서 빠져나와 자연스러운 결과가 뒤따르도록 지켜봤기 때문이다. 이보다 더 훌륭한 교사는 없다. 그런데 많은 부모가 이렇게 하기를 주저하는 건 아이가 괴로움에 시달리게 내버려두지 않는 '좋은 부모' 이미지를 포기할 수 없어서이다. 이런 태도가 얼마나 모순적인지 깨달으면 좋으련만! 아이가 자기 행동이 불러온 결과에 대해 불안해하지 않도록 부모가 계속 끼어들면 인생으로부터 자극을 받아 성장할 기회를 빼앗는 셈이 된다. 여기에 고함과 질책까지 더해지면 아이와 부모 모두의 불안감은 걷잡을 수 없이 높아진다.

아이가 학교에 지각할까봐 매번 차로 태워다주는 부모에게 나는 이렇게 말한다. 아이가 결과를 달게 받는 걸 원치 않는다면 최소한 불평은 하지 말고 조용히 태워다주라고. 그렇게 행동하도록 거들고 부추기면서 아이를 질책하는 건 아이에게 더 심한 상처를 남긴다.

지금 우리는 일관성에 관해 이야기하고 있다. 훈육을 다룬 책들은 일관성을 강조한다. 나 역시 일관성을 강조하고 싶다. 하지만 내가 하는 이야기는 대부분의 훈육 관련 책에서 하는 이야기와는 그 의미가 사뭇 다르다. 부모들은 일관성이라고 하면 자신의 뜻을 계속 고집스럽게 주장해야 한다는 의미로 잘못 받아들인다. 하지만 여기서 일관성은 아이들에게 얼마나 자주 지시를 내리느냐의 문제가 아니다. 일관성은 우리가 하는 말이 우리가 마음속 깊이 느끼는 감정 그리고 주어진 상황의 현실과 일치한다는 뜻이다.

일관성이 있으려면 우리의 의도가 분명하고 처한 현실에 맞아떨어져야 한다. 우리가 '있는 그대로의 현실'에 맞게 행동할 때 우리가 하는 말에 자연스럽게 권위가 실린다.

　니콜과 스쿨버스 사례의 경우, 엄마의 행동은 의도가 분명하지 않고 현실에 들어맞지도 않았다. 니콜에게 화를 냈다가도 아이를 감싸고 싶어하며 우유부단했던 것도 바로 이 때문이다. 아이의 행동에 따른 자연스러운 결과가 눈앞에 기다리고 있음에도 엄마는 불안해서 가만히 지켜보지 못했다. 다시 말해 엄마는 아이에게 이중의 메시지를 보내고 있었던 셈인데, 이는 우리 아이들에게 치명적인 행동이다. 부모가 계속해서 모순된 태도를 보인다면 어떻게 아이에게 가르침을 준단 말인가? 부모가 혼란에 빠져 갈팡질팡하지 않고 깨어있는 상태로 아이를 대할 때 딱 그만큼 가르침의 효과가 있다.

　부모가 인위적으로 부과하는 결과와 아이의 행동에 뒤따르는 자연스러운 결과의 근본적인 차이를 이해했다면, 이제 어떤 상황에서든 자연스러운 결과가 무엇일지 파악한 다음, 그 결과가 효력을 발휘하도록 가만히 지켜보는 일관성을 보여야 한다. 예를 들어 아이가 벽에 낙서를 한다면, 그때 효과적인 교정 방법은 아이의 물감을 빼앗거나 컴퓨터 할 시간을 없애는 것이 아니다. 그 상황에 자연스럽게 요구되는 행동을 하면 된다. 즉 아이는 벽의 낙서를 지우는 법과 적절한 곳에 그림 그리는 법을 배우면 된다. 만약 아이가 먹지 않는다면 배고픔을 느끼는 게 당연한 결과다. 아이와 부모 모두가 만족하는 식사 메뉴를 정하는 새로운 방법을 찾아내지 않는 한 말이다. 만약 아이가 숙제를 안 한다면 다음날 선생님에게 야단을 맞을 것이고 쉬는 시간이 사라질 것이다. 혹시 아이가 밤에 잠을 안 잔다면 다음날 제시간에 일어났을 때 졸리고 피곤한 상태를 감당해야 할 것이다.

　각각의 사례가 보여주는 것처럼 결과는 그 상황에서 자연스럽게 나타나며, 주변 환경의 직접적인 피드백을 통해 아이에게 교훈을 준다. 직접적이고 즉각적인 피드백보다 더 좋은 스승은 없다. 인위적인 '훈육'은 효과 면에서 상대가 안 된다. 해결책은 정말로 간단하다. 다만 실행하기가 어려운데, 그건 우리가 결과를 기다리지 못하고 훈육으로 아이를 키우는 데 익숙하기 때문이다. 주디의 상황이 그 전형적인 예다.

ᗐ
ᗐ

그녀는 10대 아들이 위험한 행동을 하기 시작했다며 나에게 불만을 털어놓았다.

"왜 그런 어리석은 짓을 할까요?"

그녀가 물었다. 나는 지금 벌어지고 있는 일들은 그동안 엄마가 아들의 행동에 뒤따르는 자연스러운 결과로부터 아들을 구해줬기 때문이라고 설명했다. 아들이 지금 위험천만한 행동을 하는 건 지난날 놓쳐버린 기회, 즉 자연스럽게 인과의 교훈을 얻을 수 있었으나 그러지 못했던 수많은 상황이 쌓여 생겨난 결과물이었다.

그 무렵 마침 인과에 대해 알려주기 딱 좋은 기회가 찾아왔다. 주디는 아들이 친구들과 해변에서 즐거운 주말을 보낼 수 있도록 오랜 시간을 들여 준비했다. 그것은 그녀가 진심으로 바라던 일이었다. 하지만 아들은 바로 그 전날 밤 무면허로 엄마 몰래 차를 몰고 나가 작은 사고를 내고 말았다.

주디는 어찌할 바를 몰랐다. 차는 주행이 가능했지만 해변에 몰고 갈 만큼 멀쩡한 상태는 아니었다. 차를 정비소에 맡기고 주말에 쓸 차를 빌려야 할까? 아이로 하여금 자기 행동에 따르는 자연스러운 결과를 경험하게 해야 한다는 것을 잘 알면서도 아이를 위해 즐거운 시간을 계획한 멋진 엄마 이미지를 포기하기가 쉽지 않았다.

주디가 나에게 전화해 도움을 청했을 때, 나는 인과의 법칙이 작용하게 순리대로 두는 것이 가장 자연스럽고 중요한 교육 방식이라는 사실을 그녀가 외면하고 있음을 알 수 있었다. 사실 좋지 않은 결과를 막기 위해 개입해온 오랜 습관이 지금의 위기를 만든 면도 있었다. 이것을 염두에 두고 주디에게 근본적인 질문을 던졌다.

"바다에 가면 당장 누구의 욕구가 충족되는 거죠? 당신의 욕구예요, 아니면 아이의 욕구예요?"

나는 설명을 덧붙였다.

"아들에게 멋진 시간을 선물하기 위해 바다에 데려가려 한 건 분명 부모로서 좋은 의도죠. 하지만 지금은 상황이 달라졌어요. 아이는 당신의 다른 반응이 필요한 행동을 했어요. 벌이 아니라 자기 행동에 따른 자연스러운 결과를 통해 교훈을 얻게 하는 반응이요. 당신이 다른 차를 빌려 바닷가에 간다면, 아들은 허락도 없이 가족의 차를 몰고 나간 행동의 대가를 경험하지 못할 거예요."

주디는 자신의 바람과는 별개로 아들이 자기 행동의 결과를 겪어봐야 한다는 걸 이해했다. 그것은 실행하기가 아무리 힘들어도 아들의 정서 발달을 위해 꼭 필요한 일이었다. 자녀가 행동에 따른 결과를 달게 받는 모습을 지켜보는 것이 부모로서 몹시 괴로울 수 있지만, 일관성을 유지해야 한다. 주디는 자신의 계획을 포기하기 어렵더라도 여행을 취소하고 차를 정비소에 맡겨야 한다는 것을 깨달았다. 그러지 않으면 아들은 무책임하게 행동해도 아무런 대가를 치르지 않을 수 있다고 여길 테니까.

아이의 행동이 기대에 못 미치면 부모는 뭔가 '해야' 한다고 느낀다. 구해 주거나, 벌을 주거나, 뇌물을 주거나, 아니면 다른 식으로 개입해야 한다고 생각한다. 하지만 아이가 자연스러운 결과를 경험하며 터득하게 하려면, 한발 물러나 삶이 어떻게 아이에게 교훈을 주는지 적극적으로 지켜보다가 아이가 요청할 때 격려와 안내를 해줘야 한다.

아이가 책임감을 키우게 하려면?

☐ 아이가 지금 위험천만한 행동을 하는 건 지난날 놓쳐버린 기회, 즉 자연스럽게 인과의 교훈을 얻을 수 있었으나 그러지 못했던 수많은 상황이 쌓여 생겨난 결과물이다.

☐ 부모가 아이들이 자연스러운 결과로부터 배우게 내버려두지 못하고 개입하는 이유는 인생을 통제할 수 없다고 생각하면 무력감을 느끼기 때문이다.

☐ 무력감은 불안을 일으킨다. 이 불안감 때문에 부모는 아이의 자율성을 억압하려 한다.

☐ 아이가 자기 행동이 불러온 결과에 대해 불안해하지 않도록 부모가 계속 끼어들면 인생으로부터 자극을 받아 성장할 기회를 빼앗는 셈이 된다. 여기에 고함과 질책까지 더해지면 아이와 부모 모두의 불안감은 걷잡을 수 없이 높아진다.

☐ 부모가 할 일은 아이의 불안감을 없애주는 것이 아니라, 불안감이 너무 낮거나 너무 심하지 않도록 지켜보는 것이다. 이를 위해서는 다른 사람보다 더 민감하고 쉽게 상처받는 아이들도 있음을 알아야 하며, 주어진 상황에 부모의 두려움을 주입하지 않도록 주의해야 한다.

☐ 부모는 아이가 살아가는 데 필요한 적절한 능력을 갖추게 해야 한다. 그러지 않으면 아이를 실패로 내모는 것과 같다. 우리는 아이를 함정에 빠뜨릴 게 아니라 가르쳐야 한다.

☐ 아이들은 부모가 적절히 도와주기만 하면 성장해감에 따라 차츰 불안감을 다스리는 법을 배운다.

☐ 부모가 오랫동안 애를 써도 아이의 잘못된 습관을 고치지 못하는 이유는 그 상황에서 빠져나와 자연스러운 결과가 뒤따르도록 지켜보지 못하기 때문이다. 그리고 그 이유는 '좋은 부모' 이미지를 포기할 수 없어서이다.

☐ 훈육을 다룬 책들은 일관성을 강조한다. 나 역시 일관성을 강조하고 싶다. 하지만 내가 하는 이야기는 대부분의 훈육 관련 책에서 하는 이야기와는 그 의미가 사뭇 다르다.

☐ 부모들은 일관성이라고 하면 자신의 뜻을 계속 고집스럽게 주장해야 한다는 의미로 잘못 받아들인다. 일관성은 우리가 하는 말이 우리가 마음속 깊이 느끼는 감정 그리고 주어진 상황의 현실과 일치한다는 뜻이다.

☐ 우리가 '있는 그대로의 현실'에 맞게 행동할 때 우리가 하는 말에 자연스럽게 권위가 실린다.

6장

버릇없이 물고 때리는 아이에게
한계를 가르치는 법

아이가 버릇없이 굴 때 나쁜 행동을 한 것처럼 아이를 대하면
'진짜 문제'를 놓치게 된다. 이때 아이가 배워야 할 것은,
무례함은 관계를 이어가는 데 효과적인 방법이 아니며,
그래봐야 원하는 것을 얻지도 못한다는 사실이다.
그러니 아이가 무례하게 굴 때는 공격하거나 벌을 주기보다는
철저하게 거리를 둬야 한다.

내 딸 마이아의 친구 새라가 부모님에게 버릇없이 구는 바람에 딸의 생일파티에 못 오게 됐다고 연락이 왔을 때 마이아는 이렇게 소리쳤다.

"그게 내 생일파티랑 무슨 상관이야?"

나중에 마이아는 내게 물었다.

"엄마, 엄마도 나한테 그럴 거야?"

"내가 왜? 그건 말이 안 되잖아."

내가 대답했다.

"새라가 너무 안됐어."

마이아가 덧붙였다.

"걔네 엄마는 그냥 심술을 부리는 거야."

상황을 꿰뚫어보는 듯한 딸의 이 말을 우리는 마음속 깊이 생각해볼 필요가 있다. 아이들은 부모가 자신을 대하는 방식이 제멋대로이고 부당할 때 이것을 충분히 알아차린다. 사실 많은 부모가 아이에게 심술을 부린다. 올바르게 행동하도록 아이를 가르치고 있다고 변명하며 자신의 비열함을 인정하지 않을 뿐이다.

나는 마이아가 버릇없는 태도를 보일 때 어떻게 대응했는지 말했다.

"우리는 그 자리에서 곧바로 이야기를 나누고 해결하잖아."

"전에 내가 엄마한테 화가 나서 방문을 쾅 닫았을 때처럼? 그날 우리는 그 행동에 관해서 이야기를 나누었고, 나는 그걸 일기에 썼지."

마이아가 말했다.

"맞아."

내가 대답했다.

무례함은 도덕적으로 '나쁜' 것과는 다른 문제다. 아이가 버릇없이 굴 때 나쁜 행동을 한 것처럼 아이를 대하면 '진짜 문제'를 놓치게 된다. 이때 아이가 배워야 할 것은, 무례함은 관계를 이어가는 데 효과적인 방법이 아니며, 그래봐야 원하는 것을 얻지도 못한다는 사실이다. 그러니 아이가 무례하게 굴 때는 공격하거나 벌을 주기보다는 철저하게 거리를 둬야 한다. 그러면 아이는 얻고자 하는 것을 손에 넣지 못할 테고, 버릇없는 행동으로는 아무것도 얻지 못한다는 사실을 배우게 된다.

부모가 아이의 건방지거나 반항적인 태도를 도덕적인 문제로 여기는 대신 온전히 현실적인 차원에서 바라보면, 아이도 현실적으로 행동하는 법을 배운다. 모든 관계는 상호 존중을 기반으로 발전한다는 사실을 깨닫는다. 그리하여 예의는 상대방을 존중하는 방법이며, 원하는 것이 있으면 무턱대고 요구하기보다는 정중히 부탁하는 것이 좋다는 사실도 알게 된다.

모든 인간관계에는 한계가 있어야 한다. 한계는 서로에게 어떤 행동이 되고 어떤 행동은 안 되는지를 분명히 나타낸다. 적절한 한계를 아는 것은 아이의 발달에 필수적이다. 한계를 흔히 '경계'라고도 하는데, 이것은 현실적이고 명확하고 일관적이어야 한다. 어떤 관계 또는 상황에서든 경계가 한번 정해지면 당사자들은 모두 그 한계를 지켜야 한다.

누가 나에게 매우 심한 해를 끼치면 우리는 본능적으로 그 사람의 자유를 어느 정도 제한하고 싶어진다. 이는 자연스러운 반발심이다. 그 사람과 나 사이에 아무런 경계가 없는 것 같으니 경계를 지어보려는 것이다. 어른들이 저지르는 많은 잘못된 행동은 결국 경계를 침범한 행동으로 요약된다. 그러므로 적절한 한계를 정하는 것은 효과적인 양육에 매우 중요하다. 부모가 아이의 마음에 공감하며 일관되게 한계를 가르치면 훈육의 필요성이 사라진다.

이 방법이 어떻게 효과를 발휘하는지 구체적으로 이해하기 위해 청결에 대해 생각해보자.

$$\vee$$

몸을 깨끗하게 유지해 남에게 불쾌감을 주지 않는 것은 자기 자신은 말할 것도 없고 다른 사람을 존중하는 태도다. 아이가 씻기 싫다고 울고불고 할 때 부모는 아이가 표현하는 목욕에 대한 거부감에 귀 기울이면서도 씻는다는 것은 협상의 여지가 없는 행동임을 명확히 알려줘야 한다는 뜻이다. 목욕을 마치기 전까지 아이는 아무것도 할 수 없고 아무 데도 가지 못한다. 이 점을 분명히 하기 위해 아이와 싸울 필요는 전혀 없다.

청결의 필요성은 본질적으로 예의의 필요성과 다르지 않다. 아이가 부모에게 무례한 태도를 보임으로써 경계를 벗어나면, 선을 넘은 데 대한 결과를 감수해야 한다. 이때 자연스러운 결과는 무엇일까? 상황에 따라 다르겠지만, 부모가 아이와 거리를 둘 수 있다. 그렇게 한계를 침범당한 상황에서 벗어나는 것이다. 부모가 이런 식으로 빠져나오는 건 그런 버릇없는 행동은 용납되지 않을 거라는 한계를 명확히 하는 것이다.

일관성이 있으면서도 공감할 수 있도록 정해진 한계는 그 어떤 벌칙보다 훌륭한 가르침을 준다. 당연히 부모는 한계를 정할 때 일관성과 함께 애정 어린 태도를 보여야 한다. 아이가 투덜대거나 성을 낼 때는 이런 한계를 정해서 지키기가 힘들다. 이럴 땐 부모가 아이의 정서적 반발을 안전하게 받아주는 큰 그릇이 되어주는 것이 무척 중요하다.

아이가 부모에게 부적절한 행동을 보이는 이유는 다음의 두 가지 욕구 중 하나를 나름대로 표현하는 것이다. "내 마음 좀 알아주세요." 혹은 "나를 감싸주세요." 하지만 안타깝게도 우리는 대부분 반대로 행동한다. 아이가 선을 넘었으니 우리도 선을 침범한다. 아이가 우리를 때리면 우리도 아이를 때린다. 아이가 버릇없이 굴면 우리는 아이에게 소리를 질러 망신을 준다. 이렇게 받은 대로 돌려주는 대응은 관계를 무너뜨린다.

아이가 버릇없이 굴 때, 부모는 아이가 그 무례한 행동에 관해 이야기를 나눌 정도로 진정된 상태인지, 아니면 아이에게 마음을 진정시킬 시간을 더 줘야 할지 판단해야 한다. 만약 아이가 마음을 진정시켜야 하는 상황이라면, 부모는 발끈하는 대신 조용히 그 자리에서 물러나면 된다. 그러면 아이는 공손하게 대화할 수 있기 전까지는 부모 곁에 있을 수 없다는 걸 경험하게 된다. 아이가 다시 부모와 함께 있을 준비가 되면, 그때 버릇없는 행동이 얼마나 건설적이지 못한 소통 방식인지에 관해 이야기를 나누면 된다.

아이가 버릇없고 무례하고 부모를 물거나 때릴 때, 언제나 문제는 아이에게 적절한 한계를 알려주지 않는 데서 발생한다. 이때 아이는 교감에 굶주려 화가 나 있거나, 부모가 적당한 한계를 정하는 데 실패하는 바람에 부모의 인격을 무시해도 된다고 느끼게 된다.

교감과 서로의 한계를 존중하는 태도는 둘 다 건전한 발달에 필수적이다. 이 둘은 밀접한 관련이 있으며 서로를 지지하는 관계다. 아이들은 다른 사람의 경계를 존중하며 친밀하게 교감하는 법을 배워야 한다. 또한 자신의 경계를 침범당했을 때 적절히 대응하는 법을 배우는 것도 그것 못지않게 중요하다.

여기서 내가 아이들이 '배워야' 한다고 말할 때의 의미를 명확히 하고 싶다. 우리는 '배운다'는 단어를 발음할 때 매우 힘을 주는 경향이 있는데, 이는 우리가 가르쳐야 한다는 뜻으로 받아들이기 때문이다.

사실 아이들은 우리가 말로 가르쳐서 배우는 게 아니라, 우리가 그들을 대하는 방식에서 배운다. 이는 '일방적인 행동doing to'과 '함께하는 행동doing with'의 차이이다.

어느 부모나 아이와 가장 먼저 해야 할 일은 관계 맺기다. 아이와 굳건한 관계를 맺고 있는 부모라면 아이가 자기 행동에 따르는 자연스러운 결과를 경험하도록 하는 데 별 어려움이 없고 확신도 있을 것이다. 그러나 아이와의 관계가 굳건하지 않다면, 부모는 불안감과 죄책감에 시달리기 쉽다. 이 두 가지 감정은 아이의 자연스러운 배움을 망친다. 버릇없이 굴거나 물거나 때리는 아이는 교감에 굶주린 상태이기 때문에 충분한 교감이 이루어지기 전까지는 적절한 한계를 배우지 못한다.

ᐯ

어느 정도 자란 아이가 너무 버릇없이 굴면 부모는 이렇게 말할 수 있을 것이다.

"당장은 대화를 나누기가 힘든 상태니까 혼자 있을 시간을 좀 줄게. 우리 둘 다 서로 존중하며 차분하게 말할 수 있을 정도로 진정되면, 그때 다시 이야기해보자."

여기에 망신을 주거나 질책하는 말은 전혀 없다. 원인과 결과만 있다. 그러나 거듭 강조했듯이 이런 말도 벌을 주는 것처럼 이야기한다면 효력을 잃고 오히려 역효과를 낼 수도 있다. 절대 감정을 '싣지' 않고 말해야 한다. 그러지 않으면 아이는 바로 알아채고 부모를 원망할 것이다. 부모가 자리를 비웠을 때 관계 회복을 원하는 게 아니라 차라리 잘됐다고 여길 것이다.

아이와 함께 있던 자리에서 벗어나야 할 때, 부모는 아이를 버린다는 생각에 겁을 먹기도 한다. 하지만 발끈해서가 아니라 침착하게 물러나면 강력한 유인책이 된다. 여기서 '유인책'이라는 말은 우리의 침착한 모습에 우리의 존재감이 가득 실리고 그 존재감이 강력한 끌림으로 작용한다는 뜻이다. 이런 모습은 우리가 아는 그 무엇보다 사람의 주의를 끌어당긴다. 우리가 그렇게 물러날 때, 아이는 버려졌다는 느낌을 받는 게 아니라 부모가 곁에 없을 때의 상실감을 느끼고 관계 회복을 원하게 된다.

이를 위해서는 부모가 그 상황에 온 마음을 쏟아야 한다. 마음과 행동이 조금이라도 달라선 안 된다. 아이에게서 잠시 멀어질 때 숨기는 감정이 있어서는 안 되며, 현실적으로 타당하다는 믿음이 있어야 한다. 오직 그럴 때만 그 행동이 자연스러운 결과가 된다. 부모가 아이에게서 멀어지긴 하지만 아이에 대한 마음을 완전히 열어두면 아이는 부모의 존재를 그리워하게 된다.

우리가 쓸 수 있는 가장 강력한 도구는 바로 존재감이다. 부모의 존재가 지닌 힘을 경험하면 아이는 똑바로 앉아 주의를 기울인다. 하지만 아주 많은 경우 우리는 아이를 대할 때 상황에 온전히 집중하지 못하고 오래된 습관대로 행동한다. 진실로 아이를 위해 '여기에' 있는 게 아니다. 그저 아이를 떼어놓기 위해 이런 이야기를 하거나 저런 행동을 하기 바쁘다. 겉으로 드러나는 우리의 행동과 잠재된 느낌 사이의 이런 내적 갈등이 결국 아이에게서 발견되는 여러 가지 문제를 만들어낸다. 이런 내적 갈등만 없으면 우리는 온전히 아이에게 집중할 수 있고, 아이도 우리가 진지하다는 것을 알게 된다.

꼭 알아둬야 할 사실이 하나 있다. 한계는 말이 아니라 에너지를 쏟아부을 때 구축된다는 점이다. 아이에게는 부모를 '존중해야 한다'는 우리의 말보다 우리가 어떻게 행동하고, 자신을 관리하며, 어떤 사람들과 어울리고 무엇을 허용하는가 하는 모습이 훨씬 더 설득력 있게 다가온다. 다시 말해 공손한 태도, 물지 않기, 때리지 않기 같은 한계는 아이가 부모의 삶에 들어오는 순간부터 만들어지는 셈이다.

물고 때리는 아이, 어떻게 가르쳐야 할까?

☐ 무례함은 도덕적으로 '나쁜' 것과는 다른 문제다. 아이가 버릇없이 굴 때 나쁜 행동을 한 것처럼 아이를 대하면 진짜 문제를 놓치게 된다.

☐ 부모가 아이의 건방지거나 반항적인 태도를 도덕적인 문제로 여기는 대신 온전히 현실적인 차원에서 바라보면, 아이도 현실적으로 행동하는 법을 배운다.

☐ 모든 인간관계에는 한계가 있어야 한다. 한계는 서로에게 어떤 행동이 되고 어떤 행동은 안 되는지를 분명히 나타낸다. 적절한 한계를 아는 것은 아이의 발달에 필수적이다.

☐ 한계를 '경계'라고도 하는데, 이것은 현실적이고 명확하고 일관적이어야 한다.

☐ 한계를 분명히 정하는 것은 효과적인 양육에 매우 중요하다. 부모가 아이의 마음에 공감하며 일관되게 한계를 가르치면 훈육의 필요성이 사라진다.

☐ 아이가 부모에게 부적절한 행동을 보이는 이유는 다음의 두 가지 욕구 중 하나를 표현하는 것이다. "내 마음 좀 알아주세요." 혹은 "나를 감싸주세요." 하지만 안타깝게도 우리는 대부분 반대로 행동한다.

☐ 아이가 선을 넘으면 우리도 선을 침범한다. 아이가 버릇없이 굴면 우리는 아이에게 소리를 질러 망신을 준다. 이렇게 받은 대로 돌려주는 대응은 관계를 무너뜨린다.

☐ 아이들은 다른 사람의 경계를 존중하며 친밀하게 교감하는 법을 배워야 한다. 또한 자신의 경계를 침범당했을 때 적절히 대응하는 법을 배우는 것도 그것 못지않게 중요하다.

7장

부모의 진정성을
시험하는 아이들

아이들이 부모를 존중하지 않는 것은
우리가 무의식적으로 그렇게 행동해도 된다고 허용했기 때문이다.
우리의 어린 시절 어느 시점에 사람들에게 무시당해도 된다는 생각이
내면에 자리를 잡은 것이다.
아이들은 이것을 귀신같이 알아챈다.

많은 부모가 내게 이렇게 말한다.

"저는 제 아이들을 무척 사랑해요. 아이들에게 아주 많은 것을 해주죠. 그런데도 아이들은 언제나 제게 짜증을 내요."

이렇게 말하는 부모도 있다.

"제가 아무리 희생해도 아이들은 부모 공경할 줄을 몰라요."

이런 일이 벌어지는 이유는 부모가 겉으로는 어떻게 행동하는지 모르겠지만 잠재의식 차원에서는 전혀 다른 생각들이 펼쳐지고 있기 때문이다. 그러다 보면 아이는 그 숨겨진 대본의 낌새를 알아채고 자기도 그렇게 행동해도 된다고 믿게 된다. 부모가 자기 자신과 자기 인생을 어떻게 대하는지 보고 그대로 흡수한다.

아이들이 부모를 존중하지 않는 것은 우리가 무의식적으로 그렇게 행동해도 된다고 허용했기 때문이다. 우리의 어떤 부분이 그런 무례함을 편하게 느낀다는 뜻이다. 우리의 어린 시절 어느 시점에 사람들에게 무시당해도 된다는 생각이 내면에 자리를 잡은 것이다. 아이들은 이것을 귀신같이 알아챈다.

마침 생각나는 한 엄마가 있다. 그녀는 자신이 고함을 지르고 협박하고 뇌물을 써도 아이들이 말을 듣지 않는 이유가 스스로를 리더로 보지 않는 자신의 잠재의식 때문임을 알게 되었다. 4남매 중 막내로 자란 그녀는 언제나 앞에서 이끌기보다는 다른 사람을 따라가며 비위를 맞추는 데 익숙했다. 그 결과, 아이들은 엄마가 으름장을 놓아도 말로만 그럴 뿐이며, 엄마가 자신들을 통솔하는 걸 어색해한다는 사실을 알아챘다. 그녀 또한 아이들이 자신의 말을 듣지 않는 건 자기 역할에 관한 어린 시절의 생각 때문이라고 확신했다. 그녀에게 필요한 건 그런 역할 반복을 멈추는 것이었다.

이제 우리는 아이들의 '문제 행동'이 우리가 흔히 생각하는 것과 다른 데서 유래한다는 걸 이해할 수 있다. 내 임상 경험에 비춰볼 때, 아이들의 문제 행동은 대부분 아이로 인해 부모의 내면에 과거의 역학 구도가 되살아나는 데도 부모가 이를 알아채지 못하는 데서 비롯된다.

우리의 잠재의식 패턴에는 엄청난 에너지가 담겨 있다. 이 에너지 때문에 우리는 어떤 분위기를 띠게 되며, 아이들은 그 분위기에 반응한다. 아이들이 부모의 정서적 '기운'을 알아챈다고도 말할 수 있다. 눈에 잘 보이지 않아도 구석구석 배어 있다는 점에서 나는 이 기운을 우리가 숨 쉬는 공기에 비유하곤 한다. 그것은 우리의 말과 행동과는 어긋날 때가 많으며 하나의 에너지 형태로 작용하기 때문에 인식하기도 어려울 수 있다.

우리는 이 기운의 영향력을 잘 모르지만, 이것은 우리가 참여하는 모든 경험과 상호작용, 관계의 토대가 된다. 다시 말해 믿고 싶지 않겠지만 아이들은 부모의 표면적인 지시에 반응하는 게 아니다. 우리의 잠재의식 속 대본, 즉 스스로도 의식하지 못하는 바로 그 대본에 반응한다.

무슨 일이 일어나는지 우리가 전혀 의식하지 못해도, 끌어당기거나 밀어 낸다는 점에서 이런 잠재의식의 기운을 자석에 비유할 수 있다. 아이들은 부 모에게 의지하기 때문에 우리가 발산하는 분위기에 극도로 민감하다. 이것이 우리와 아이들 사이에 역학 구도를 만든다. 그리고 이 역학의 시작은 언제나 자석 같은 힘을 지닌 우리의 잠재의식이다.

효과적인 양육의 열쇠는 '불량하게 행동하는 아이'에게 쏟았던 관심을 우 리의 '불량하게 움직이는 정서 상태'로 돌리는 것이다. 우리 자신의 정서적 패 턴을 파악하고 풀어내지 않는 한 부지불식간에 우리는 아이가 문제 행동을 일으키도록 부추길 것이다. 아이에겐 고칠 것이 없고 우리만 성장하면 되는 데도 아이를 고치려고 이리저리 방법을 찾아 헤매게 된다.

현실에서 이런 일이 어떤 식으로 벌어지는지 보여주는 사례가 있다.

∨
∨

어떤 부모가 나에게 이렇게 말했다.

"제 아이는 항상 뿌루퉁해요. 그 원인이 저라고 말씀하시면 안 돼요. 어떻게 그게 제 책임이죠? 그냥 아이의 기질이잖아요."

"맞아요, 아이의 타고난 기질은 부모 책임이 아니죠."

내가 동의했다. 그리고 덧붙여 말했다.

"아이들은 저마다 고유한 기질을 갖고 세상에 태어나요. 그런 의미에서 부모 책임은 아니죠. 부모의 책임은 다른 데 있어요."

여기서 '다른 데'를 이해하는 것이 중요하다. 아이가 우리 삶에 들어온 순간부터 아이의 기질은 부모의 기질과 상호작용한다. 그런데 유유히 흐르거나 부딪치고 충돌하는 등 상호작용을 하다보면, 무엇이 순수하게 타고난 기질이고 무엇이 부모나 주변 환경과 상호작용하며 생겨난 것인지 잘 구분되지 않는 지경에 이른다. 그래서 "내 아이는 A 타입의 성격이야" 혹은 "내 아이는 본래 짜증을 잘 내"와 같이 어떤 것이 전적으로 '내 아이 모습'인지 분명하게 말하지 못하게 된다. 부모와 아이 둘 다 양육이라는 역학 구도 안에서 끊임없이 서로에게 영향을 미치기 때문이다.

우리는 우리의 대응을 통해 그 역학 구도에 등장한다. 아이가 자꾸 토라지는 경우, 부모는 그런 행동을 줄이거나 더 심하게 만들거나 둘 중 하나다. 그것은 부모가 아이의 행동으로 인해 어떤 영향을 받느냐에 달렸다. 아이는 그 영향을 즉각 알아채며, 이것이 다시 아이에게 매우 큰 영향을 미친다.

그런데 우리가 풍기는 분위기와 그것이 아이들에게 미치는 영향까지 책임을 진다는 건 쉬운 일이 아니다. 일단 이 기운은 말로 표현되지 않고 미묘한 에너지 형태로 발산되기 때문에 확인하기가 어렵다. 이럴 때 아이의 행동에 맞췄던 관심을 우리 내면으로 돌리려는 의지가 있다면, 흠잡기 좋아하는 잔소리꾼에서 동지이자 안내자로 바꾸는 데 도움이 된다.

⌄
⌄

이와 관련해 유난히 가슴 아픈 것이 바로 아이의 학교 성적이다. 우리는 아이에게 이렇게 말한다.

"성적은 그리 중요하지 않아. 중요한 건 네가 최선을 다하는 거야."

하지만 우리 대부분은 성적이 앞으로 아이가 거둘 성공의 지표이기에 성적에 신경 써야 한다는 생각을 문화적으로 주입받으며 살았다. 부모가 뭐라고 말하든, 아이는 자신이 A를 받지 못했을 때 부모가 반응하는 모습을 보고 그것이 부모의 진심이라 여긴다. 아이는 부모의 몸짓, 표정, 이마 주름, 가늘어지는 눈썹까지 모두 지켜본다. 우리가 그런 반응을 아무리 감추려 해도 불안감은 여지없이 새어나간다.

인생에서 어떤 문제를 해결하면 우리는 더 이상 그 문제로 인해 불안해하지 않고 마음이 편해진다. 불안감은 해결되지 않은 문제들에서 발생한다. 아마도 성적은 우리가 자랄 때 중요한 문제였을 것이다. 성적이 아이의 성공을 결정짓지 않으며 세계적으로 큰 업적을 이룬 사람들 중 학교 성적이 뛰어나지 않았던 사람이 많다는 사실을 머리로는 알지만, 정서적으로는 성적과 관련한 문제가 여전히 남아 있는 것이다. 우리 아이들은 이걸 놓치지 않고 알아챈다. 우리가 우리의 부모를 보며 그랬던 것처럼.

그 결과, 시험 때만 되면 실전에 대한 불안감, 복통이나 두통 혹은 다른 질환을 겪는다. 정확한 증상이 무엇이든 대체로 아이의 성격에 맞게 다스려질 테지만, 불안감은 좀처럼 가라앉지 않는다. 많은 가정에서 정서적인 문제들이 대물림되는 것도 바로 이 때문이다.

∨

알렉산드라라는 한 엄마가 생각난다. 그녀는 전자기기 사용 문제를 놓고 아이들과 매일같이 전쟁을 벌인다며 어려움을 토로했다.

"1년째 끊임없이 싸우고 있어요."

어떤 패턴이 며칠 이상 지속된다면 그 뿌리가 우리 자신의 어린 시절에 있다고 확신해도 된다. 그런 패턴이 사라지지 않는 건 우리 내면에 뭔가 익숙한 감정을 불러일으키기 때문이다. 불편하지만 익숙한 감정이기에 거기에 안일하게 머무르게 된다.

나는 알렉산드라에게 갈등을 유발하는 건 그녀 자신이라고 알려주었다. 그러자 그녀가 되물었다.

"어떻게 그럴 수 있죠? 나 때문에 이렇게 됐다니, 말도 안 돼요. 나는 갈등이 싫어요. 갈등을 끝내고 싶은데 방법을 모르는 것뿐이라고요."

하지만 함께 더 깊이 파고들자 알렉산드라는 아이들과의 갈등이 자신의 내적 갈등에서 비롯된다는 걸 깨달았다. 그녀는 아이들이 자신의 온순한 성격을 이용하는 것이 싫었다. 하지만 겉으로는 사람들의 마음을 즐겁게 해주고 싶어하는 분위기를 풍겼다. 그것은 어린 시절 자신을 지배하려 했던, 비위 맞추기가 참 힘들었던 엄마 곁에 있을 때 느낀 감정의 복사판이었다. 그녀는 늘 엄마의 관심을 얻기 위해 안간힘을 쓰며 어린 시절을 보냈던 것이다.

부모들이 아이 문제로 나를 찾아올 때 내가 가장 먼저 탐색하는 대상은 항상 부모다. 그러면 부모들은 알렉산드라처럼 놀란다. 하지만 나는 아직 해결되지 않은 그들의 어린 시절의 감정들이 여전히 작동하고 있으며, 그 정도가 너무 심해서 무의식중에 아이들을 비슷한 상황으로 이끈다는 걸 자신 있게 보여줄 수 있다.

결국 나를 찾아온 부모들은 자녀와의 모든 갈등은 부모의 잠재의식에 남아 있는 여러 갈등에서 비롯된다는 걸 깨닫는다. 처음엔 이런 사실을 받아들이기가 힘들 수도 있다. 하지만 이 책이 출간되기 전에 원고를 미리 읽어본 지인이 예리하게 지적한 것처럼 "모든'이라는 단어에 동의하지 않을 때도 있었지만, 그 시절은 지나갔다."

정크푸드의 사례를 보자. 만약 아이가 햄버거 가게에 가자고 하는 바람에 계속 싸우게 된다면, 아이가 그런 음식을 먹고 싶어하는 이유가 어느 정도는 부모가 그런 음식을 좋아하기 때문임을 인정하는 것이 중요하다. 부모가 정크푸드 먹는 모습을 아이가 봤는데 너는 먹으면 안 된다고 제지하니 싸움이 벌어지는 것이다.

어쩌면 부모가 정크푸드를 잘 먹지 않을 수도 있다. 정반대로 패스트푸드는 건강에 좋지 않다고 아이에게 강조했을지 모른다. 하지만 아이에게 입력되는 건 그런 말이 아니라 다른 모습이다. 부모가 바쁘거나 스트레스를 받거나, 뭔가 좀 편하게 먹을 음식이 필요하면 주저 없이 햄버거 가게로 향한다는 사실이다. 아이들은 부모의 말과 행동이 일치하지 않는다는 걸 알면 자연스럽게 그것을 자기에게 유리한 쪽으로 이용한다.

"하지 마라!"

부모가 이렇게 말할 때 실제로 전달되는 메시지는 다르다.

"네가 그렇게 해도 어떤 대가를 치르게 되진 않을 거야. 어쨌거나 나도 그렇게 행동할 때가 있으니까."

부모는 말로는 안 된다고 하지만, 무의식적으로 그렇게 행동해도 괜찮다는 뜻을 전달한다. 그런 문제에 대한 의지가 부족한 것 역시 잠재의식 때문이다. 이렇듯 우리의 잠재의식은 부모로서 가진 선의를 무너뜨린다. 아이들과의 갈등이 대부분 부모의 내적 갈등에서 비롯된다는 걸 이해하지 못하면 표면적인 문제에만 집중하게 된다. 그러면 끝없는 싸움으로 이어지고, 스스로 만들어낸 괴물을 통제하려다보니 아무 관계도 없는 훈육에 무게가 쏠린다.

우리의 무의식에 남은 앙금이 작용하는 미묘한 방식을 이해하면, 아이들의 잘못된 행동이 대부분 우리가 만들어낸 상황에 대한 반발임을 알 수 있다. 문제의 발단은 아이가 아니니 사실 벌칙은 정당하지 않다.

정크푸드만 먹고 싶어하는 아이가 있다고 하자. 아마도 그런 습관은 정크푸드는 나쁘다고 말하면서도 그런 음식을 먹은 부모의 이중 메시지로부터 시작됐을 것이다. 아이가 패스트푸드를 원한다는 건 부모가 건강한 음식을 먹어야 한다는 인식을 충분히 심어주지 못했으며, 부모 자신조차 그 인식을 따르지 않았다는 뜻이다.

만약 아이가 매일 햄버거만 먹으려고 하거나 몇 시간이고 비디오게임만 하려 한다면, 부모는 자신들이 아이와 함께 시간을 보내지 못할 때 이런 것들을 아이 손에 쥐여 줘서 그렇게 되었을 수 있다는 것을, 즉 그건 아이가 부모에게서 배운 버릇이라는 사실을 알아야 한다. 이것들은 아이가 실제로 경험하고 느끼는 것들을 외면하려는 방식일 수 있다. 예를 들어 감정을 회피하기 위해 정크푸드를 먹을 때, 우리는 '감정을 밀어넣는다'고 표현한다. 이렇듯 아이들은 주의를 딴 데로 돌리는 법을 부모에게서 은연중에 배운다. 부모가 어떤 문제에 맞닥뜨렸을 때 직시하는 대신 회피하는 모습을 보이면 아이들이 보고 배우는 것이다.

불안감을 느낄 때 담배를 피우는 부모를 예로 들어보자. 담배는 불안감을 잠시 잊게 해준다. 당사자는 불안감을 해소하기 위해 '뭔가 하는' 중이라고 믿지만, 실제로는 불안감을 일시적으로 누그러뜨리고 있을 뿐이다. 아니면 스트레스를 줄이는 방법으로 음식이나 술에 의존하는 부모를 생각해보자. 그들은 의식하지 못하는 사이에 어떤 물질 없이는 자신의 감정을 감당할 수 없다는 분위기를 발산하고, 아이들은 그런 모습을 보며 스트레스에 그와 같은 형태로 대처하는 법을 배운다.

다음으로 매일 거울 앞에서 30분씩 화장하며 자기 얼굴이 예쁘지 않다고 불평하는 엄마의 예를 보자. 그녀는 자신도 모르게 외모가 자존감의 척도라는 메시지를 주고 있다. 그사이 아빠는 자기 일을 못마땅해하고 상사와 긴 업무 시간, 과중한 업무량에 대해 끊임없이 불평하며 자기도 모르게 일이란 힘들기만 하고 밀어내야 할 어떤 것이라는 메시지를 준다. 이 아빠는 불평을 늘어놓음으로써 받아들이고 싶지 않은 상황을 회피하는 것이다. 아이는 이 모든 낌새를 알아차리고 자기만의 레퍼토리로 만든다.

행동과 의도가 일치할 때 부모는 비로소 아이와 진심으로 교감할 수 있다. 이런 교감을 나누며 자란 아이는 부모가 자신에게 요구하는 원칙을 부모도 지키고 있다고 믿는다. 그 결과 그 원칙은 온 가족이 지지하는 하나의 문화로 집안에 자리 잡는다. 예를 들어 부모가 매일 아침 침대 정리하기처럼 기본적인 것들을 처리하는 모습을 보면 아이도 그대로 따라 할 가능성이 매우 크다.

아이들은 부모의 모습을 끊임없이 흡수한다. 부모가 무엇을 어떻게 하는지 항상 보고 듣고 머릿속에 기록한다. 초보 엄마로서 내가 하는 모든 선택이 아이에게 미치는 영향을 깨달았을 때, 나는 감당하기 힘들 만큼 부담스러웠다. 내가 다이어트용 탄산음료를 주문하는지 물을 주문하는지, 감자튀김을 주문하는지 샐러드를 주문하는지, 텔레비전 앞에서 운동을 하는지 가만히 앉아 쉬는지는 더 이상 나만의 문제가 아니었다. 내가 시간을 어떻게 쓰고, 불안감을 어떻게 다스리는지, 실패에 어떻게 대처하고, 남편을 어떻게 대하며, 돈 관리를 어떻게 하는지 등등 이 모든 것이 아이에게 영향을 미치고, 결국 그 아이의 인생을 이끈다.

과연 내가 이 많은 책임을 감당할 수 있을까? 처음엔 감당하기 힘들다고 느꼈지만, 시간이 흐르면서 사랑과 기쁨이 넘치는 평화로운 가정으로 결실을 보게 된다는 것을 확인했다. '훈육'을 놓고 끝없는 싸움을 벌이지 않고도 말이다.

아이들이 부모를 존중하지 않는 이유

☐ 아이들이 부모를 존중하지 않는 것은 부모가 무의식적으로 그렇게 행동해도 된다고 허용했기 때문이다.

☐ 부모의 잠재의식 패턴에는 엄청난 에너지가 담겨 있다. 이 에너지 때문에 부모는 어떤 분위기를 띠게 되며, 아이들은 그 분위기에 반응한다.

☐ 효과적인 양육의 열쇠는 '불량하게 행동하는 아이'에게 쏟았던 관심을 우리의 '불량하게 움직이는 정서 상태'로 돌리는 것이다.

☐ 부모 자신의 정서적 패턴을 파악하고 풀어내지 않는 한 부지불식간에 아이가 문제 행동을 일으키도록 부추길 것이다. 아이에겐 고칠 것이 없고 부모만 성장하면 되는데도 아이를 고치려고 이리저리 방법을 찾아 헤매게 된다.

☐ 아이들은 부모의 표면적인 지시가 아니라, 의식하지 못하는 우리의 잠재의식 속 대본에 반응한다.

☐ 아이들은 부모에게 의지하기 때문에 우리가 발산하는 분위기에 극도로 민감하다. 이것이 부모와 아이들 사이에 역학 구도를 만든다.

☐ 아이가 자꾸 토라지는 경우, 부모는 그런 행동을 줄이거나 더 심하게 만들거나 둘 중 하나다.

☐ 아이의 문제 행동에 맞췄던 관심을 우리 내면으로 돌리려는 의지가 있다면, 흠잡기 좋아하는 잔소리꾼에서 동지이자 안내자로 바뀌는 데 도움이 된다.

☐ 우리가 뭐라고 말하든, 아이는 자신이 A를 받지 못했을 때 우리가 반응하는 모습을 보고 그것이 우리의 진심이라 여긴다.

- -

☐ 아이들은 부모의 말과 행동이 일치하지 않는다는 걸 알면 자연스럽게 그것을 자기에게 유리한 쪽으로 이용한다.

- -

☐ 행동과 의도가 일치할 때 부모는 비로소 아이와 진심으로 교감할 수 있다. 이런 교감을 나누며 자란 아이는 부모가 자신에게 요구하는 원칙을 부모도 지키고 있다고 믿는다.

- -

8장

"된다" 또는 "안 된다"의 기준을 효과적으로 말하는 법

。

한 아이가 부모에게 아이패드를 사달라고 한다.
자기 친구들은 다 가졌다면서 말이다.
부모는 그것이 아이에게 꼭 필요한 물건이 아니며
새로운 물건에 대한 호기심은 금방 사라지게 마련이라고 생각한다.
하지만 아이를 기쁘게 해주고 싶고 자기 신념이 확실하지 않다보니
결국 아이의 요구를 들어주고 만다.

∨
∨

한 엄마가 찾아와 하소연했다.

"아이가 나쁜 말을 하는 게 싫어요. 제 아이는 'ㅅ'으로 시작되는 욕, 'ㄱ'으로 시작되는 욕, 심지어 'ㅈ'으로 시작되는 욕도 해요. 그걸 참을 수가 없어요. 저희 부부는 집에서 그런 말을 안 하는데, 대체 어디서 배웠는지 모르겠어요."

"그런 말을 할 때 엄마가 불쾌하다는 걸 아이에게 어떻게 이야기하세요?"

내가 물었다.

"그런 말 하지 말라고 하죠."

그녀가 대답했다.

"얼마나 자주 그러셨어요?"

"수도 없이 했죠. 또 하는 게 지겨워질 정도로요."

"그럼 질문을 바꿔볼게요. 아이가 당신을 때리고 있으면 당신은 계속해서 때리지 말라는 말만 하나요? 아이가 계속 때리는데?"

"당연히 아니죠. 엄마를 때리는 행동은 용납이 안 된다는 걸 확실하게 알려줘야죠."

"그러면 아이가 말을 들을까요?"

"그럼요, 엄마가 진지하다는 걸 아이가 아니까요."

"바꿔 말하면 당신은 대체로 진지하지 않고 아이가 그걸 안다는 얘기네요."

부모들은 불평한다.

"제가 '안 된다'라고 말하는 순간 아이가 떼를 써요. 제가 '된다'라고 하면 아무 문제없고요. 어떻게 해야 제가 '안 된다'라고 할 때 아이가 받아들일까요?"

내가 이건 "된다" 또는 "안 된다"의 문제가 아니라고 말하면 부모들은 놀란다. 문제는 아이가 부모의 말이 확고한 결심에 따른 것이라고 느끼느냐, 아니냐에 달려 있다. 부모가 "된다" 또는 "안 된다"라고 말하는 근거가 명확하고 이를 설명할 수 있다면 아이는 적절한 반응을 보인다.

부모로서 우리는 자기가 무슨 말을 하는지 제대로 생각해보지도 않은 채 아이들에게 무작정 "된다"라고 말할 때가 얼마나 많은가? 우리의 "된다"는 상황의 모든 요인을 염두에 두고 한 의미 있는 대답이 아니라, 상황에 대한 고려 없이 우리의 기분대로 즉흥적으로 나온 반응에 더 가깝다. 부모의 대답이 진정성 있는 반응이 아니기에, 아이들은 "된다"의 의미가 그때그때 다르다는 걸 금세 알아챈다.

마찬가지로 딱히 안 된다고 할 이유가 없을 때도 "안 된다"라고 할 때가 많으니 아이들은 "안 된다" 역시 복불복이라고 느낀다. 결과적으로 "된다" 또는 "안 된다"에는 진정한 의미가 없다. 다시 말해 여기에는 반박할 여지가 있으며, 아이가 세게 밀어붙이면 가정의 평화를 위해 대답이 달라질 수 있다는 뜻이다.

부모가 집안의 방침을 믿고 따르지 않으면 아이들이 그것을 믿고 따르도록 이끌 수 없다. 아이들은 당연히 계속 부모를 자극하며 그들이 하는 말이 진심인지 확인하려 든다.

예를 들어 한 아이가 부모에게 아이패드를 사달라고 한다. 자기 친구들은 다 가졌다면서 말이다. 부모는 그것이 아이에게 꼭 필요한 물건이 아니며 새로운 물건에 대한 호기심은 금방 사라지게 마련이라고 생각한다. 하지만 아이를 기쁘게 해주고 싶고 자기 신념이 확실하지 않다보니 결국 아이의 요구를 들어주고 만다.

이 경우 아이에게 이렇게 말하는 것이 좋다.

"네가 아이패드를 갖고 싶어한다는 거 잘 알겠어. 그런데 그게 너에게 왜 중요한지 이야기해보자. 그게 있으면 네 생활이 더 좋아진다는 데 우리 둘 다 동의하면 아이패드를 구할 방법을 찾아보는 거야. 네가 비용을 일부 부담하는 방법도 있고. 그걸 어떻게 사용할지 기준도 정해야 해."

이런 대화를 나누면 아이는 부모가 물건 구입을 기분 내키는 대로 허락하는 게 아니라 진지한 사고 과정을 거쳐 결정한다는 걸 이해하기 시작한다. 이런 의미 있는 대화를 일관성 있게 활용하면 아이는 부모가 자신과 한 편이라고 느끼게 된다.

이렇게 뭔가에 대해 서로 합의된 기대가 있으면 부모는 감시하는 역할을 떠맡을 필요가 없다. 다만 이것은 아이가 합의된 사항을 지킬 정도로 충분히 자랐을 때 이야기다. 아이가 아직 어린데도 부모가 이런 합의를 시도한다면, 기대한 바가 이루어지지 않았을 때 일어날 혼란에 대해 충분히 각오가 되어 있어야 한다. 따라서 부모는 아이에게 "된다" 또는 "안 된다"라고 말하기 전에 자신의 감정적인 숙제부터 먼저 해결하는 것이 중요하다.

부모가 자신의 삶으로 진정성을 분명히 드러내면, 아이들은 "안 된다"라는 말을 받아들여야 할 때 순순히 수용하게 된다. 아이는 부모가 단지 자신의 힘을 과시하려고 그렇게 말하는 게 아님을 안다. 부모의 기준에 독단적인 면이 전혀 없기에, 아이들은 부모의 결정엔 언제나 확실한 이유가 있다고 믿고 그 결정을 따르게 된다.

아이에게 뭔가를 주거나 빼앗는 것이 아이의 발달에 필요해서가 아니라 우리의 잠재의식 속 기준, 즉 해결되지 않은 정서적 앙금 때문이라면 갈등의 원인이 된다. 하지만 우리가 판단의 이유를 명확히 밝히고 부모 자신은 물론 아이가 원하는 바도 염두에 둔다면, 아이는 비록 듣기 싫은 말이라도 부모가 진실하게 행동하고 있다는 사실을 존중할 것이다.

어떤 부모는 이렇게 불평한다.

"아들이 비디오게임을 사달라고 사정해서 사줬더니 게임만 붙들고 살아요. 그것 때문에 맨날 싸워요."

또다른 부모는 이렇게 말한다.

"딸이 자기 방에 TV를 놔달라고 졸라서 그렇게 해줬더니 이젠 TV 좀

끄라고 밤낮으로 소리쳐야 해요."

이렇듯 부모로서 아이에게 친절을 베푼 것처럼 보이는 행동들이 금세 갈등의 원인으로 바뀐다.

이럴 때 나는 되묻는다.

"왜 아이에게 그런 전자기기를 사주셨나요? 명확한 이유라도 있나요?"

부모들은 멋쩍어하며 대답한다.

"다들 가졌으니까요. 내 아이만 없으면 소외감을 느낄 테니까요."

"다들 가졌다는 건 부모가 아이에게 어떤 물건을 사줄 이유가 아니죠. 아이가 너무 많은 자극을 받을 것 같다거나 첨단기술에 중독될 것 같은 느낌이 들면서도 전자기기를 사주는 건 전혀 도움이 안 되는 행동이에요. 하지만 그것으로 아이가 더 행복해지고 가족의 일원인 당신의 삶도 더 좋아진다면 사줄 이유가 되겠죠."

나는 이렇게 설명한다.

나는 오래전에 내 딸아이와 사회로부터의 압박에 굴하지 않는 법을 배웠다. '다른' 집에서 어떻게 하는지는 딸아이를 키울 책임이 있는 사람으로서 내가 내리는 결정과 아무 상관이 없다. 또래 친구들로부터의 압력, 학교, 쇼핑몰, 텔레비전, 인터넷 등이 너무 많은 영향을 미치는 문화에서는 부모가 아이에 관한 결정을 내릴 때 자기만의 마음속 나침반을 따르는 것이 중요하다. 부모로서 우리의 결정은 외부로터의 압력이 아니라 마음에서 시작되어야 한다. 그럴 때 우리의 "된다"는 진짜 초록불과 같아지며, "안 된다"는 절대적으로 '정지'를 뜻하게 된다. 그리고 아이들은 현실에 입각한 부모의 강력한 진심을 느껴 부모의 말을 따른다.

물론 나도 사람이기에 딸아이가 계속 성가시게 들볶으면 화가 난다. 하지만 충분히 생각하고 내린 결정이기에 번복하진 않는다. 때가 되면 딸아이도 내가 "안 된다"라고 할 때는 괜히 심술을 부리는 게 아니라 타당한 이유가 있다는 사실을 알게 될 것이다. 나도 집안의 '평화'를 위해, 그리고 딸아이의 기분을 맞춰주기 쉽게 "된다"라고 말할 수 있지만, 쉽게 느껴지고 우리를 편하게 만드는 것은 좋은 부모 역할과는 아무 관련이 없다. 좋은 부모는 아이의 정서 발달을 위해 무엇이 필요한지를 명확히 알아야 한다.

그래서 사람들이 나에게 "아이가 종일 인터넷만 한다"라고 불평하면, 나는 인터넷이 문제가 아니라고 설명한다. 전자기기 자체는 전혀 문제가 아니다. 전자기기를 사용하는 목적이 불분명하다는 게 문제다. 부모가 아이에게 텔레비전을 봐도 된다거나 안 된다거나, 인터넷을 해도 된다거나 안 된다거나 할 때 말하는 명확한 기준이 없기 때문에 부모의 "된다" 또는 "안 된다"란 말이 힘을 잃고 무의미해지는 것이다.

명확성은 부모에게서 시작된다. 가만히 생각해보자.

'나는 전자기기를 어떻게 생각하는가?'

혹시 전자기기에 대해 상반된 감정이 공존하는가? 예를 들어 부모로서 전자기기가 아이의 생활에 영향을 끼치는 것이 싫으면서도 한편으로는 기회만 있으면 페이스북을 확인하는 자신을 발견할 수도 있다.

지금은 당신이 아이에게 "컴퓨터 꺼"라고 말하지만, 아이의 방해를 받고 싶지 않은 순간이 오면 언제라도 보모 역할을 하도록 아이들에게 컴퓨터를 켜줄 것이다. 사실상 아이에게 전자기기를 사용해도 된다, 안 된다고 말하는 건 당신 기분에 달렸다. 그러니 부모가 순전히 독단적인 이유로 "안 된다"라고 말할 때 아이가 짜증을 부리는 건 당연하지 않은가? 문제는 "안 된다"라는 말 자체가 아니라, 우리가 그것을 어떻게 사용하느냐다.

문제 해결의 열쇠는 부모가 "된다" 또는 "안 된다"라는 말을 할 때 그 의도를 깊이 확신하는 것이다. 이 말을 전달할 때는 반드시 목적이 있어야 한다. 단순히 통제하기 위한 목적이 아니라, 그 상황에 꼭 필요한 목적이 있어야 한다. 그러면 부모의 "된다" 또는 "안 된다"는 말은 '있는 그대로'의 상황에 부합하게 된다.

우리는 발로 음식을 먹으면 안 된다고 여긴다. 여기에 협상의 여지가 있을까? 기존의 관습대로 먹게 하기 위해 아이에게 강요하거나 보상을 할 필요가 있을까? 아니다. 아이들은 부모가 일관되게 먹는 모습을 보고 자연스럽게 배운다.

물건을 사는 것에 관해 말하자면, 돈은 부모가 자주 죄책감을 느끼는 요소 중 하나이며, 가족을 위한 최선의 선택을 하기보다 잘못된 자존감에 휘둘려 행동하곤 한다.

집안이 돈에 쪼들리는 경우엔 가족 구성원 전부에게 이 사실을 알려 누구도 그렇지 않은 척하는 일이 없게 하는 것이 중요하다. 이것은 그 집안이 부자가 되지 않는 한 타협할 수 없는 삶의 현실이다. 한 가정의 경제 상황은 대개 나아지더라도 그 속도가 빠르지 않은 경향이 있으니, 가족 구성원 전체가 현실을 받아들이는 편이 현명하다. 그러면 돈을 지혜롭게 사용하는 것이 가족의 중요한 가치가 되며, 아이들은 이른 나이에 그것을 배운다. 아이들로서는 다른 친구들이 갖고 노는 값비싼 물건을 가질 수 없다는 사실이 싫을지도 모른다. 아이들이 이 사실을 좋아할 수는 없다. 그렇지만 인생엔 우리 마음에 들지 않는 일들이 많고, 그건 어쩔 수 없는 현실이다.

아이에게 솔직한 감정을 표현할 자유를 주지 않고 좋아하지 않는 것도 반드시 좋아해야 한다거나 실제로는 좋아하는 것을 싫어해야 한다고 부모가 억지로 강요하는 건 조종이나 다름없다.

돈 문제의 경우, 부모가 집안의 경제 사정을 명확히 알리고 실제보다 더 잘사는 것처럼 보이려는 욕구가 없다면 아이의 투정에 흔들리지 않을 것이다. 아이를 부끄럽게 만들거나 아이의 뜻에 마지못해 굴복하는 일 없이 아이가 불만을 자유롭게 표현하도록 허락할 수 있다.

만약 부모의 잠재의식에 돈을 둘러싼 문제가 남아 있다면 아이를 대하는 방식에서 그 문제가 드러날 것이다. 만약 부모가 모순된 감정을 느끼면 아이도 그럴 것이다. 부모가 사줄 형편이 안 되는데 아이가 계속해서 사달라고 조르는 이유는 부모의 입장이 명확하지 않아서다. 사줄 수 없는 물건도 사줄 수 있을 것 같은 인상을 아이에게 주기 때문이다. 또한 부모가 "돈이 없다"라고 말해놓고 자기 자신을 위해 혹은 아이를 위해 돈을 쓰는 모습을 보여줘서 그럴 수도 있다.

문제의 핵심은 명확성이다. 명확해지기 위한 첫걸음은 현실을 찬찬히 살펴보는 것이다. 우리는 현실을 받아들였을까? 우리가 현실을 받아들이지 않는 한 아이들도 현실을 받아들이지 않고 끊임없이 징징대고 투덜거릴 것이다. 계속 징징대면 부모가 져준다는 걸 아이들은 안다. 우리가 속으로 갈등하는 것을 알고 그것을 이용하는 데 선수다.

간단히 말해 돈에 관한 우리의 백마디 말보다 우리 내면에 해결되지 않고 남아 있는 생각들이 훨씬 더 강력하게 작용한다. 아이들에게 가장 많은 영향을 주는 것은 부모의 분위기이다. 아이가 계속 사달라고 조르는 건 우리가 그걸 사줄 돈이 있는 듯한 분위기를 풍기기 때문이다. 따라서 아이들은 원하는 것을 얻지 못하면 진짜 사정도 모른 채 부모를 원망한다. 부모가 이런 식으로 아이들의 부정적인 행동을 부추기는 셈이다.

우리가 현실을 받아들이지 않는다면 아이들에게 투명할 수가 없다. 바로 이럴 때 부모가 억지를 부린다. 이제 부모는 이런 식으로 말한다.

"넌 너무 욕심쟁이야, 부끄러운 줄 알아야지. 땅을 파면 돈이 나오니? 너는 우리가 부자라고 착각하는 것 같아."

아이가 솔직한 욕구를 표현한 것에 대해 이렇게 창피를 주며 아이의 감정을 모욕한다. 부모는 짜증이 나고 아이는 거부당했다고 느끼니 현실 문제가 개인의 문제가 되어버린다.

아이들은 무엇이든 갖고 싶을 수 있다. 그게 정상이고 건강한 모습이다. 아이들이 삶과 연결되어 있다는 표시이기도 하다. 그것이 반드시 아이가 욕심이 많다는 의미는 아니다. 하지만 아이가 자신이 갖고 싶어하는 물건들에 자기의 자존감이 걸려 있다고 믿는다면, 그건 건강하지 못한 태도다. 이때 부모가 한계를 명확히 생각하지 않고 아이가 원하는 대로 다 들어주어서는 안 된다. 그 물건이 아이 삶에 어떤 용도로 쓰일지 파악하는 과정이 매우 중요하다.

핵심은 부모가 현실을 잘 알아야 한다는 것이다. 현재 자산은 얼마이고, 어떤 제약들이 있는지를 정확히 알면 가족에게 꼭 필요한 것과 아이가 원하는 것 사이에 충돌이 일어나 싸움으로 번지는 일을 막을 수 있다.

외모에 민감한 10대 자녀에게는 이렇게 말할 수 있을 것이다.

"네 말 충분히 이해해. 하지만 우리 가족은 운동화 한 켤레에 300달러 넘게 쓸 형편은 되지 않아. 네가 그걸 얼마나 갖고 싶어하는지는 알겠어. 그게 너한테 그렇게 중요한 거라면 네 힘으로 살 수 있도록 함께 계획을 세워보자."

부모는 이런 식으로 아이의 감정을 존중하는 동시에 아이에게 집안의 현실 또한 알릴 수 있다.

이런 상황에서 우리가 아이에게 가르쳐야 할 교훈은 그들에게 뭔가를 자유롭게 갈망할 권리가 있다는 점만이 아니다. 부모가 아이의 세계를 구성하는 일원으로서 아이가 노력해볼 의지만 있다면 그런 욕구들을 충족할 수 있도록 전적으로 도울 거라는 사실 또한 가르쳐야 한다. 그렇게 아이가 목표를 갖도록 가르치는 것이다. 이때 아이는 어떤 목표가 아무리 이루기 어려워도 협력과 소통, 노력을 통해 이루어낼 가능성이 있다는 것을 배운다. 또한 자신이 적극적으로 자기만의 세상을 만들어 나가는 사람이며, 그런 활동을 통해 꿈을 실현할 수 있다는 것도 알게 된다. 그런 아이는 살면서 좋은 결정을 내리는 어른으로 자란다.

부모가 이 정도로 아이를 존중하고 그들의 욕구 충족에 의미 있게 참여하면, 아이는 부모의 지시를 받는 수동적인 역할에서 벗어나 자기 삶을 능동적으로 이끄는 역할로 옮겨간다. 그러면 갈등이 일어날 법한 순간들이 성장의 기회로 바뀐다. 아이가 자기 현실과 운명을 새로 써나가는 법을 배우게 되는 것이다.

물론 이 정도의 관계는 하루아침에 형성되지 않는다. 부모가 아이를 대하는 매 순간, 특히 부모의 지배욕이 위협받는 비참한 순간에 어떤 에너지가 발휘되느냐가 중요하다. 부모가 아이를 대하는 모든 순간은 과거의 반영이자 미래의 기반이다. "된다" 또는 "안 된다"와 관계된 모든 말은 아무 이유 없이 불쑥 내뱉는 게 아니라 일관된 흐름의 일부여야 한다.

이렇게 일관성 있게 길러진 아이는 순종이나 반항, 어느 한쪽으로 쏠리지 않는다. '있는 그대로'의 현실과 조화를 이루며 살아간다.

Key points!

기준을 명확하게 말하고 있는가?

☐ 명확성은 부모에게서 시작된다. 예를 들어 지금은 당신이 아이에게 "컴퓨터 꺼"라고 말하지만, 아이의 방해를 받고 싶지 않은 순간이 오면 언제라도 보모 역할을 하도록 아이들에게 컴퓨터를 켜줄 것이다.

☐ 부모가 집안의 방침을 믿고 따르지 않으면 아이들이 그것을 믿고 따르도록 이 끌 수 없다. 아이들은 당연히 계속 부모를 자극하며 그들이 하는 말이 진심인 지 확인하려 든다.

☐ 아이에게 뭔가를 주거나 빼앗는 것이 아이의 발달에 필요해서가 아니라 부모 의 잠재의식 속 기준, 즉 해결되지 않은 정서적 앙금 때문이라면 갈등의 원인 이 된다.

☐ 좋은 부모는 아이의 정서 발달을 위해 무엇이 필요한지를 명확히 알아야 한다.

☐ 돈은 부모가 자주 죄책감을 느끼는 요소 중 하나이며, 가족을 위한 최선의 선 택을 하기보다 잘못된 자존감에 휘둘려 행동하곤 한다.

☐ 집안이 돈에 쪼들리는 경우엔 가족 구성원 전부에게 이 사실을 알려 누구도 그렇지 않은 척하는 일이 없게 하는 것이 중요하다.

☐ 부모가 집안의 경제 사정을 명확히 알리고 실제보다 더 잘사는 것처럼 보이려 는 욕구가 없다면 아이가 불만을 토로해도 흔들리지 않을 것이다.

9장

부모는
영화감독이 아니다

。

우리는 잠재의식 속 영화에 너무 집착한 나머지, 거기에 인생의 모든 것을
쏟아붓고 어떻게 해서든 그것을 구현해내기 위해 이를 악물고 싸운다.
이 영화가 흥행에 성공하지 못하면, 혹은 더 안타깝게도
아예 만들어지지 못하면 우리는 충격을 받는다. 많은 경우
고래고래 소리 지르고 악을 쓰며 눈에 보이는 모든 사람을 비난한다.
그리고 그 화살이 가장 많이 향하는 대상은 바로 아이들이다.

우리에게는 저마다 삶은 이래야 한다고 머릿속에 영화처럼 그리는 모습이 있다. 우리 아이들과 다른 친한 사람들에게 우리가 원하는 그 영화 속 역할을 맡긴다. 당사자들이 그 역할에 동의하는지 아닌지는 신경 쓰지 않는다. 우리가 쓴 대본을 그들에게 주고, 그 역할을 충실히 해내는지 끊임없이 확인한다.

우리는 낯선 사람에게, 어쩌면 몇몇 친구들에게는 이런 영화를 찍으려는 욕구를 자제한다. 그들에게 너무 많은 것을 강요하면 우리로부터 멀어질 걸 알기 때문이다. 하지만 자녀의 경우 우리의 보살핌을 받아야 하니 우리 마음대로 대사를 쓰고, 의상을 마련하고, 영화의 결론을 예상하는 데 거리낌이 없다.

정해진 배역이 벅찰 경우, 아이에게는 두 가지 선택지가 있다. 하나는 순종이다. 자신의 진짜 모습을 포기하고 배정된 역할을 받아들이는 것이다. 다른 하나는 짓밟힐 위험을 무릅쓰고 반항하는 것이다. 부모가 맞닥뜨리는 아이 행동에 관한 모든 문제는 아이가 이 두 가지 선택지에 어떻게 반응하느냐에 달려 있다.

우리는 잠재의식 속 영화에 너무 집착한 나머지, 거기에 인생의 모든 것을 쏟아붓고 어떻게 해서든 그것을 구현해내기 위해 이를 악물고 싸운다. 이 영화가 흥행에 성공하지 못하면, 혹은 더 안타깝게도 아예 만들어지지 못하면 우리는 충격을 받는다. 많은 경우 고래고래 소리 지르고 악을 쓰며 눈에 보이는 모든 사람을 비난한다. 그리고 그 화살이 가장 많이 향하는 대상은 바로 아이들이다.

나는 우리 집에서 내 잠재의식 속 영화가 펼쳐지는 모습을 자주 목격한다. 그 영화 속에서 나는 세계 요리 경연대회에서 우승한 '아이언 셰프' 역을 맡은 적도 있다.

어느 날 나는 딸아이 마이아를 위해 채소 라자냐를 만들어야겠다는 생각이 들었다. 아이가 오후 간식으로 딱 좋아할 것 같았다. 세상에 나처럼 아이 오후 간식으로 여러 겹의 라자냐를 정성스레 만들어주는 엄마가 몇이나 되겠는가.

마이아가 집에 돌아왔을 때, 나는 내 작품을 보여줄 생각에 설렜다.

"짜잔!"

내가 만든 요리를 보여줬다.

딸은 한번 쓱 보더니 내게 이렇게 물었다.

"그게 뭐야? 나 그거 안 먹어."

"그렇게 말하면 안 되지! 대사가 틀렸잖아. 엄마가 하는 말 따라 해봐.

'와, 엄마, 엄청 맛있어 보여요! 엄마의 요리 솜씨가 세계 최고라서 정말 좋아요.'"

나는 이렇게 소리를 지르고 싶었다.

'저 맛있게 먹으려고 힘들게 이 라자냐를 만들었는데 고마운 줄도 모르다니!'

내가 속으로 이렇게 말하는 동안 아이는 아무렇지 않게 제 할 일을 하러 갔고, 나는 가만히 내 작품을 바라보았다.

그 순간 어떤 깨달음이 찾아왔다. 마치 내 육체에서 벗어난 듯한 경험이었다. 텅 빈 객석 앞 무대 위에 홀로 외롭게 스포트라이트를 받고 있는 안쓰러운 모습의 내가 보였다. 내가 이 모든 장면을 머릿속에 만들어 넣고, 심지어 '희생과 영광'이라는 제목까지 붙였다는 사실을 깨달았다. 나는 딸에게 기쁨을 주고 싶어하는 내 잠재된 강박을 보았고, 그것은 한 인간으로서 그리고 엄마로서 인정받고 싶은 욕구에서 비롯된 것이었다.

그 순간 나에게 선택지가 있다는 걸 깨달았다. 하나는 이것이 내가 만든 영화가 아닌 척하며 나를 무시한 딸을 비난하는 것이다. 아니면 내 안의 더 깊은 곳으로 들어가 내 영화 속 배역이 아닌 진짜 나 자신을 느낄 수도 있었다. 그러면 딸아이와도 '내가 그 애를 위해 하는 모든 일에 감사해야 하는' 대상이 아니라 인간 대 인간으로서 교감할 수 있을 것 같았다.

잠재의식이 나를 지배하도록 내버려뒀다면 나는 설교를 늘어놓았을 것이다. 딸아이를 엄하게 꾸짖었을지도 모른다.

"너 정말 버릇없는 아이구나! 어떻게 그렇게 무례할 수가 있어? 아프리카엔 굶주리는 사람들도 있다는 거 몰라? 너에게 이 특별한 음식을 해주려고 내가 얼마나 애를 썼는지 모르겠어?"

아이를 지적하고 탓하고 면박을 줘서 잔뜩 위축되게 만들고 내가 느꼈던 무력감을 고스란히 느끼게 하려는 충동 뒤엔 무엇이 있을까? 내 딸아이가 정신적으로 산산조각이 난들 누가 신경이나 쓰겠어? 딸이 이 일로 자기는 솔직하면 안 된다는 걸, 솔직한 태도는 위험하며 벌을 받게 된다는 걸 배운들 누가 뭐라 하겠어? 그저 다시 힘을 느끼고 싶은 욕구, 엄마의 권위를 강화해 위계질서를 회복하려는 마음이다.

「아이언 셰프」는 내 머릿속 많은 영화 중 한 편일 뿐이다. 나에겐 가족을 위해 희생하는 엄마를 주제로 한 다양한 영화가 있다.

∨
∨

나는 늘 바빠.

난 지쳤어.

이 집에선 모든 일을 내가 하지.

왜 내 아이만 이렇게 까다로울까?

이런 일은 늘 내게만 일어나지.

나는 무척 차분하고 깨어있는 사람이야, 가족들이 집안으로 들어오기 전까지는.

내 친구들도 각자 가장 좋아하는 영화의 주제를 공유해주었다.

아이들은 어쨌든 부모 말을 들어야 한다.

교육이 가장 중요하다.

내 어린 시절은 별로였지만 내 아이의 어린 시절은 행운으로 가득하다.

내가 하루 한시도 쉬지 않고 애를 쓰니 내 아이들은 나보다 나은 삶을
살 것이다.

이런 주제는 배경음악이 되어 계속 우리 주위를 맴돈다. 아주 오랜 시간
반복된 탓에 그것이 거의 피부이자 우리의 일부 같아서 의식하지 못할 뿐이
다. 그것은 우리의 마음속 복잡한 부분이라 우리는 그것의 타당성에 대해 거
의 의문을 품지 않는다. 자세히 들여다볼 수만 있다면 우리는 늘 도덕적이고
참을성 있으며 베풀 줄 알고 희생하는 배역이고, 상대방은 언제나 잘못을 저
지르는 역할임을 알았을 텐데 말이다.

아이언 셰프 역을 맡아 라자냐를 만든 나의 경우, 어쩌다보니 자기주
장을 할 줄 알고 의지가 강한 딸아이를 두었다. 딸아이의 그런 성향
은 어느 정도 타고난 성격 때문이며, 나와 남편의 세상을 대하는 행
동 패턴도 부분적으로 영향을 미쳤을 것이다. 만약 내가 딸아이를 훈
육하려 했다면, 아마도 딸아이는 격렬하게 반발하며 이렇게 말했을
것이다.

"이거 안 먹는다고 말했잖아. 강요하지 마!"

그리고 우리는 끝이 나지 않는 싸움을 시작했을 것이다.

"어디서 감히 엄마한테 그따위로 말을 해?"

나는 이렇게 씩씩댔을 테고, 딸아이는 아마 다음과 같이 소리를 질렀을 것이다.

"엄마, 그런 식으로 말하지 마. 난 잘못한 거 하나도 없어. 잘못은 엄마가 하고 있다고."

이쯤에서 나는 보편적 훈육법인 '타임아웃'을 꺼내들었을 것이다.

"꼬마 아가씨, 그만 방으로 들어가. 예절이란 게 뭔지 좀 알 때까지 나올 생각은 하지도 마!"

이 방법은 효과가 이미 검증됐다고 받아들여진다. 내가 읽어본 아이 훈육에 관한 책의 저자들은 대부분 그렇다고 보았다. 그러나 이 방법이 효과가 있다는 믿음은 오해다. 타임아웃으로 인해 일단 상황이 잠잠해지는 것처럼 보일 수는 있다. 하지만 실제로는 문제 해결이 미뤄지고 있을 뿐이다. 피한다고 문제가 해결되지 않는다. 오히려 애초에 일어날 필요조차 없었던 문제가 계속 이어진다.

어떻게 애초에 문제가 없었다고 말할 수 있을까? 모든 것은 내 머릿속 영화, 그러니까 상황이 이러저러해야 한다는 내 생각 때문에 시작됐다. 내 딸 마이아의 반응은 문제가 아니었다. 그 반응을 내가 좋아하지 않는다는 게 문제였다. 딸아이가 내가 정한 대본을 따르지 않고 내 에고를 건드렸기 때문에 내가 그것을 문제삼은 것뿐이다. 딸이 감히 엄마의 기대에서 어긋났으니, 나는 딸을 어떤 식으로든 훈육해야 한다고 생각했다.

나는 딸아이의 솔직한 모습을 완전히 무시하는 한 편의 드라마를 찍을 뻔했다. 내가 만약 그 드라마에 빠져들었다면, 머릿속에 그렸던 요리 잘하는 내 모습에 사로잡혀 정작 아이에게 중요한 것은 거의 생각하지 못했을 것이다. 아이가 용기 있게 자신의 속내를 드러내고 감정을 표현했을 때, 나는 진심을 말한 아이의 권리를 확 빼앗고 싶었다. 만약 그랬다면 아이의 진실함마저 빼앗아버렸을 것이다.

앞서 말했듯이 내 딸아이는 의지가 강한 편이다. 만약 본래 고분고분한 성격이었다면 어땠을까? 그랬다면 내 꾸지람에 움츠러들고 내 요구에 순순히 따랐을 것이다. 자기의 욕구를 숨기고 내가 만든 라자냐를 먹었을 것이다. 심지어 자아도취에 빠져 칭찬받고 싶어하는 내 갈증을 해소해주었을지도 모른다. 그렇게 나는 내가 원한 대로 목표를 이루었겠지만 그 대가는 무엇인가? 아이의 진솔함을 희생시켰다는 사실일 것이다. 그리고 아이는 다른 사람이 자기감정을 무시해도 된다는 가르침을 얻었을 것이다. 비단 엄마뿐 아니라, 훗날 자기를 심각하게 학대할지 모르는 사람들까지도 말이다. 많은 여자아이들이 자라서 폭력적인 남자에게 희생되는 것이 이런 맥락과 무관하지 않은 듯하다.

이렇게 생각하는 사람도 있을 것이다.

'하지만 아이는 부모가 주는 대로 아무거나 먹는 법도 배워야 한다. 집에 토스트밖에 없는데 아이가 크루아상을 요구하면 안 되니까.'

아이가 당장 구하지 못하는 음식을 먹을 수 없다는 건 맞는 얘기다. 하지만 통제하려는 에고만 옆으로 제쳐두면 토스트를 아이가 좋아하게 끔 요리할 수 있다. 그렇게 하면 아이를 돌보는 일이 부모와 아이 모두의 욕구를 고려하며 협력하는 모험이 된다.

문제는 부모가 자기의 기준을 고집하느라 아이가 자기 뜻과 감정을 표현할 여지를 주지 않는 것이다. 우리가 이 길을 택하면 쓸 수 있는 자원은 훈육밖에 없다. 아이가 자기 자신에 충실하려면 부모의 모든 지시에 고분고분 따를 수 없으니 결국 우리의 뜻을 거스르게 된다. 고유한 권리를 지닌 인간으로서 자기 자신을 지키려면 아이는 반발할 수밖에 없다. 부모의 역할은 아이의 그런 자기주장을 뭉개는 것이 아니라 너그럽게 받아들여 아이가 자기 마음을 잘 알고 자기 생각을 표현하길 두려워하지 않는 온전한 사람이 되도록 돕는 것이다. 그 과정이 우리의 에고를 위협하고 우리가 생각했던 영화와 반대로 가더라도 말이다.

부모로서 우리의 기준을 고집하면 아이와의 역학 구도가 만들어져 훈육에 대한 욕구가 생긴다. 여기서 '기준'이 의미하는 바를 다시 한 번 명확하게 짚고 넘어가는 게 좋겠다. 내가 말하는 기준은 우리의 믿음, 우리가 소중히 여기지만 의식하지 못하는 생각들까지 포함한 우리의 믿음 전체를 가리킨다.

우리가 신을 어떻게 정의하는지, 인생에서 '성공'은 무엇을 의미한다고 생각하는지, 사람을 아름답게 만드는 것은 무엇이라고 여기는지, 실패에 어떻게 대처하는지, 트라우마를 어떻게 다스리는지, 어떻게 행동하는 아이가 착한 아이라고 생각하고, 좋은 파트너의 요소는 무엇이라고 생각하는지 등 사실상 일상의 모든 면이 포함된다. 우리가 삶은 이러해야 한다는 고정관념에 얼마나 사로잡혀 있는지 전혀 의식하지 못할 때조차도, 이런 것들은 우리가 사람을 대하는 방식에 항상 영향을 미친다.

아이는 부모가 주는 대로 무엇이든 먹어야 한다는 믿음은 아이의 기호를 전혀 고려하지 않은 극단적인 예다. 여기에 부모와 아이가 동반자 관계라는 인식은 조금도 없다. 부모는 지배하고 군림하려 드는 사람이다. 그러면서도 아이가 폭군처럼 구는 건 원치 않는다. 제멋대로 행동하는 아이는 자기가 원하는 건 무엇이든 먹을 수 있다. 감자튀김과 아이스크림 같은 것을 매일 먹을 수 있다.

그런데 이 두 극단 모두 건강하지 않다. 한쪽에 치우치지 않은 중도가 가장 이상적이다. 부모와 아이 모두 원하는 바가 있으니 둘 다 고려해야 함을 부모가 이해하면 된다. 지혜로운 부모는 앞장서서 아이들을 이끌더라도 절대 군림하려 들지 않는다. 이런 부모는 아이의 감정을 존중하지 않는 한 영원한 해결책은 없다는 걸 잘 안다.

딸아이가 내가 만든 라자냐를 먹지 않겠다고 했을 때, 나는 멋진 셰프로 인정받고 싶은 내 잠재의식에 대한 공격으로 받아들이는 나 자신을 발견하고 다행히 태도를 바꿀 수 있었다. 무엇이 진정으로 아이를 위하는 일인지 생각하지 않고, 그저 딸을 위해 고급스러운 음식을 준비하느라 애쓴 엄마가 되고 싶은 내 잠재적 욕구에 이끌리고 있음을 깨달은 것이다. 그래서 '훌륭한 엄마 역할'에 대한 아이의 반응에 초점을 맞추는 대신 내 감정을 솔직하게 표현했다.

"마이아, 엄마는 네가 좋아할 줄 알고 정말 열심히 만들었어."

딸아이는 이렇게 대답했다.

"알지, 엄마. 고마워. 하지만 다음엔 너무 힘들게 그러지 마. 나는 그냥 채소를 따로 먹는 게 더 좋아. 라자냐에 막 섞여 들어가는 것보다."

아이가 자신이 원하는 바를 당당히 말할 수 있었던 건 방어적인 태도를 보여야 할 만큼 내가 몰아붙이지 않았기 때문일 것이다. 나는 접시를 집어 한쪽으로 치우면서 내 에고도 함께 치워버렸다. 딸아이는 마치 아무 일도 없었다는 듯 책을 읽었다. 내 머릿속에서 치열한 전쟁이 벌어졌는데도 전혀 모르는 듯했다. 아이에겐 채소를 섞어 먹고 싶지 않다는 단순한 문제일 뿐, 내 훌륭한 요리 솜씨며 그날따라 내가 유난히 집착한 여러 감정은 전혀 중요하지 않았던 것이다.

이상하게 안도감이 느껴졌다. 내가 부모로서 저지를 뻔한 엄청난 실수를 용케 피했다는 사실을 내 안의 무언가가 직감으로 알아차렸다. 내 잠재의식 속 대본을 강요하지 않은 덕분에 비극적 드라마를 멈출 수 있었다. 이것은 나에게 큰 깨달음을 주었다. 나는 '훈육'이라는 개념이 부모의 잠재의식에서 비롯된 정신적 구조물임을 알아차렸다. 훈육이 필요하다는 생각은 아이의 행동이 아니라 '내 아이는 이래야 한다'는 우리의 정서적 집착에서 생겨난다.

우리가 세상은 이러저러 해야 한다는 영화를 만드는 이유는 우리 자신 그리고 남들을 '있는 그대로' 받아들이지 못해서다. 효과적인 양육의 열쇠는 영화에서 걸어나와 '있는 그대로'의 현실로 들어가는 것이다. 우리가 아이를 '있는 그대로' 받아들이게 되면 더는 우리가 원하는 모습이 아니라고 비난하거나 우리가 원하는 모습으로 바꾸려고 하지 않을 것이다. 이러한 우리의 모습은 통제와 멀어져 양육의 길잡이가 되어줄 것이다.

잠재의식 속 영화에 너무 집착하고 있다면

☐ 정해진 배역이 벅찰 경우, 아이에게는 두 가지 선택지가 있다. 하나는 순종이다. 자신의 진짜 모습을 포기하고 배정된 역할을 받아들이는 것이다. 다른 하나는 짓밟힐 위험을 무릅쓰고 반항하는 것이다.

☐ 아이를 지적하고 탓하고 면박을 줘서 잔뜩 위축되게 만들고 우리가 느꼈던 무력감을 고스란히 느끼게 하려는 충동 뒤엔 무엇이 있을까? 그저 다시 힘을 느끼고 싶은 욕구, 엄마의 권위를 강화해 위계질서를 회복하려는 마음이다.

☐ 타임아웃이 효과가 있다는 믿음은 오해다. 이 방법으로 인해 일단 상황이 잠잠해지는 것처럼 보일 수는 있다. 하지만 실제로는 문제 해결이 미뤄지고 있을 뿐이다.

☐ 훈육이 필요하다는 생각은 아이의 행동이 아니라 '내 아이는 이래야 한다'는 우리의 정서적 집착에서 생겨난다.

☐ 부모가 자기의 기준을 고집하느라 아이가 자기 뜻과 감정을 표현할 여지를 주지 않는 것은 문제다. 우리가 이 길을 택하면 쓸 수 있는 자원은 훈육밖에 없다.

☐ 아이가 자기 자신에 충실하려면 부모의 모든 지시에 고분고분 따를 수 없으니 결국 우리의 뜻을 거스르게 된다. 고유한 권리를 지닌 인간으로서 자기 자신을 지키려면 아이는 반발할 수밖에 없다.

☐ 부모의 역할은 아이의 그런 자기주장을 뭉개는 것이 아니라 너그럽게 받아들여 아이가 자기 마음을 잘 알고 자기 생각을 표현하길 두려워하지 않는 온전한 사람이 되도록 돕는 것이다. 그 과정이 우리의 에고를 위협하고 우리가 생각했던 영화와 반대로 가더라도 말이다.

☐ 지혜로운 부모는 앞장서서 아이들을 이끌더라도 절대 군림하려 들지 않는다. 이런 부모는 아이의 감정을 존중하지 않는 한 영원한 해결책은 없다는 걸 잘 안다.

☐ 우리가 세상은 이러저러 해야 한다는 영화를 만드는 이유는 우리 자신 그리고 남들을 '있는 그대로' 받아들이지 못해서다.

☐ 효과적인 양육의 열쇠는 영화에서 걸어나와 '있는 그대로'의 현실로 들어가는 것이다.

10장

완벽하려는
욕심을 버려라

"그 애는 저를 화나게 하는 법을 정확히 아는 것 같아요."
낸시는 딸 사만다와의 관계를 이렇게 말한다.
딸이 엄마를 화나게 하려 한다는 게 사실일까?
아니면 아이는 그저 자기 본모습에 충실할 뿐인데
그것이 엄마 낸시의 신경에 거슬리는 걸까?

딸아이에게 처음 소리를 질렀을 때 나를 쳐다보던 아이의 표정을 나는 기억한다. 아이는 마치 '왜 나를 나쁜 사람 보듯 보세요?'라고 말하는 듯했다. 배신당한 듯한 그 표정에 정신이 번쩍 들었다.

그 순간 내가 뼈아프게 깨달은 사실이 있다. 저절로 좋지 않은 기분을 느끼는 아이는 없다는 것을. 좋지 않은 기분은 전적으로 다른 사람들, 대개는 부모가 아이를 대하는 방식에서 비롯된다. 아이들은 부모가 알려주기 전까지는 자기가 뭔가 '잘못'했다는 생각 자체를 하지 않는다.

우리는 왜 아이가 잘못했다고 생각할까? 그건 단지 아이가 우리와 달라서다. 낸시와 그녀의 딸 사만다가 그 예다.

∨
∨

두 사람은 사만다가 두 살 되던 때부터 의견 충돌을 겪었다.

"마치 물과 기름 같아요. 전 제 아이가 이해가 안 돼요. 그 애는 저를 화나게 하는 법을 정확히 아는 것 같아요."

낸시는 딸과의 관계를 이렇게 말한다.

사만다가 엄마를 화나게 하려 한다는 게 사실일까? 아니면 사만다는 그저 자기 본모습에 충실할 뿐인데 그것이 엄마 낸시의 신경에 거슬리는 걸까? 낸시는 온화하고, 규칙적이고, 내향적이다. 반면 사만다는 목소리가 크고, 잠시도 가만히 있지 못하고, 잘 어지르고, 약간 눈치도 없다. 바꿔 말하면 사만다의 자연스러운 모습은 낸시의 완벽주의적 성격에 어긋난다.

"애가 하는 나쁜 일들만 보게 돼요. 정말이에요. 애가 좋지 않은 행동을 많이 하거든요."

낸시의 불만이다.

사만다는 정말로 나쁜 아이일까? 낸시가 딸아이를 지켜보며 자신과 다른 점이 있으면 그것이 자신이 생각하는 이상적인 딸의 모습이 아니니 전부 '나쁘다'고 규정한 거라고 할 수 있다. 이를 깨닫지 못한 낸시는 딸아이가 자신과 다르다는 이유로 훈육해야 한다는 덫에 빠졌다. 그녀는 모녀 사이에 다른 점이 있으면 전부 '나쁜 행동'으로 보았다. 엄마의 이런 태도는 당연히 아이가 타고난 생존 기제를 작동시켜 더 강하게 자기주장을 하기로 단단히 마음먹게 한 원인이 되었다.

자기가 이해하지 못하는 것을 무의식적으로 '나쁘다'고 판단하고 딱지를 붙이는 것은 우리 인간의 본성이다. 부모로서 우리는 아이들이 하는 행동이 이따금 논리를 거부하기도 한다는 사실을 인정해야 한다. 어떤 행동은 어쩌다 한 번씩 우리의 소중한 환상을 깨뜨리지만, 매일, 심지어 매시간 우리의 환상에 도전하는 행동들도 있다. 아이의 행동이 우리의 틀에서 벗어나면 아이는 호된 심판을 받는다. 우리가 아무리 스스로 매우 관대하다고 믿고 싶어도 우리의 틀은 대개 작고 엄격하다. 그리고 아이러니하게도 그 틀을 창조하는 건 우리의 뇌 활동이다. 아이들에겐 아직 그런 틀이 없다. 아이들은 유연하고, 우리는 그렇지 못하다. 특히 주류에서 벗어나는 특별한 욕구를 가진 아이들, 유난히 민감한 아이들, 배우는 데 어려움을 겪는 아이들, 주의력에 문제가 있는 아이들은 부정적인 꼬리표에 극도로 취약하다. 우리가 무심코 이런 꼬리표를 붙이면, 아이들은 기준에서 벗어나는 행동들을 더 많이 하게 된다.

잠재의식 속에서 한 편의 영화를 찍고 있다는 사실을 깨닫기 전까지 우리는 자기가 '좋은' 역할이고 다른 사람들은 '나쁜' 역할이라고 여긴다. 이는 투사의 일종이다. 우리 자신의 약점을 받아들일 수 없으니 무의식적으로 원인을 다른 사람에게 돌리는 것이다. 우리는 왜 자신의 약점을 끌어안지 못하고 밖으로 투사할까? 지금껏 우리의 인간적인 모습, 지독히도 깨닫지 못하고 어리석은 실수를 저지르는 모습을 받아들이지 못했기 때문이다. 또한 인간의 능력이 저마다 다르고 다면적이며 계량하기 어렵다는 걸 이해할 만큼 성숙하지 못해서다. 어떤 사람이 단지 주류에서 벗어나 있다는 사실만으로 평균 미달이거나 반대로 천부적 재능을 지녔다는 뜻은 아니다. 모든 사람을 종 모양의 똑같은 정상 분포 곡선에 집어넣으려는 우리의 폭력적인 고집은 아이들, 특히 표준화된 평가 방식에서 살아남기 어려운 아이들에게 대단히 해로운 영향을 끼친다.

좀더 구체적으로 들어가보자. 당신이 아이를 데리고 파티에 갔는데 아이가 상황에 맞지 않는 어색한 행동들로 당신을 곤란하게 만든다면 당신은 어떻게 반응하겠는가? 당신 아이가 주류와 다르다는 사실이 견딜 수 없어서 아이의 행동을 매몰차게 심판하고 꾸짖을지도 모른다. 아이의 모습이 당신 자신의 무능함을 반영하는 것 같아서 참을 수가 없기 때문이다.

우리가 자기 자신이나 자녀의 완벽하지 않은 모습을 용납하지 못한다니 슬프지 않은가? 인간으로 존재한다는 건 완벽하지 못하다는 뜻이다. 그런데도 우리는 완벽하지 못하다고 인정하는 것을 마치 명예를 잃는 일처럼 여긴다.

당신이 학교 축제에서 연극을 하는데 대사를 잊어버린다면 어떤 기분일까? 너무 부끄러워 땅이 꺼지길 바랄지도 모른다. 그럴 때 당신은 다른 사람들이 보고 웃는 모습, 심지어 놀리는 모습까지 상상하며 스스로를 괴롭힌다. 팀을 나눠 공을 가지고 경기를 하는데, 중요한 순간에 당신이 꼭 잡아야 할 공을 놓친다면 기분이 어떨까? 자신의 인격이나 함부로 평가할 수 없는 한 인간으로서의 가치와 상관없이 그냥 공을 놓친 것으로 여기는 대신 당신은 당황한 모습을 최대한 감추려고 할 것이다.

우리가 완벽하지 않다는 사실을 받아들이는 것은 아이에게 가르치는 건 고사하고 우리 삶에 접목하기도 참 어려운 교훈이다. 우리는 대부분 자신의 부족함을 받아들이지 못해 괴로워하며, 이는 우리 아이들마저 자기를 탓하고 혐오하고 무시하는 비슷한 괴로움을 짊어지게 하는 원인이 된다.

내가 만나는 거의 모든 여성이 외모와 체중 문제로 고민하고 있었으며, 남성들도 마찬가지다. 어떤 이들은 직업적으로 능력이 부족하다며 걱정한다. 아마도 돈을 충분히 벌지 못한다고 느끼는 듯하다. 그리고 우리 모두는 자신이 인간관계를 유지하는 데 약점이 있다는 걸 안다. 불행히도 부모는 필연적으로 자신의 부족함에 대한 불안감을 아이에게 전달하기 마련이라 아이도 자기 자신을 비슷한 방식으로 바라보게 된다.

우리는 완벽해지려는 욕구를 버려야 하지만, 그렇다고 이것이 '무엇이든 상관없다'라는 뜻은 아니다. 우리는 아이에게 완벽주의자가 되거나 주류를 따르라고 요구하지 않으면서도 최선을 다하도록 북돋울 수 있다.

˅˅

내 경우 딸의 평범한 글쓰기 숙제를 계기로 그렇게 한 적이 있다. 내 딸 마이아는 보통 때는 글씨를 알아볼 수 있게, 심지어 또박또박 잘 쓴다. 하지만 어느 날 저녁 아이가 숙제해놓은 것을 보니, 글씨가 삐뚤빼뚤 날아갈 것 같았다. 나는 아이에게 평소처럼 깔끔한 글씨로 다시 쓰면 좋겠다고 부드럽게 말했다. 그 말을 듣고 마이아는 기분이 상했다.
"그건 너무해, 엄마. 나는 정말 최선을 다했어."
아이는 두 눈에 눈물이 그렁그렁한 채로 계속 말했다.
"내 글씨가 엄마 마음에 안 들다니 나 너무 속상해."
나는 손글씨처럼 밖으로 드러나는 우리의 행동이 인간으로서 우리의 가치를 보여주는 건 아니라는 사실을 아이가 이해하도록 도와줄 필요가 있겠다는 생각에 이렇게 대답했다.
"네 기분이 어떤지 알려줘서 고마워. 네가 원치 않으면 다시 쓰지 않아도 돼. 네 글씨가 너를 의미하지는 않는다는 걸 아는 게 더 중요하니까. 네 머리카락이 너는 아니고, 네 얼굴이 너도 아니고, 네 방이 너도 아니지. 네 옷이 네가 아니고 네 성적이 네가 아니듯, 이런 것들 모두가 마이아는 아니야. 너는 그 무엇보다 더한, 그 모든 것을 합친 걸 넘어서는 존재니까. 너는 그보다 더 놀랍고 아름다운 존재야. 그게 바로 너의 본모습이란다. 그 본모습은 절대 추하거나 어리석거나 덜 좋을 수 없어. 그건 언제나 그 상태로 좋아. 그러니 혹시라도 엄마나 선생님 혹은 다른 애들이 너에게 네 머리카락이 부스스하다거나 네 글씨가 예쁘지 않다고 말하면 이걸 떠올리렴. 그건 일시적으로 너를 표현하는 방법일 뿐 진짜 너는 아니라고, 그게 널 규정하진 않는다는 사실을 말이야. 그러면 내가 너에게 평소처럼 글씨를 또박또박 잘 쓰면 좋겠다고 말할 때 그렇게 상처가 되진 않을 거야. 숙제를 다시 할지 안 할지는 너에게 맡길게."

마이아는 어안이 벙벙한 표정으로 나를 쳐다보았다. '대체 엄마가 뭐라고 하는 거야?' 하는 듯한 표정이었다. 아이에게 너무 어려운 이야기를 했다는 생각이 들었지만, 언젠가 아이가 받아들일 준비가 되었을 때 열매 맺을 씨앗을 뿌리고 있는 셈이었다.

"알았어, 다시 해볼게. 다시 쓰는 게 그렇게 힘든 건 아니야."

마이아가 대답했다. 아이는 자신의 개성이 드러나는 여러 가지 방식을 너무 심각하게 여기지 않아도 된다는 걸 어느 정도 이해하는 것 같았다. 자신의 완벽하지 않은 면들을 극적으로 꾸미기보다는 있는 그대로 받아들여 새로운 것을 알아가는 기회로 여기는 법을 배우고 있었다.

우리가 자신의 부족한 점을 인정하면 아이들도 그럴 수 있는 분위기가 만들어진다. 부모가 자신의 완벽하지 못한 면을 받아들이고 존중할수록 아이도 자신의 부족한 면을 쉽게 받아들인다.

"엄마는 너무 뚱뚱해."

어느 날 마이아가 내 등 위로 올라타며 말했다.

"팔뚝 살이 출렁거리고 물렁물렁해."

그 순간 내가 선택할 수 있는 건 둘 중 하나였다. 아이의 말을 나에 대한 공격으로 받아들여 상처를 입거나, 아니면 내 몸 상태를 인정하고 자존감이 꼭 외모와 연결될 필요는 없다는 사실을 아이에게 알려 주거나.

나는 예의 없이 엄마를 모욕했다고 아이에게 말하는 대신 이렇게 대답했다.

"그래, 엄마도 알아. 마치 비행기 날개 같지?"

우리는 함께 웃었다.

부모가 자신의 약점에 크게 동요하지 않는 것을 알면, 아이들은 그런 완벽하지 않은 모습을 존재에 관한 사실로만 받아들인다. 자기의 어떤 면은 좋고 어떤 면은 나쁘다고 규정하는 대신 모든 면을 거리낌 없이 받아들이는 법을 배운다.

어느 아이나 처음 걷기 시작하면 수없이 발을 헛디디고 넘어진다. 완벽하지 못한 부분도 마찬가지다. 우리가 그런 부분을 부끄럽게 여기지 않고 받아들인다면, 자연스러운 속도로 계속 발전할 기회를 주는 것이다.

우울감이나 자기혐오로 고통받는 부모에게는 이것이 어떻게 작용할까? 그들은 완벽해 보이려고 하는 대신 자신의 약점을 기꺼이 인정하려 하는 게 아닐까?

우리는 대부분 부족하다는 느낌을 남에게 투사함으로써 자기 자신을 보는 방식과 남을 보는 방식에 분열을 일으키지만, 우울한 사람들은 자기 내면에 분열을 일으킨다. 그들은 부족하다는 느낌을 자기 탓으로 돌린다. 사람들은 대부분 내면에서 불만이 일어나면 아이나 다른 사람에게로 화살을 돌리지만, 우울한 사람들은 그 화살을 자기 자신에게 돌린다. 두 경우 모두 사람을 볼 때 강점과 약점을 함께 지닌 현실적인 존재로 보지 못한다.

획기적인 변화가 일어나려면, "나는 완벽해"라고 과장하거나 "나는 가망이 없어"라며 자기혐오를 하는 대신 있는 그대로의 자기 자신을 받아들여야 한다.

또한 우리의 '있는 그대로'의 모습은 아무 조건 없이 받아들여져야 한다. 내적 비판은 심판하기 좋아하는 폭군일 뿐 아무 쓸모도 없다. 우리가 각자의 모습에 대해 용서를 구하는 게 아니라 연민을 가질 때 다른 사람의 모습도 있는 그대로 받아들일 수 있다. 바꿔 말하면 자기 자신에게 공감해야 남에게도 공감할 수 있다. 우리 아이들도 그런 분위기 속에서 잘 자랄 수 있다.

우리의 잠재의식 속 기준이 아이의 타고난 모습과 충돌하면, 우리가 내세우는 의도와 상관없이 갈등이 생긴다. 원하지 않는 활동을 강요당하면 아이들은 어김없이 알아챈다. 따라서 부모가 어떤 의도와 목적을 가지고 아이를 어떤 활동으로 이끌 때, 그 활동은 언제나 아이의 고유한 기질에 맞춘 자연스러운 것이어야 한다. 그 활동이 아이의 기질에 맞을 때 아이는 자신의 영혼과 공명하는 그 활동을 기꺼이 받아들인다.

아들이 태어날 거라는 걸 아는 순간 앞뒤 생각 없이 축구공과 야구모자를 사는 아빠들이 많다. 아들에게 야구공을 던지고 농구 골대에 슛 넣는 법을 알려줄 날만 기다린다. 그런데 만약 아들이 발레를 좋아하면 어떻게 될까? 발레를 배우고 싶은 열정과 복싱 수업을 받으라는 아버지 사이에서 갈등하는 영화 「빌리 엘리어트」의 주인공처럼 말이다. 주인공의 아버지는 남자아이라면 어떤 것에 흥미를 보여야 한다는 이상적인 모습에 연연하다 보니 아들의 성향을 받아들이기가 고통스러웠다. 유능한 변호사 토니는 아들을 받아들이기 힘들었던 아버지의 전형적인 예다.

∨

전 세계를 여행하며 흥미진진한 삶을 살아온 토니는 멀티태스킹에 능해 효율성이 그를 대표하는 특징이 됐을 정도였다. 그런데 그의 아들 네이선은 아버지와 전혀 달랐다. 타고나기를 예민하고 목소리가 나긋나긋하며 움직임이 느렸다. 정보를 받아들이는 데도 느리고 말도 느렸다. 토니는 네이선의 이런 태도를 자신에 대한 저항, 심지어 반항이라고까지 여겨 화를 냈다. 다소 몽상적이고 소극적이며 무척 섬세한 성격을 이해하지 못해 아들에게 고함을 지르곤 했다.
"대체 넌 뭐가 문제야? 왜 이렇게 느려 터졌어? 빨리 해, 제발!"
아버지가 이렇게 나오자 네이선은 아무것도 못 하고 더 내향적으로 변했다.
토니의 관점에서는 부모로서 그렇게 하는 것이 옳았다. 그의 잠재의식속 기준에 따르면 인생을 더 적극적으로 살아야 했다. 그런데 아들의 모습을 보면 정반대였다. 그가 중요하게 여기는 부분들이 전부 엉망이었다. 아들은 타고난 모습 그대로 자연스럽게 존재할 뿐인데, 아버지는 아들의 느림을 훈육해야 할 이유라고 생각했다.

많은 부모가 자녀에게 자라서 손주를 안겨줄 것을 기대한다. 그러니 자녀가 다른 길을 택한다면, 그러니까 아이를 낳지 않고 다양한 파트너와 교제한다든가, 아예 파트너 없이 혼자 살겠다고 결정한다면, 부모는 자녀의 선택을 축하하기가 대단히 어려울 것이다.

모든 부모는 언제나 자신이 아이들을 위해 존재한다고 믿는다. 아이들에게 귀 기울이고 아이들 곁에서 돕고 있다고 믿는다. 무수히 많은 경우 그와 정반대로 행동한다는 사실을 아는 부모는 거의 없다.

아이를 위해 존재한다는 건 우리의 잠재의식 속 기준을 인식하고 그것을 강요하지 않도록 깨어있는 것이다. 아이 말에 귀 기울인다는 건 우리의 생각과 의견, 판단을 개입시키지 않고 들어주는 것이다. 아이의 성장과 발달을 꾸준히 돕는다는 건 아이가 인생을 어떻게 살아야 한다는 우리의 생각을 기꺼이 내려놓는다는 뜻이다. 그 생각은 아이들이 아닌 오직 우리 자신의 성향과 경험에 기반한 것이기 때문이다.

아이를 위해 존재하고, 귀 기울이고, 도움이 되기 위해서는 현실적이어야 한다. 누구도 각자의 잠재의식 속 기준으로부터 완전히 자유로울 수 없다. 그러니 그것이 감정에 영향을 끼쳐 아이와의 교감을 방해하지 않는지 잘 살펴봐야 한다.

아이가 자기의 고유한 삶을 산다고 벌을 줄 게 아니라, 자기 자신을 이해함으로써 자신에게 충실한 방식으로 삶의 형태를 만들어갈 수 있도록 이끌어줘야 한다. 이것이 아이에게 진정한 삶의 여정을 계속하도록 용기를 북돋우는 방법이다.

우리 아이는 정말로 나쁜 아이일까?

☐ 자기가 이해하지 못하는 것을 무의식적으로 '나쁘다'고 판단하고 딱지를 붙이는 것은 우리 인간의 본성이다.

☐ 부모로서 우리는 아이들이 하는 행동이 이따금 논리를 거부하기도 한다는 사실을 인정해야 한다. 우리가 아무리 스스로 매우 관대하다고 믿고 싶어도 우리의 틀은 대개 작고 엄격하다. 그리고 아이러니하게도 그 틀을 창조하는 건 우리의 뇌 활동이다.

☐ 불행히도 부모는 필연적으로 자신의 부족함에 대한 불안감을 아이에게 전달하기 마련이라 아이도 자기 자신을 비슷한 방식으로 바라보게 된다.

☐ 우리 자신의 부족한 점을 인정하면 아이들도 그럴 수 있는 분위기가 만들어진다. 부모가 자신의 완벽하지 못한 면을 받아들이고 존중할수록 아이도 자신의 부족한 면을 쉽게 받아들인다.

☐ 부모가 자신의 약점에 크게 동요하지 않는 것을 알면, 아이들은 그런 완벽하지 않은 모습을 존재에 관한 사실로만 받아들인다. 자기의 어떤 면은 좋고 어떤 면은 나쁘다고 규정하는 대신 모든 면을 거리낌 없이 받아들이는 법을 배운다.

☐ 아이를 위해 존재한다는 건 우리의 잠재의식 속 기준을 인식하고 그것을 강요하지 않도록 깨어있는 것이다.

☐ 아이 말에 귀 기울인다는 건 우리의 생각과 의견, 판단을 개입시키지 않고 들어주는 것이다.

내 아이와 제대로
소통하기 위한 10계명

◇
◆

1. 욱하지 않기

내가 아이의 어떤 모습에 발끈하는지 아는 것이 중요하다. 무례한 태도? 숙제 문제? 잠자는 시간? 컴퓨터? 나는 어떤 부분에서 감정적으로 어려움을 겪는가? 무엇이 나를 발끈하게 만드는지 알았다면, 내가 거기에 빠져들려고 할 때 가장 먼저 할 일은 멈춤이다. 잠시 뒤로 물러나 그 상황과 거리를 두고 마음이 차분해질 때까지 호흡을 한다. 이렇게 하면 잠시나마 생각을 분산해 이성을 되찾을 여유가 생기고, 과잉 반응을 보이지 않을 수 있다.

2. 나에 대한 공격으로 오해하지 않기

우리는 아이들을 삶의 중심에 놓고 살 때가 많지만, 아이들은 부모를 삶의 중심에 놓고 살지 않는다는 사실을 명심해야 한다. 오히려 부모는 아이들에게 버거운 짐일 때가 많다. 아이가 마음에서 우러나는 대로 살면서 자연스럽게 누릴 수 있는 삶의 기쁨과 즐거움을 가로막는 존재가 되는 것이다.

아이들이 우리를 무시하거나 우리에게 화를 낼 때는 우리가 아닌 아이 자신의 내면세계와 더 관련 있는 감정을 표출하는 것임을 기억하자. 그 상황에 우리가 개입하여 감정을 폭발시키면 균형을 잃게 되고, 아이들을 안내하고 지지하는 역할도 해내지 못하게 된다.

3. 부모 자신에게 잠시 타임아웃 주기

아이에게 타임아웃을 주며 밖에 나가 서 있으라고 말하고 싶을 때 우리 자신이 나가보자. 아예 밖으로 나가도 되고, 침실로 들어가도 된다. 필요하다면 TV를 켜고 어떻게든 발끈하려는 마음을 분산시켜보자. 일단 그 상황에서 벗어나면 무엇이든 다른 각도로 보게 된다. 아이가 말을 듣지 않으면 구걸하고, 애원하고, 회유하는 대신 그냥 이렇게 말해보자.

"엄마(아빠) 잠시 나가 있을게."

차분하지만 단호한 어조로 말해야 한다. 그 상황에서 빠져나오면 당신 자신은 물론이고, 아이에게도 한숨 돌릴 여유가 생겨 둘 다 진정될 것이다. 그때 당신은 친구에게 전화해도 되고, 일기를 쓰거나, 산책을 하거나, 책을 읽는 등 균형감을 회복할 수 있는 일이면 무엇이든 해도 된다.

4. 호흡하기

집중해서 호흡하는 법을 배우면 걷잡을 수 없는 생각들을 가라앉히는 데 매우 유용하다. 호흡에 집중하는 것보다 더 훌륭한 기술은 없다. 가만히 앉아 숨이 들고나는 것을 관찰하기만 하면 된다.

5. 모두가 지켜보고 있다고 생각하기

욱하는 반응을 보일 것 같을 때는 사람들이 가득한 방 한가운데에서 모두의 시선을 받는다고 상상하면 도움이 된다. 당신이 중요하게 생각하는 사람들이 지켜보는 상황이라면 어떻게 발끈하겠는가? 비명을 지르거나 고함을 치겠는가? 주위에 사람들이 있다고 상상하면 다른 사람들이 어떻게 볼지 의식하게 되고, 그러다 보면 균형감을 되찾게 된다.

6. 감정을 말로 표현하기

우리가 가진 가장 유용한 도구 중 하나가 바로 의사소통 능력이다. 우리는 분노를 행동으로 표출하는 대신 말로 표현할 수 있다. 생산적인 대화를 나눌 만큼 진정되지 않았을 때는 이렇게 말하면 된다.

"지금 내가 짜증이 올라오는 것 같아. 우리 잠시 쉬었다가 다시 이야기하는 게 좋겠어."

7. 웃을거리 찾기

어떤 상황에서든 유머는 긴장을 가라앉히고 분위기를 바꾸는 데 가장 효과적인 전략이다. 우리는 노래를 부르거나 춤을 추어 심각한 상황을 재미있게 만들거나 그 상황을 이용해 게임을 제안할 수도 있다. 다만 빈정대거나 아이의 감정을 얕보지 않도록 주의해야 한다. 살다보면 상황이 끊임없이 변화하므로, 그때그때 순발력을 발휘해 웃음을 찾으려고 하면 된다.

8. '~하면 그때는' 전략 활용하기

아이에게 부모와 함께 만족할 만한 해결책 찾는 법을 가르치자. '~하면 그때는when~ then' 전략을 사용하자. 아이의 욕구와 부모의 욕구 둘 다 똑같이 중요하다는 것, 조화롭게 산다는 건 결국 모두가 각자의 핵심 욕구를 충족하는 방법을 찾는 것임을 알게 하자. 하나의 길만 고집하기보다 '양쪽 모두'를 생각하자.

9. 상황을 바꿀지, 아니면 받아들일지 선택하기

우리는 모든 상황에서 어떻게 반응할지 매 순간 선택할 수 있다. 상황을 변화시키는 데 필요한 일들을 감당하고 싶지 않다면 아이가 행동하는 방식을 탓하면 안 된다. 그냥 그 상황을 받아들이기로 마음을 굳히고 문제삼지 말아야 한다. 그러면 적어도 아이와의 역학 구도는 변할 것이다.

10. 우리는 하나임을 명심하기

아이의 내면에도 당신과 똑같은 열망과 이상, 좌절과 욕구가 있다. 그러니 아이가 어떤 행동을 하든 나쁜 의도로 해석하지 말고 한발 물러나 긍정적인 시각으로 바라보자. 아이들이 하는 모든 행동엔 부모에게 전하고 싶은 욕구가 담겨 있다. 그게 무엇일까? 그 욕구를 찾아내 채워주려고 해보자. 거기서부터 교감이 이루어지고 아이와 하나가 되는 느낌이 생겨난다.

11장

"여기에 아주 힘센 아이가
살고 있어요"

○

"불안감은 훈육의 대상이 아니라는 사실을 이해하는 게 우선이에요.
좀비나 유령은 없다고 말하는 걸 그만두시는 게 그다음이고요."

아이들은 자기감정과 연결해서 세상을 보기 때문에 무엇이 자기 기분을 좋게 하는지 잘 알고, 느낌이 좋지 않은 것으로부터 재빨리 멀어진다. 하지만 부모 그리고 사회와 교류하면서 서서히 자신의 내적 만족이 아닌 부모나 다른 양육자의 기준에 신경을 쓰게 된다.

당연한 이야기지만 순간순간 달라지는 아이의 욕구에 마음을 열고 대처하는 것보다 미리 만들어놓은 대본을 아이에게 건네는 편이 훨씬 빠르고 수월하다고 착각할 수 있다. 그러니 부모는 자신이 자랄 때와 같은 천편일률적인 해결책을 강요하려는 경향을 각별히 주의해야 한다.

아이의 욕구에 진정성 있게 대응하려면 시간이 오래 걸리고 힘들 수 있다. 하지만 지금 그렇게 하지 않으면, 나중에 비교도 안 될 만큼 더 힘든 일을 겪게 된다. 제때 처리되지 않은 욕구가 걷잡을 수 없을 만큼 커져 결국 악당으로 변할 수 있기 때문이다. 그러다 보면 심각한 문제 행동이 유발된다. 상황이 이렇게 되도록 방관하는 건 불평불만이 가득한 함정에 제 발로 들어가는 꼴이다. '아이가 더 어렸을 때 다르게 키웠더라면' 하는 아쉬움이 없는 부모가 어디 있겠는가? 아이에게 귀 기울이는 것이 얼마나 중요한지 보여주는 사례가 있다.

⌄
⌄

나는 딸아이 마이아가 세 살 때 평소 자주 함께 놀던 개에게 물리는 예기치 못한 사고를 경험하고 나서야 우리가 듣고 싶은 대로 듣는 것이 아니라 아이가 진짜로 의미하는 바를 제대로 듣는 것이 중요하다는 사실을 깨달았다.

이름이 보조Bozo였던 그 개와 마이아는 서로 무척 좋아했다. 하지만 신나게 놀고 장난치다가 흥분한 개가 딸아이의 귀 뒤쪽을 무는 바람에 마이아는 병원에 가서 상처를 꿰매야 했다. 부모인 나와 남편은 말할 것도 없고, 어린 딸에게도 충격적인 경험이었다. 마이아는 울먹이는 와중에도 힘주어 말했다.

"보조, 싫어! 보조, 왜 그랬어? 나 너무 화나."

이 일이 아이에게 상처를 남겨 개에 대한 공포심이 생길까 염려한 나는 아이를 달래며 설명했다.

"마이아, 화내지 마. 보조가 일부러 그런 게 아니야. 너무 흥분해서 그런 거야."

마이아는 정색하고 반박했다.

"아니야, 엄마. 보조는 나빠. 나 이제 보조 안 좋아해. 보조 나빠."

내 머릿속에 수많은 생각이 떠올랐다.

'이런, 보조 때문에 내 딸이 평생 개를 보면 정신적으로 힘들어질 판이

야. 마이아는 늘 개를 좋아했는데, 그 망할 개가 다 망쳐버렸어.'

나는 다시 한 번 보조를 변호함으로써 마이아가 그 개를 좀더 좋게 보
도록 하고 싶었다. 그러려는 찰나, 내가 마이아를 달래려는 이유가 나
자신의 불안감 때문임을 알아차렸다. 여러분도 눈치챘겠지만, 내 머릿
속엔 마이아가 동물들과 잘 지냈으면 하는 영화 한 편이 이미 만들어
져 있었는데, 현실은 그것과 다르게 흘러갔던 것이다. 나는 상황을 '있
는 그대로' 받아들일 수 없었다. 마치 내가 영화감독인 양 마이아의 관
점을 억지로 조작하려 했다.

감정의 핵심은 말이 되지 않아도 상관없다는 것이다. 감정은 반드시 정당
하지 않아도 되며 우리의 승인을 받을 필요도 없다. 그런데도 우리는 너무 이
치를 따지다보니 아이가 감정을 온전히 경험하도록 가만히 두지 못하게 하고
그것을 별로 중요하지 않은 것으로 치부하고 넘어가길 원한다. 문제는 우리
의 불편함인데, 우리는 그걸 견디는 법을 배워야 한다.

감사하게도 마이아는 단호했고, 자기감정 표현에 솔직했다. 감정을 설명하
는 논리가 정확했든 아니든, 아이는 개가 자신을 다치게 한 데 대한 진심 어
린 분노를 표출했다. 그런데 나는 아이가 느끼는 감정의 방향을 억지로 바꾸
려고 했다. 아이가 그날의 경험을 인식하는 방식을 인정하지 않으려 한 것이
다. 나는 딸아이가 실제 느끼는 대로가 아니라 내가 옳다고 생각하는 방식으
로 느끼기를 원했다. 그 길을 계속 고집했다면 그날의 사건을 계기로 정신적
문제를 유발한 장본인은 나였을 것이다.

그날 남편이 태평한 어조로 이렇게 말했다.

"이런 일은 곧잘 일어나고, 우리가 어쩔 수 없는 면이 있어. 그러니 마치 그

런 일이 잘 일어나지 않는 것처럼 말하거나 아이에게 네가 생각하는 것만큼 나쁜 일은 아니라고 우기지 말고, 이참에 마이아가 살면서 마주할 수 있는 충격적인 일들에 잘 대처하는 법을 배우게 해봅시다."

나는 남편의 말에 깨달은 바가 있어 딸아이를 내 대본에 억지로 맞추려는 시도를 멈추고 아이가 자기감정을 느끼도록 두었다. 아예 목소리를 높여 감정을 표현해도 된다고 말함으로써 아이의 경험에 동참했다.

딸아이는 며칠 동안 계속 화가 난 채로 보조를 탓했고, 심지어 보조에게 편지도 썼다. 자기 기분이 어떤지 보조에게 보여주기 위해 그림도 그렸다. 그런 것들이 감정을 처리하는 데 도움이 됐는지 차츰 화가 가라앉자 다시 보조를 받아들이게 됐다. 다행히 내가 걱정했던 일은 일어나지 않았다. 지금도 마이아는 개를 무척 좋아한다.

우리가 아이의 눈높이에 맞춰 아이가 각자의 자연스러운 방식을 따르도록 하면 사실 별로 말이 필요 없다. 물론 아이들은 쉽게 그 경험을 좋지 않게 만들기도 한다. 그럴 땐 우리가 그 상황을 잘 파악하고 곁에 있어주기만 하면 된다. 아이의 관심을 애써 다른 데로 돌리거나 지금 상황에서 벗어나도록 압력을 주는 일 없이 아이의 기분을 지켜보고 아이가 지금 경험하는 것들을 받아들이게 하는 것이 자기성찰의 기술을 가르치는 길이다. 아주 많은 아이가 자기 기분이 어떤지 알지 못하고, 자기 기분이 어때야 하는지에 대해 부모의 눈치를 본다. 아이가 어떤 기분을 느껴도 괜찮은지 계속해서 부모의 확인을 받는다면, 그 아이는 자신의 본모습과 단절된 것이다.

나는 앞서 펴낸 책 『깨어있는 부모The Conscious Parent』에서 딸 마이아가 네 살이던 어느 날 유독 안절부절못하던 일에 관해 이야기했다.

아이는 신경이 곤두선 채로 잘 웃지도 않고 계속 "심심하다", "할 게 없다"는 말만 반복했다. 아이의 그런 모습이 내 신념을 뒤흔들었다. 나는 언제나 아이의 기분을 북돋우는 부모가 되어야 한다고 믿었기 때문이다.

본능적으로 아이를 먼저 구하고 그 과정에서 나 자신도 구해야겠다는 생각이 들었다. 좋은 부모라면 당연히 아이의 일정을 짜줘야 하지 않는가? 텔레비전을 켤지, 아이와 어떤 작업을 할지, 아니면 산책하러 나갈지 등을 떠올리다 문득 이런 생각이 들었다.

'내가 매번 이렇게 도움을 주면 마이아는 지루함을 견디는 법을 어떻게 배우지?'

외부 도움 없이 감정을 다스릴 때 아이들은 정서적으로 더 튼튼해진다. 나는 마이아에게 말했다.

"지루해도 괜찮아. 지루해도 아무 문제없어. 그냥 지루한 채로 있어도 돼."

마이아는 내 말에 대단히 실망했을 뿐 아니라, 엄마가 살짝 정신이 나간 것 같다는 표정으로 나를 쳐다보았다. 아이는 큰 소리로 툴툴거리며 방에서 나갔고, 내 시야에서 벗어난 뒤에도 계속 구시렁거렸다. 얼마 후 아이의 징징거림이 잦아들었다. 아이 방으로 가보니 인형에게 기분 좋게 노래를 불러주고 있었다.

내가 해결사, 구원자 혹은 언제나 즐겁게 해주는 엄마가 되겠다는 욕심을 버리지 않았다면, 마이아는 자기 기분을 받아들이고 혼자 힘으로 그걸 다루는 법을 배우지 못했을 것이다. 지루해하는 딸아이의 모습이 내 안에 불러일으킨 감정(무능한 엄마라는 느낌 같은 것)을 견딜 수 없어, 참으로 성가시게 군다고 아이에게 빽 소리를 지르거나 아이를 구해주기 위해 무엇이든 했을 것이다. 솔직히 말하면, 나는 나 자신만 구하고 그 과정에서 아이에게 여러 가지 잘못된 가르침을 줄 뻔했다.

감정이란 무척 무서운 것이어서 우리는 그것을 견딜 수 없다거나 되도록 회피하고 딴 데로 관심을 돌려야 한다고 말이다. 그리하여 아이는 지금의 기분을 오롯이 경험하는 법을 배우는 게 아니라, 얄팍하고 순간적인 도움에 의지해 그 감정에서 빠져나가는 법을 배웠을 것이다.

지금 이 순간에 충실한 아이는 따분할 일이 없다. 지금 여기, 이 순간은 생동감이 있어서 우리가 언뜻 보이는 여백을 채우려고 서두르지만 않으면 아이들은 그 생동감을 기꺼이 활용한다. 내가 그랬던 것처럼 부모가 먼저 그런 분위기를 만들어야 한다.

부모가 어떤 기분이든, 심지어 견디기 힘든 감정까지도 피하지 않고 받아들이는 모습을 보이면, 아이는 이를 알아채고 자기감정을 건강하게 다스리는 법을 배운다. 그런데 안타깝게도 우리는 대부분 아이의 기분이 달갑지 않다는 분위기를 아이들에게 발산한다. 아이의 감정이 우리를 향할 때 특히 그렇다. 그럴 때 우리는 타임아웃이나 다른 훈육 방식을 통해 아이들이 그런 감정을 가지는 것에 벌을 줌으로써 아이들이 감정을 제대로 느끼지 못하게 한다. 아이들이 자기감정을 깊이 숨기면 이는 나중에 아이가 10대가 됐을 때 혹은 그 이후에 심각한 문제를 일으키는 온상이 된다.

아이가 느끼는 여러 감정이 우리 어른들 눈에는 유치해 보일 수 있지만, 아이 자신에겐 그렇지 않다. 대표적인 것이 바로 어둠에 대한 두려움이다.

∨
∨

여덟 살 난 캐슬린은 몇 주째 밤에 잠을 이루지 못했다. 캐슬린의 부모인 스테이시와 로버트는 어찌할 바를 몰라했다. 평소에 적응을 잘하던 캐슬린이 어쩌다 유령과 좀비, 괴물에 대한 두려움 때문에 밤마다 불안해하는지 답답했다.

"유령이나 좀비는 없다고 계속 말해도 애가 들으려고 하질 않아요. 세상에 그런 건 없다고 설명하느라 목이 쉴 정도예요."

스테이시가 불평했다.

"책에 나오는 수단은 다 써봤습니다. 구슬려도 보고, 밤에 우리를 깨우면 혼쭐을 내보기도 했죠. 방에서 혼자 울게도 해봤고요. 하지만 그무엇도 효과가 없는 것 같습니다. 아이는 계속 무섭다고만 해요."

로버트가 덧붙였다.

두 사람은 더는 참을 수 없었고, 딸이 나이에 맞지 않게 이상한 행동을 하고 있다는 생각에 혹시라도 아이가 환각을 보는 건 아닌지 확인하기 위해 정신 감정을 받아봐야겠다고 판단했다.

"불안감은 훈육의 대상이 아니라는 사실을 이해하는 게 우선이에요. 좀비나 유령은 없다고 말하는 걸 그만두시는 게 그다음이고요."

내가 캐슬린의 부모에게 말했다.

"뭐라고요?"

스테이시가 발끈했다.

"아이가 세상에 그런 괴상한 것들이 있다고 믿게 할 순 없어요! 우리 애가 친구들에게 놀림을 받게 하고 싶지 않다고요!"

"아이가 산타클로스를 믿지 못하게 하시나요?"

내가 밀어붙였다.

"믿게 하죠. 산타클로스는 인자하니까요. 기괴하고 끔찍한 게 아니라."

캐슬린이 톡 쏘듯 받아쳤다.

"아이가 두려움을 표현할 때, 우리는 그 감정을 거부하는 게 아니라 동조해줄 필요가 있어요. 우리가 그 감정을 거부하면, 자기 혼자만 불안해한다는 생각에 아이의 두려움이 더 커져요."

내가 설명했다.

두려움으로 불안해하는 아이에게 뇌물이나 위협 혹은 처벌로 대응하면 그 두려움이 상징하는 것들을 제대로 처리하지 못하게 된다. 아이들은 유령, 좀비, 괴물 같은 상상의 상징물을 통해 우리에게 자신은 불안하고 무섭기만 한 세상을 상대할 준비가 안 된 것 같다고 말하는 것이다. 또한 자신이 그 무서운 시나리오에 어떻게 적응할지 이해하도록 도와주고 그것을 감당할 방법을 알려달라고 우리에게 요청하는 것이다. 우리가 아이에게 세상에 유령은 없다고 말하면 아이의 감정을 부정하는 것이다. 아이들에게 괴물은 곧 두려움이다. 아이들은 두려움을 이미지로 '보기' 때문이다. 이는 어른인 우리의 꿈에 나타나는 이미지들과 다르지 않다.

"캐슬린은 자기에게 정말로 일어나는 뭔가를 표현하고 부모에게 자기를 이해해달라고 사정하고 있어요. 아이가 말하려는 건 자기가 지금 불안하다는 거예요. 자기 삶이 통제가 안 된다고 표현하고 있어요. 그러니 세상에 유령은 없다고 말하는 대신, 캐슬린이 세상을 마주할 때 스스로 강하다는 느낌을 받게 도와주세요."

내가 말했다.

"그걸 우리가 어떻게 하죠?"

로버트가 물었다.

나는 아이에게 안정감을 주는 방법은 여러 가지가 있지만, 그 바탕은 아이가 감정을 오롯이 느끼도록 놓아두는 것이라고 설명했다. 감정을 인정하고 공감하는 것이 열쇠다. 나는 많은 아이가 자기 방에 안전지대를 만들도록 도와주었다. 아이들은 대개 밤에 자기를 지켜줄 대상으로 부드러운 인형을 고른다. 창문에 이렇게 적힌 포스터를 붙이는 아이들도 있다.

'유령 출입 금지'

'여기 힘센 아이가 살고 있음. 도망가시오!'

내 친구 한 명은, 지금이야 내가 아는 가장 강한 사람에 속하지만, 과거엔 베개 위에 봉제 동물 인형 열두 개를 놓고 잤다고 했다. 오죽하면 그 친구 아버지가 이렇게 말했을 정도라고 한다.

"대체 네 머리는 어디에 두니?"

한 아이의 경우, 나와 함께 영화 「E.T.」를 봤다. 그 영화는 외계인과 괴물도 넓은 마음을 가질 수 있다는 것을 아이에게 보여주었다. 우리는 겉모습은 무섭게 생겼어도 마음속은 따뜻하고 사랑이 가득할 수 있다는 점에 집중했다.

그보다 나이가 조금 많은 아이의 경우엔 좀비와 괴물 역할 놀이를 함께했다. 아이는 자기가 두려워하는 대상에 목소리와 형태를 부여했다. 이와 관련해 누군가 내게 이런 이야기를 해준 적이 있다.

"제 딸들과 이야기를 만들었어요. 유령이 얼마나 바보 같은지 이야기하며 절대 그렇게 강할 리 없다고 입을 모았죠. 젠장, 유령은 쓰레기 같은 집에만 살 거야. 낮에는 나오지도 못해. 유령이 실제로 뭘 할 수 있겠어? 고작 내 몸을 통과해서 지나간다고? 오, 그것 참 무섭군!"

또다른 아이는 자기의 비밀 요정에게 편지를 써 자기를 지켜달라고 부탁했다. 매일 밤 아이 엄마가 요정을 대신해서 답장을 쓰고 아이 베개 밑에 넣어두었다. 이런 아름다운 편지 교환을 통해 아이는 세상이 안전한 곳이라는 믿음을 갖게 됐다.

아이들이 각자의 세상에 잘 대처하도록 우리가 도울 방법은 무척 다양하다. 꾸짖음이나 훈육 대신 창의력이 필요할 뿐이다. 우리가 이렇게 아이들에게 힘을 주면, 아이들 스스로 스트레스에 대처한다. 그 결과, 다소 충격적인 일이 생길지도 모르는 삶을 두려움이 아닌 회복력을 가지고 대비할 수 있게 된다. 아이가 어릴 때 부모가 어떻게 도와주느냐에 따라 나중에 어른이 되었을 때 위기에 대처하는 방법이 달라진다.

캐슬린은 심리 치료의 한 방법으로 여러 역할 놀이를 시작했다. 각기 다른 상황에서 다양한 역할이 배정됐다. 작은 조각상들로 '괴물과의 전투'에서 자신을 보호해줄 군단을 만들기도 했다. 밤에 유령과 좀비, 괴물들이 공격해왔을 때 대처할 방법을 찾아낸 캐슬린은 곧 두려움을 이겨냈다. 다시 말해, 심리 치료 과정에서 부모와 함께한 작업이 어둠 속에 혼자 있을 때 캐슬린에게 큰 힘이 되어주었다.

아이들이 어떤 감정을 느낄 때 부모의 지지를 충분히 경험하면, 그 감정은 무의식으로 빠져나가지 않는다. 그러나 허락받지 못한 감정들은 절대 사라지지 않고 뒤틀린 형태로 바뀌어 일탈 행동으로 나타날 수 있다. 다시 말해 인정받지 못한 감정은 정서적 암 덩어리처럼 전이된다. 그 감정들이 다른 데서 나타나기도 한다. 수면 장애, 악몽, 복통이나 두통 같은 신체 문제, 심한 경우 반항이나 우울증을 보이기도 한다.

지금까지 수차례 강조했지만, 처리되지 않은 감정은 충족되지 않은 욕구로 발달해 훗날 심각한 문제를 일으킬 수 있다. 사려 깊은 부모는 아이가 감정을 충분히 소화하도록 기다려준다.

아이에게 안전지대 만들어주기

☐ 감정은 반드시 정당하지 않아도 되며, 우리의 승인을 받을 필요 없다.

☐ 아이들이 자기감정을 깊이 숨기면 이는 나중에 아이가 10대가 됐을 때 혹은
그 이후에 심각한 문제를 일으키는 온상이 된다.

☐ 아이의 불안감은 훈육의 대상이 아니라는 사실을 이해하는 게 우선이다.

☐ 아이가 두려움을 표현할 때, 부모로서 우리는 그 감정을 거부하는 게 아니라
동조해줄 필요가 있다. 우리가 그 감정을 거부하면, 자기 혼자만 불안해한다
는 생각에 아이의 두려움은 더 커진다.

☐ 아이들은 유령, 좀비, 괴물 같은 상상의 상징물을 통해 우리에게 자신은 불안
하고 무섭기만 한 세상을 상대할 준비가 안 된 것 같다고 말하는 것이다. 또한
자신이 그 무서운 시나리오에 어떻게 적응할지 이해하도록 도와주고 그것을
감당할 방법을 알려달라고 우리에게 요청하는 것이다.

☐ 우리가 아이에게 세상에 유령은 없다고 말하면 아이의 감정을 부정하는 것이
다. 아이들에게 괴물은 곧 두려움이다.

☐ 불안해하는 아이에게 안정감을 주는 방법은 여러 가지가 있지만, 그 바탕은
아이가 감정을 오롯이 느끼도록 놓아두는 것이다. 감정을 인정하고 공감하는
것이 열쇠다.

12장

당신의 문제로 받아들이지 마라

。

친구의 생일파티에 초대받지 못한 것과 같은,
어떤 일에서 배제되는 건 누구나 마주하는 평범한 인생 경험일 뿐,
열등감을 느낄 일이 아니다.
실라는 아이의 감정을 지나치게 자기의 감정으로 동일시하는 바람에
아이가 정상적인 인생 경험을 하지 못하게 만들었다.
그로 인해 마리아는 회복력이라는,
인생에서 매우 중요한 능력을 개발할 기회를 빼앗겼다.

모든 부모가 자기 아이에게 최선인 방식으로 아이를 키우고 있다고 생각한다. 어쨌거나 우리 중에 아이가 원하는 바를 우선시해야 한다고, 심지어 우리의 욕구보다 먼저라고 생각하지 않는 부모가 있을까?

우리는 이렇게 생각하지만, 나는 이것이 착각이라고 말하고 싶다. 사실 우리는 모두 자기 욕구에 따라 움직이며, 아이를 키우는 방식도 마찬가지다.

나는 여러 부모가 모인 자리에서 자주 묻는다. 왜 아이를 가졌냐고. 그들의 대답은 대개 비슷하다.

"나는 그게 어떤 경험인지 겪어보고 싶었어요."

"나는 아이들을 좋아해요."

"나는 부모가 되고 싶었어요."

"나는 가족을 꾸리고 싶었습니다."

"나는 아이를 사랑하고 아이에게 사랑받는 기분을 느껴보고 싶었어요."

이것들이 내가 실제로 가장 자주 들은 대답이다. 이 대답들에서 두드러지는 단어는 '나는'이다. 대부분의 부모에게 아이를 갖는다는 것은 아이보다 부모 자신과 더 관련이 깊다는 뜻이다. 그건 우리가 자랄 때 나중에 하게 되리라고 여긴 어떤 일이기도 하다. 교육, 취업, 내 집 마련 같은 항목과 비슷하게, 아이를 갖는 일 또한 우리를 '정상'이라고 느끼게 한다. 우리는 아이 갖는 일을 성공적인 삶을 살아가는 것과 연결한다.

아이들은 우리의 정서적 욕구를 채워준다. 우리는 저마다 다른 사람으로부터 조건 없는 사랑을 받고 싶어한다. 많은 경우 바로 이것이 아이를 갖고 싶어하는 원동력이 된다. 우리는 완전히 채워지는 느낌을 받고 싶은 욕구 때문에 아이를 통해 우리가 이루지 못한 꿈을 대신 이루려는 경향이 있다. 마치 그렇게 하면 어떻게든 우리의 갈망이 채워질 수 있는 것처럼 아이들에게 성공을 강요한다. 그런데 이렇게 우리의 욕구에 집착하다보면 아이의 욕구를 무시해버리기 쉽다.

우리의 욕구에 집착하다보면 정반대 결과로 이어지기도 한다. 아이의 감정을 알아채지 못하는 것이 아니라 지나치게 민감해지는 것이다. 그 경우 무슨 수를 써서라도 아이를 보호하려 한다. '헬리콥터 부모'가 그 전형적인 예다.

이런 부모는 자신이 성실한 엄마 아빠라고 믿으며 하루 24시간 내내 아이들 주위를 맴돌려고 한다. 많은 경우 아이들 곁을 지키기 위해 자유 시간은 물론 취미도 포기하고 에너지를 전부 쏟아붓는다. 이런 부모는 사심이 없는 듯 보이지만, 사실은 자신의 욕구를 갈구하는 상태다.

내 부모 세대만 해도 아이의 감정은 무시당하기 일쑤였다. 그런데 과거보다 심리학에 익숙해진 우리 세대는 과잉보호 성향을 보인다. 이것은 부모가 아이의 경험을 지나치게 자기 경험과 동일시하면서 아이를 위한다고 착각해서 생기는 현상이다. 어느 날 한 엄마가 나에게 이렇게 상담을 해왔다.

∨
∨

"초등학교 시절 한 선생님에 대한 무서운 기억이 있어요. 그때 이후로 권위적인 사람에게 두려움을 느끼곤 했죠. 묻어둔 감정이라 그런 두려움이 있는 줄 잘 모르다가, 거의 30년 만에 떠올랐어요. 여덟 살 난 제 딸아이가 선생님에게 꾸지람을 들었다고 하니까, 그 묵은 감정이 복받쳐 오르더라고요. 옛날의 아픔이 떠올라 제가 아이보다 더 심하게 울었어요. 딸아이에게 전학을 시켜주겠다고 하니까 아이가 놀라서 오히려 저를 달래더라고요. '학교도 선생님도 바꾸고 싶지 않아. 나 우리 선생님 좋아. 그냥 선생님이 그렇게 말하는 게 싫은 것뿐이야. 괜찮아, 엄마. 나 괜찮을 거야.'"

적절한 대응과 과잉 대응의 차이를 구분하는 법은 하나의 기술이다. 부모는 자신의 갈구하는 마음이 언제라도 작동할 수 있으니 잘 살펴야 한다. 이에 대해 아마도 이런 의문이 들 것이다.

'나는 오로지 주기만 하는데 어떻게 내가 갈구한다는 거지? 테니스장에 몇 시간씩 앉아 아이가 경기하는 모습을 지켜보느라 주말까지 희생하고 돈도 엄청나게 쓰는데 이게 어떻게 내 욕구와 관련이 있지?'

우리가 어떻게 아이를 통해 우리의 충족되지 않은 기대를 실현하려 하는지 이해하려면 솔직한 자기성찰 과정을 거쳐야 한다. 이것이 내가 앞서 펴낸 『깨어있는 부모』에서 부모들에게 제안한 바다.

아이의 감정을 존중하려면 부모가 성장해야 한다. 아이가 발달 과정에서 만나는 장애물을 넘어서도록 도울 때조차도 부모는 더 성장해야 한다. 마이아가 어렸을 때 내가 친정엄마에게 아이에 대해 불평을 늘어놓았던 일이 아직도 기억난다.

"마이아는 감당이 안 되는 애야. 나는 도무지 걔가 이해가 안 돼."

나는 딸아이의 의도를 이해할 수가 없어서 애가 나를 화나게 하고 있다고 생각했다. 그러니 당연히 아이에게 짜증을 쏟아냈다. 그러다 보니 딸아이를 퉁명스럽게 대했다. 처음에 친정엄마는 그런 내 모습을 지켜보며 참고 기다리셨다. 내 딸은 이래야 한다는 나의 환상을 따르지 않는 아이 때문에 속상해하는 내 모습을 가만히 지켜보셨다. 하지만 유독 끔찍한 아침을 보낸 어느 날, 엄마가 나를 앉히더니 이렇게 말씀하셨다.

"너 그 피해의식에서 좀 벗어나라. 지금 너는 피해자가 아니야. 피해자가 있다면 그건 마이아지. 네가 그 애를 이해 못 하는 게 걔 잘못은 아니잖아. 네가 전에 마이아 같은 애를 만나본 적 없는 것도 그 애 잘못이 아니고. 마이아는 그냥 마이아인 거야. 마이아를 이해하고 애가 언제 어떤 모습을 보이든 그것에 대처하는 건 네 책임이고."

아이들은 우리의 꼭두각시가 되려고 이 세상에 태어나는 게 아니다. 버둥거리고, 실수하고, 잘 해내고, 즐기기 위해 오는 것이다. 우리는 그 여정에 용기를 불어넣어주기만 하면 된다. 아이들은 우리에게 일부러 반항하는 것도 아니다. 아이들을 자연스럽게 내버려두면(본능적으로 흉내는 내겠지만), 순종하거나 반항하려는 의도를 가지지 않는다. 순종과 반항 모두 양육법이 정상 궤도를 벗어났다는 표시다. 정상 궤도로 돌려놓으려면, 아이를 더도 말고 덜도 말고 '있는 그대로' 받아들여야 한다.

우리는 대부분 격한 즐거움이든 괴로움이든 감정을 받아들이는 법을 배운 적이 없다. 그래서 지금 당장 어떤 일이 벌어질 때 진정성 있게 대처하지 못 한다. 그러다 보니 엄마들은 대개 이렇게 말한다.

"너 속상하구나. 엄마가 아이스크림 사줄게."

이 말은 좋은 엄마 노릇을 하려고 노력은 하지만 진짜 문제를 회피하는 태 도다. 아이가 괴로워하는 모습을 견딜 수 없어서 아이가 슬퍼하게 내버려두 지 못하는 것이다.

이렇듯 우리가 끼어들지 말아야 할 상황에 무의식적으로 끼어들면, 아이 는 밀물과 썰물처럼 수시로 변하는 인생에 유연하게 대처하는 능력을 기르 지 못한다. 아이의 기지가 자연스럽게 발달하는 것을 부모가 막는 셈이다.

〉
〉

열두 살 난 딸 마리아가 친구의 생일파티에 초대받지 못했다고 투덜 댔을 때 엄마 실라는 딸의 실망하는 모습을 보고만 있을 수가 없었다. 그녀는 생일을 맞은 아이의 엄마에게 전화를 걸었다. 마침 그 엄마는 실라가 운영하는 독서모임의 회원이었고, 실라는 생일파티에 마리아 도 초대해달라고 부탁했다. 하지만 그 엄마는 실라가 그런 요구를 하 는 것에 몹시 화가 나 실라는 물론이고 마리아도 상대하지 않겠다고 했다.

실라가 그 엄마에게 격분해 곧 전쟁이라도 벌일 태세로 나를 찾아왔을 때, 나는 딸아이의 실망감을 깔끔하게 받아들였다면 아무 일도 일어나지 않았을 거라고 말했다.

어떤 일에서 배제되는 건 누구나 마주하는 평범한 인생 경험일 뿐, 열등감을 느낄 일이 아니다. 실라는 아이의 감정을 지나치게 자기의 감정으로 동일시하는 바람에 아이가 평범한 인생 경험을 하지 못하게 만들었다. 그로 인해 마리아는 회복력이라는, 인생에서 매우 중요한 능력을 개발할 기회를 빼앗겼다. 진짜 문제는 실라 자신이 사람들 사이에서 열등감에 시달리고 있었다는 점이다. 그래서 마리아가 실망하는 모습을 보자 불안감이 일어나 딸의 교우관계를 억지로 조종하려 했다. 사실상 실라는 마리아에게 이렇게 말한 셈이다.

"너는 이 상황을 감당할 수 없어. 내가 대신 처리해줄게."

엄마는 은연중에 아이를 자신과 동일시하고 있었다. "네가 좋은 자리에 초대받지 못하면 내가 나서서 우리 가족에 걸맞은 대우를 받게 해줄 거야"라는 암묵적인 메시지와 함께. 엄마 실라와의 상담을 통해 그녀의 무의식을 더 깊이 들여다보니 그녀가 어렸을 때 거절당했던 감정이 되살아났고, 그래서 가족의 사회적 이미지에 집착하게 되었다는 사실을 알 수 있었다.

실라 같은 부모는 아이가 고통받는 듯한 기미만 보여도 아이를 구하려고 뛰어드는 반면, 오랫동안 트라우마에 시달려온 부모는 보통 그런 상황을 마주할 경우 아이에게 "더 강해져야지"라고 말한다. 50대 여성인 매들린이 그 예다.

매들린은 해외에서 일을 하거나, 친척들과 함께 지내야 했을 때, 그리고 이혼과 같은 여러 힘든 일을 겪을 때 정서적으로 부모의 도움을 받지 못했다. 어느덧 매들린은 부모가 되었지만 아이들의 감정을 이해할 수 없었다. 아이들이 고민하는 문제가 자신이 겪은 일들에 비하면 사소하게 느껴졌기 때문이다.

한번은 매들린의 딸아이가 학교에 갔다가 언짢은 기분으로 돌아왔다. 학교 연극을 앞두고 열심히 준비했는데 주인공 역을 맡지 못했기 때문이다. 아이가 눈물을 흘리며 우는데, 그녀는 도무지 이해할 수가 없어서 이렇게 쏘아붙였다.

"뭐야, 지금 그까짓 일로 우는 거야? 엄마는 살면서 어떤 일들을 겪었는지 알기나 하니? 나는 그런 시시한 일에는 꿈쩍도 안 했어. 그냥 넘겨."

아이는 자기 방으로 가더니 더 심하게 울었다. 그리고 며칠간 엄마를 멀리했다.

나에게 그 사건을 전할 때 매들린은 이렇게 말했다.

"저는 인생의 파도에 부딪혀 쓰러지지 말고 그 파도에 올라타라고 가르친 거예요. 그게 아이가 씩씩하게 대처하도록 돕는 길이라고 생각하니까요."

그 말을 듣고 나는 이렇게 설명했다.

"당신은 아이의 경험을 당신의 경험과 비교해서 판단하고 있어요. 당신은 어린 나이에 감정을 처리할 기회도 없이 마치 어른처럼 거대한 문제들을 홀로 감당해야 했죠. 그래서 상처받기 쉬운 아이의 기분을 이해하지 못해요. 당신은 당신이 살아온 방식을 아이에게 강요하는데, 아이는 당신이 아니잖아요. 당신은 아이가 당신처럼 힘들게 살지 않게 하려고 열심히 노력해왔으면서, 한편으로는 아이가 별것도 아닌 일로 힘들어한다고 무시해요. 당신에게 별것 아니라고 해서 아이에게도 별것 아닌 건 아닌데 말이죠."

나는 매들린이 속상해하는 딸아이에게 발끈한 이유는 아이에게 일어난 일을 자기 경험에 비추어 판단했기 때문이라고 지적했다. 하지만 아이에게 회복력을 길러주려는 엄마로서의 의도는 좋았다고 인정하고 싶다. 문제는 아이는 이래야 한다는 우리의 생각이 아니라, 아이의 있는 그대로의 모습에서 출발해야 한다는 점이다. 이럴 때 상담 치료가 도움이 될 수 있다. 숙련된 심리 치료사는 많은 부모가 그렇듯 자기만의 기준을 강요하지 않고 아이의 감정이 잘 처리되도록 하기 때문이다.

애초에 매들린이 아이 곁에 앉아서 아이가 느끼는 감정을 오롯이 경험하게 놓아두었더라면, 인생을 살면서 원하는 것을 매번 얻을 순 없다는 사실을 아이가 이해하도록 부드럽게 이끌어줄 수 있었을 것이다. 엄마가 아이의 감정을 이해하고 받아들임으로써, 살다보면 피할 수 없는 인생의 부침을 잘 넘기는 법을 아이에게 보여주었을 것이다.

혹시 아이의 감정을 내 감정과 동일시하고 있지는 않은가?

☐ 부모의 욕구에 집착하다 보면 정반대 결과로 이어지기도 한다. 아이의 감정을 알아채지 못하는 것이 아니라 지나치게 민감해지는 것이다. 그 경우 무슨 수를 써서라도 아이를 보호하려 한다. '헬리콥터 부모'가 그 전형적인 예다.

☐ 이런 부모는 자신이 성실한 엄마 아빠라고 믿으며 하루 24시간 내내 아이들 주위를 맴돌려고 한다. 많은 경우 아이들 곁을 지키기 위해 자유 시간은 물론 취미도 포기하고 에너지를 전부 쏟아붓는다. 이런 부모는 사심이 없는 듯 보이지만, 사실은 자신의 욕구를 갈구하는 상태다.

☐ 아이의 순종과 반항 모두 양육법이 정상 궤도를 벗어났다는 표시다. 정상 궤도로 돌려놓으려면, 아이를 더도 말고 덜도 말고 '있는 그대로' 받아들여야 한다.

☐ "너 속상하구나. 엄마가 아이스크림 사줄게." 이 말은 좋은 엄마 노릇을 하려고 노력은 하지만 진짜 문제를 회피하는 태도다. 아이가 괴로워하는 모습을 견딜 수 없어서 아이가 슬퍼하게 내버려두지 못하는 것이다.

☐ 아이의 감정을 존중하려면 부모가 성장해야 한다. 아이가 발달 과정에서 만나는 장애물을 넘어서도록 도울 때조차도 부모는 더 성장해야 한다.

13장

아이가 보내는 신호를
제대로 읽는 법

○

10대 아들이 몸을 씻지 않으려고 하고 방도 엉망이었다.
아이의 그런 행동 뒤에 가려진 의미를 헤아리지 못한 엄마는
매일같이 아이를 나무랐다. 엄마로서 아이에게 벌을 줄 수밖에 없다고 생각했다.
가장 먼저 휴대전화를 빼앗고, 그다음엔 컴퓨터, 그래도 안 되자 게임을 못 하게 했다.
이 방법들이 통하지 않자 외출 금지를 선언했다.
하지만 이로 인해 엄마만 더 힘들어졌다. 아이가 전보다
더 심하게 집안을 어지럽혔기 때문이다.

아이들은 자기 안에서 일어나는 일을 행동으로 우리에게 끊임없이 알려준다. 하지만 우리가 그 신호를 해독할 줄 모르면 행동의 원인을 이해하지 못하니 아이에게 필요한 도움과 안내를 제공할 수가 없다.

∨
∨

10대 아들이 몸을 씻지 않으려고 해서 고민이라며 찾아온 엄마가 있었다. 아이의 방도 엉망이고, 집안에서 아이가 지나간 곳은 어디든 어질러졌다. 아이의 그런 행동 뒤에 가려진 의미를 헤아리지 못한 엄마는 매일같이 아이를 나무랐다.

엄마로서 아이에게 벌을 줄 수밖에 없다고 생각했다. 가장 먼저 휴대전화를 빼앗고, 그다음엔 컴퓨터, 그래도 안 되자 게임을 못 하게 했다. 이 방법들이 통하지 않자 외출 금지를 선언했다. 하지만 이로 인해 엄마만 더 힘들어졌다. 아이가 전보다 더 심하게 집안을 어지럽혔기 때문이다.

결국 폭발한 엄마는 아이를 손으로 때리며 소리를 질렀다.

"내가 너를 왜 낳았나 몰라!"

상황이 이쯤 되자 엄마는 전문가의 도움이 필요하다고 판단했다.

나는 그 엄마에게 설명했다. 세상에 더러운 냄새를 풍기고 돼지우리 같은 곳에서 지내며 지저분하게 행동하는 것을 정말로 원하는 아이는 없다고. 부모의 기준을 강요하기 전에 아이들을 가만히 지켜보면, 아이들은 자기 생활을 자랑스러워한다. 새 장난감과 새 신발, 새 옷뿐만 아니라, 자기가 그린 단순한 그림과 혼자 옷을 입고 혼자 신발 끈을 묶는다는 사실을 뿌듯하게 여긴다.

만약 어떤 아이가 스스로에 대해 자부심이 전혀 없는 듯 행동한다면, 그 아이의 내면세계가 견디기 힘들 만큼 우울한 상태일 가능성이 매우 크다. 아이의 내적 자존감이 너무 떨어져 있다면 그 감정이 외부 현실로도 흘러나갈 수밖에 없기 때문이다.

그 엄마는 아들의 행동이 반항이 아니라 마음이 혼란스럽다는 뜻임을 이해하기 시작했다. 그래서 아들의 적이 아니라 고통을 함께하는 동지가 되어 주었다. 더는 아이가 방을 치우느냐 않느냐에 집중하지 않고, 아이에게 방을 치울 의욕이 생기지 않는 이유에 관심을 집중했다.

∨
∨

엄마의 초점이 아이의 행동을 바로잡는 데서 자존감이 떨어진 아이를 돕는 쪽으로 옮겨가자 집안 분위기도 바뀌었다. 아이가 속내를 솔직하게 털어놓고 싶을 만큼 편안한 분위기가 되었다. 아이가 하지 않는 것들만 찾아서 잔소리하던 엄마가 아이와 함께 시간을 보내며 유대관계를 만들었다. 심지어 평소에 하지 않던 비디오게임도 함께했다. 아이와 산책을 하고 점심을 사주기도 했다.

아이는 서서히 마음을 열고 자신이 무엇 때문에 힘든지 털어놓을 수 있게 되었다. 두 사람은 상담 치료의 도움을 받아 지난날 서로에게 상처 준 일들을 솔직하게 인정했다. 자기감정을 드러내기 시작하면서 아이의 부정적이던 성향이 점점 밝아졌다. 거의 1년이 걸렸지만 마침내 아이는 자기 자신을 챙기기 시작했고, 풀타임 일자리도 구할 수 있었다.

이런 접근법은 그 효과가 빨리 나타나지 않는다. 하지만 인위적이지 않고 자연스럽게 진행되기 때문에 효과가 오래간다. 우리는 모든 아이가 각자의 성장에 필요한 지혜를 내면에 갖고 있다는 사실을 존중하며 편안하고 배려하는 분위기에서 아이의 잠재력을 찾아내는 데 집중하면 된다. 맙소사, 부모가 되면 아이의 행동이 보내는 신호를 추적해 아이의 마음 상태를 파악해야 한다는 걸 누가 알았을까?

아이들은 자기감정을 설명하기 위해 논리나 학설을 사용하지 않기 때문에 부모가 아이의 행동에 숨은 뜻을 이해하기가 무척 어려울 수 있다. 사람들은 대부분 자기 행동도 이해를 못 하는데, 어떻게 다른 사람의 행동을 이해한단 말인가?

성인들은 많은 경우 괴로움을 표출하기 위해 몹시 좋지 않은 방법을 사용한다. 예를 들어 속이 상하면 그 감정을 말로 분명하게 표현하는 게 아니라 밤새 술을 마신다. 혹은 다른 사람과 잠자리를 가져 배우자에게 충격을 주기도 한다. 하지만 아직 성년이 되지 않은 아이들이 차를 타고 술집에 갈 수 있겠는가? 아니면 1,000달러를 챙겨 카지노에 갈 수 있겠는가?

아이들도 감정이 상하면 비슷한 어려움을 겪는다. 감정을 숨기기 위해 눈을 동그랗게 뜨거나 거친 말을 내뱉거나 혀를 불쑥 내밀기만 하는 게 아니다. 위기감이 심해질수록 더 위험한 행동을 한다. 10대 아이들이 마약을 하거나 취하도록 술을 마시고 문란해지는 이유가 바로 여기에 있다. 대개 도와달라고 아무리 비명을 질러도 도움을 받지 못하는 아이들이다.

우리가 아이의 행동에 숨은 뜻을 읽어내 아이의 문제 행동이 진짜로 의미하는 바를 이해하면, 그런 행동이 어느 날 갑자기 생겨나는 게 아니라 잠재해 있다가 서서히 심해지는 것임을 깨닫게 된다. 어느 날 아이가 집을 나가서 거리를 떠돈다면, 그런 상황은 하루아침에 만들어진 게 아니다. 지난 수년간 부모와의 관계에서 제대로 도움받지 못한 순간들이 차곡차곡 쌓여 생겨난 결과다.

아이의 감정이 어떤지를 처음부터 파악하는 것이 얼마나 힘든지는 부모들이 내게 자주 하는 질문으로 알 수 있다.

∨
∨

"아이가 반항하며 혀를 쑥 내밀 때, 그 애가 무슨 감정을 느끼고 있는지 제가 어떻게 알죠?"

대개 부모는 아이가 혀를 내민다는 사실에 꽂혀 그 행동 뒤에 다른 요

163

인이 숨겨져 있을지 모른다는 걸 생각조차 못 한다. 그럴 때 나는 아이가 부모에게 하는 무례한 행동은 피상적인 문제일 뿐 핵심은 아니라고 말한다. 또한 부모가 그 수준에서 대응하면 아이가 그 행동을 계속할 테니 주의해야 한다고 일러준다.

그러면 부모는 반박한다.

"하지만 애가 부모에게 혀를 내밀면 부모로서 혼내야 하는 거 아닌가요? 보통의 부모라면 그래야 하지 않나요?"

"혼을 내서 혀 내미는 행동을 멈추게 할 수는 있겠죠. 하지만 근본 원인이 해결되지 않았기 때문에 아이는 또다른 형태로 말썽을 피울 거예요. 당신이 그 행동의 원인을 찾아낼 때까지 계속 형태만 바뀌겠죠. 당신은 잠재의식 속에 어떤 대본을 가진 상태로 아이를 대했을 거예요. 단지 그걸 인식하지 못했을 뿐이죠. 그 대본에 따르면 당신 아이는 당신의 지시를 반드시 따라야 해요. 만약 그러지 않으면 당신은 그걸 반항으로 여기겠죠. 당신은 정당한 지시였다고 주장할 수 있지만, 사실 아이는 그 지시에 동의하지 않았어요. 바로 여기서 단절이 일어나는 거예요. 잠재의식 속 대본이 실행되지 않았다는 걸 알면 당신은 아이에게 화를 내고 아마 면박도 줬을 가능성이 커요. 더 미묘하게는 실망하는 분위기를 풍길 때도 있고요. 아이가 그 낌새를 알아채면 반발하기 시작하죠. 그러면 당신은 더 화가 나고요. 당신이 상상하는 영화가 일상에 펼쳐지지 않아서 이 악순환이 시작되었고 계속 반복된 거예요."

나는 아이가 하는 행동이 어떻게 시작되었는지 엄마가 이해할 수 있도록 이렇게 설명한다.

엄마가 무척 놀란 표정으로 나를 바라본다. 내 말을 듣고 있다는 뜻이다. 나는 설명을 이어간다.

∨
∨

"당신이 아이를 혼낼수록 아이는 더 반항할 거예요. 이 어리석은 짓을 멈출 방법은 아이를 이해하는 것뿐이에요. 아이는 엄마에게는 아들인 자기보다 집안일이 더 중요하다고 느낀 뒤로 엄마를 외면하기 시작했기 때문에 엄마의 지시를 받아들이지 않는 거예요. 그렇다고 아이가 집안일을 할 필요가 없다는 의미는 아니에요. 아이와의 관계 회복이 우선되어야 한다는 뜻이죠. 아이가 엄마와 연결되어 있다고 느껴야 엄마가 요구하는 것들을 중요하게 생각할 테니까요. 아이가 집안일을 엄마가 시키니까 어쩔 수 없이 해야 하는 일이 아니라 가족 구성원으로서 당연히 분담해야 하는 일로 볼 필요가 있어요. 아이가 집안일에 참여하는 것이 중요하다고 그 필요성을 깨닫도록 돕는 건 당신 몫이고요."

아이가 어떤 반응을 보이면, 우리는 당연히 내가 방금 아이에게 요구한 간단한 일 때문이라고 생각한다. 하지만 아이는 사실 우리가 요구하는 일에는 관심이 없고, 우리가 내뿜는 기운에 반응하는 것이다. 아이가 보이는 반응은 방을 정리하거나 그릇을 제자리에 갖다놓는 일처럼 표면적인 단계에서가 아니라, 느낌 단계에서 일어난다.

"그럼 아이가 무례한 행동을 할 때 저는 어떻게 해야 하죠?"

그 엄마가 묻는다.

"우선은 아이의 반항이나 부정적인 행동에 신경 쓰지 마세요. 그런 일이 일어나지 않은 것처럼 행동하세요. 그냥 흘러가게 내버려두시는 거예요. 대신에 아이가 상처 주는 행동을 하는 건 당신과의 교감이 끊겼다고 생각하기 때문임을 기억하세요. 그 상처의 뿌리를 이해해야 합니다. 그래야만 문제 행동을 해결할 수 있고, 그것이 또다른 문제 행동으로 바뀌는 걸 막을 수 있어요."

"참 묘하네요. 아들이 저에게 버릇없게 굴 때마다 마치 제가 상처 입은 아이가 된 기분이거든요."

그 엄마가 말한다.

"맞아요. 우리의 잠재의식 속 기준이 이루어지지 않을 때마다 우리는 상처 입은 아이의 공간으로 들어가요. 어렸을 때 상처 입은 내면이 아직 치유되지 않아서, 누군가 그 상처를 일깨우면 폭발해버리고 말죠. 아이들이 우리에게서 분노를 일으키는 이유가 바로 이 때문이죠."

나는 이렇게 대답해준다.

우리가 아이에게 몹시 화를 내는 건 우리 내면의 고통이 다시 떠올랐기 때문이다. 보통 이런 고통은 열 살 이전, 스스로 통제가 안 되고 여러모로 무력감을 느낄 때 생긴다.

어른이 된 후 그 취약한 기분이 되살아나면 어떻게든 밀어내고 통제력을 회복하려고 거세게 몸부림을 친다. 어렸을 때는 못 했지만 이제는 어른이 되었으니 하는 행동이다. 안타까운 것은 그 억눌린 분노를 엉뚱한 사람에게 쏟아낸다는 사실이다. 우리의 부모가 아닌 우리 아이들이 샌드백이 된다. 똑같은 양상의 행동이 세대가 바뀌어도 한 집안에 대물림되는 이유가 바로 여기에 있다.

어렸을 때 받은 고통의 응어리를 찾아내서 해결해야만 아이의 느낌을 진정으로 이해할 수 있으며, 그 느낌을 존중하는 지혜로운 행동이 어떤 것인지도 알 수 있을 것이다.

아이가 보내는 신호를 제대로 읽고 있는가?

☐ 아이들은 자기 안에서 일어나는 일을 행동으로 우리에게 끊임없이 알려준다. 하지만 우리가 그 신호를 해독할 줄 모르면 행동의 원인을 이해하지 못하니 아이에게 필요한 도움과 안내를 제공할 수가 없다.

☐ 만약 어떤 아이가 스스로에 대해 자부심이 전혀 없는 듯 행동한다면, 그 아이의 내면세계가 견디기 힘들 만큼 우울한 상태일 가능성이 매우 크다. 아이의 내적 자존감이 너무 떨어지면 그 감정이 외부 현실로도 흘러나갈 수밖에 없기 때문이다.

☐ 우리가 아이의 행동에 숨은 뜻을 읽어내 아이의 문제 행동이 진짜로 의미하는 바를 이해하면, 그런 행동이 어느 날 갑자기 생겨나는 게 아니라 잠재해 있다가 서서히 심해지는 것임을 깨닫게 된다.

☐ 대개 부모는 아이가 혀를 내민다는 사실에 꽂혀 그 행동 뒤에 다른 요인이 숨겨져 있을지 모른다는 걸 생각조차 못 한다. 그런데 부모가 그 수준에서 대응하면 아이가 그 행동을 계속할 테니 주의해야 한다.

☐ 아이가 어떤 반응을 보이면, 부모는 당연히 내가 방금 아이에게 요구한 간단한 일 때문이라고 생각한다. 하지만 아이는 사실 부모가 요구하는 일에는 관심이 없고, 우리가 내뿜는 기운에 반응하는 것이다.

☐ 우리가 아이에게 몹시 화를 내는 건 우리 내면의 고통이 다시 떠올랐기 때문이다. 보통 이런 고통은 열 살 이전, 스스로 통제가 안 되고 여러모로 무력감을 느낄 때 생긴다.

14장

아이를 존중한다는 의미

。

내가 딸아이에게 숙제를 보여달라고 할 때마다 아이는 이렇게 말하곤 했다.
"내가 할 수 있어, 엄마. 나 좀 혼자 있게 내버려둬."
그럴 때 나는 화가 났다. 얼마나 얄밉고 기분 나쁜지!
나는 도와주려고 그런 건데 아이는 밀어내기만 했다.
매일 저녁 숙제할 때가 되면 싸움이 벌어졌다.
그러다 문득 상황을 개선하려면 아무래도 아이의 행동을 해석하는
내 방식을 바꿔야 한다는 생각이 들었다.

아이의 감정을 이해하고 아이의 진정한 목소리에 귀 기울이는 것이 중요하다는 사실을 이해하고 부모의 여정에 임하면 아이를 향한 에너지가 달라지는 것을 경험하게 된다. 군림하고 통제하던 방식에서 벗어나 아이의 동반자가 된다. 이것이 바로 부모가 아이의 감정을 존중하고 그럼으로써 아이의 욕구를 충분히 고려한다는 뜻이다.

감정을 존중한다는 건 우리가 하는 모든 행동이 감정에서 비롯된다는 사실을 인정하는 것이다. 우리가 앞서 살펴본 바와 같이, 행동은 감정을 표현하는 것이다. 따라서 아이의 행동이 바뀌기를 원한다면 아이의 마음을 이해하는 데서 시작해야 한다.

모든 부정적인 행동은 상처받은 감정에서 비롯된다. 내가 이렇게 말하면 부모는 그럴 때 아이의 기분에 맞춰줘야 한다고 오해하고 응석을 다 받아주는 경우가 많다. 하지만 나는 이런 뜻으로 말한 게 아니다.

아이의 감정을 존중한다는 건 아이가 원하는 대로 다 받아줘야 한다는 의미가 아니다. 아이의 기분에 동의하느냐 마느냐는 중요하지 않다. 우리가 동의하거나 반대해야 한다는 생각은 착각이다. 그렇게 하다보면 우리의 숨은 의도가 기준이 되기 때문이다. 아이의 행동을 우리의 기준에 비추어볼 때마다 우리는 아이의 고유한 특성을 함부로 대하게 되고, 결국은 아이를 무시하게 된다.

감정을 존중하려면 아이의 전체적인 발달 단계에 맞추는 것이 중요할 뿐, 아이의 순간적인 기분에 모두 맞출 필요는 없다. 우리가 아이의 감정을 존중하고 있는지 판단하기 위해 이렇게 자문해보자. 아이가 성장하기 위해 바로 지금 나에게 필요한 건 무엇일까? 아이는 나에게서 '된다'라는 답을 원할까, 아니면 '안 된다'라는 답을 원할까? 어떻게 해야 아이의 자각과 자기조절 능력을 키울 수 있을까?

이 접근법이 효과가 있으려면, 어렸을 때 생긴 우리의 마음속 정서적 앙금과 아이가 진정으로 원하는 바를 구분해서 꿰뚫어볼 수 있어야 한다. 그리고 그걸 구분하려면 아이의 솔직한 감정을 알아낼 때와 같은 수준의 탐색이 필요하다. 우리는 아이의 행동을 유발한 감정이 무엇인지 알아내야 하는 동시에, 우리의 솔직한 감정도 알아차려야 한다.

세 아이의 엄마인 미셸은 아이들과의 관계 때문에 힘들어했다. 그녀와 내가 나눈 대화는 우리 자신의 감정을 파악하고 그것을 아이들이 진정으로 원하는 것과 구분하려면 어느 정도 상황을 깊이 파고드는 작업이 필요하다는 것을 보여준다.

지방에 있는 한 대학교의 물리학 교수인 미셸은 논리와 이론에 익숙한 사람이었다. 바꿔 말하면 아이들의 무질서한 모습이 그녀를 당혹스럽게 만들었다는 뜻이다. 상담 치료 중 미셸은 첫째 딸과의 관계가 유독 힘들다고 털어놓았다.

"그 애는 제가 정한 규칙을 모조리 깨고 있어요. 도무지 어떻게 해야 할지 모르겠어요. 애가 변덕이 심하고 반항적이에요. 제 앞에서 대놓고 그래요. 그러다 보면 제가 애를 때릴 것 같은 감정이 들 때가 있어요."

미셸이 이렇게 하소연했다.

"그건 감정이 아니죠."

내가 끼어들었다.

미셸이 놀란 표정으로 나를 바라보았다.

"딸아이 때문에 어떤 감정이 드나요?"

내가 물었다.

"소리를 지르고 싶은 기분이요."

미셸이 곧장 대답했다.

"그것도 감정은 아니죠. 감정적인 반응이죠. 당신이 소리를 지르고 싶은 건 딸아이 때문에 어떤 기분이 들기 때문이에요. 그 감정이 뭘까요?"

미셸은 당황한 표정으로 한동안 말이 없더니, 나직하게 말했다.

"진짜로, 정말로 아무것도 할 수 없는 느낌이 들어요."

"맞아요. 이제 당신은 당신이 그렇게 반응하는 원인을 이해하기 시작했어요. 딸아이가 그렇게 행동하는 모습을 보면 당신이 몇 살이라는 느낌이 드나요?"

내가 물었다.

"세 살쯤."

"딸아이가 당신에게 무례하게 굴면 세 살 때의 당신 모습이 되살아나는 거군요?"

"맞아요. 그 감정이 싫어서 저도 아이를 모질게 대하는 거고요."

"보복하기. 우리가 가장 흔히 쓰는 양육 방식이죠. 그러니 아이는 당신이 자기를 싫어한다고 느끼고 당신에게 무례하게 구는 거예요."

내가 말했다.

딸아이를 대하는 과정에서 되살아난 세 살 무렵의 감정 때문에 미셸은 딸아이가 정말로 원하는 것을 볼 수 없었다. 그래서 의도치 않게 갈등에 불을 지폈던 것이다.

자신의 어릴 적 고통이 어떻게 되살아났는지 이해하자, 미셸은 앞으로 두 가지를 동시에 진행해야 한다는 사실을 깨달았다. 먼저 겉으로 드러나는 딸아이의 행동을 문제삼지 않아야 했다. 다음으로는 그 행동에 가려진 아이의 도움 요청에 귀 기울여야 했다.

다시 말해 자기 삶에서 부모를 배제하고 부모에게 반항하고 부모를 조종하려는 듯 보이는 바로 그때, 아이들은 부모가 필요하다는 신호를 보내는 것이다. 우리가 이 외침에 귀 기울이지 않는다면, 아이들은 이 귀중한 감정들을 밀쳐두었다가 나중에 어른이 되어 자기를 망가뜨리는 방식으로 자신에게 쏟아내거나, 아니면 자식과 손주들에게 퍼부을 것이다.

부모가 아이의 정서적 발달을 염두에 둔다면 권위주의적인 대응도 방임적인 대응도 불필요하다는 걸 알게 된다. 아이 양육에 전략이나 기술이 꼭 필요하진 않다는 걸 알게 된다. 그보다는 일상에서 아이가 하는 행동에 있는 그대로, 유기적으로 대처하며 아이의 자연스러운 리듬에 계속 맞추는 것이 부모의 역할임을 알게 된다.

∨
∨

내가 딸아이에게 숙제를 보여달라고 할 때마다 아이는 똑 부러지게 말하곤 했다.

"내가 할 수 있어, 엄마. 나 좀 혼자 있게 내버려둬."

그럴 때 나는 화가 났다. 얼마나 얄밉고 기분 나쁜지! 나는 도와주려고 그런 건데 아이는 밀어내기만 했다. 매일 저녁 숙제할 때가 되면 싸움이 벌어졌다. 나는 남편에게 하소연했다.

"쟤 말하는 것 좀 봐. 맨날 화가 나서 딱딱거려. 난 도무지 이해할 수가 없어."

그러다 문득 상황을 개선하려면 아무래도 아이의 행동을 해석하는 내 방식을 바꿔야 한다는 생각이 들었다. 아이의 건방진 듯한 태도를 문제 행동으로 보는 대신, 그 애가 나에게 무슨 말을 하려는 건지 알아내려고 했다.

아이가 그런 태도를 보이기까지 나는 어떤 역할을 했을까? 그러자 내 딸아이가 너무 세세한 것까지 엄마의 관리를 받는다고 느껴서 그렇게 행동하는 것임을 알게 되었다. 아이는 내가 숙제의 구체적인 부분까지 전부 통제하려는 게 답답하고 싫었던 것이다. 그건 아이가 원하는 바가 전혀 아니었다. 반대로 아이는 공간과 자율성 그리고 엄마의 믿음을 원했다.

이런 깨달음 덕분에 나에겐 아무 잘못이 없다는 생각 대신 나야말로 내가 원망했던 바로 그 얄밉고 건방진 행동을 하고 있었다는 생각이 들었다. 아이의 공간을 침범해 내 잠재의식 속 기준을 강요하려 했으니, 무례하고 기분 나쁘게 군 건 아이가 아니라 나였다. 이것을 깨닫고 난 뒤로, 나는 아이가 도움을 요청할 때만 숙제를 봐주었다. 그 결과 아이의 무례함은 사라지고, 집안은 고요해졌으며, 나는 자유롭게 내 할 일을 할 수 있었다.

부모가 아이의 감정을 존중하는 유일한 방법은 자기 자신의 감정을 먼저 존중하는 것이다. 우리가 자신의 감정을 이해하지 못하고 자신의 마음과 단절되어 있으면 아이들의 감정 속으로 절대 들어갈 수가 없다.

아이를 존중한다는 건 진짜 한 사람으로 대한다는 뜻이다. 그러기 위해서는 그 나이에 걸맞은 대응이 필요하며, 그건 과거에 우리도 간절히 원했던 것이다. 이때 부모의 단호한 태도가 요구되는 안전 문제를 제외한 나머지 상황에서의 양육은 아이와 부모 모두의 개인적 감정을 반영한 회색 지대에서 이루어질 것이다. 우리가 흑백논리에 기대지 않고 흑백이 공존하는 상태로도 잘 지낼 수 있느냐는 우리의 감정과 아이의 감정 모두를 얼마나 잘 존중하느냐에 달렸다.

흑백이 공존하는 상태로 지낼 수 있으려면 진짜 감정과 감정적 반응의 차이를 알아야 한다. 이 둘은 엄청나게 다르다. 진짜 감정은 바로 그 순간 가슴에서 일어나는 것이다.

반면 감정적 반응은 우리가 의식하지 못하는 과거의 패턴에서 비롯되는 일종의 프로그램화된 자동반사 반응이다. 우리가 대부분 반사적으로 행동하다보니, 아이와 우리의 진실한 감정이 감정적 반응에 가려진다. 바로 이런 이유로 우리는 아이들과 많은 문제를 겪게 되는 것이다.

아이의 감정 존중하기는 효과적인 양육의 주춧돌이다. 거기서부터 아이와의 교감이 이루어지기 때문이다. 아이가 부모와 연결되어 있다는 느낌을 받지 못하면, 부모가 아이의 공간에 있기만 해도 아이는 바로 긴장한다. 이때 아이는 부모를 동반자로 보지 않으며, 부모가 동지의 마음으로 다가온다고 느끼지 않는다. 아이들은 그 차이를 극명하게 알아챈다.

부모와 의미 있는 교감을 나누지 못하기 때문에 아이들은 부모가 사소한 집안일이라도 부탁하면 마치 훈련 교관, 더 심한 경우 적으로부터 명령을 받은 것처럼 느낀다. 아이들이 부모의 지시를 무시하거나 부모가 더 강요하면 앙갚음하는 이유가 바로 여기에 있다. 이때 부모가 벌을 주면 아이는 부모를 더욱 더 적으로 인식하게 되고 부모를 향한 적개심도 더 커진다.

나는 내 아이를 존중하고 있는가?

☐ 아이의 행동이 바뀌기를 원한다면 아이의 마음을 이해하는 데서 시작해야 한다. 모든 부정적인 행동은 상처받은 감정에서 비롯되기 때문이다.

☐ 감정을 존중하려면 아이의 전체적인 발달 단계에 맞추는 것이 중요할 뿐, 아이의 순간적인 기분에 모두 맞출 필요는 없다.

☐ 부모는 아이의 행동을 유발한 감정이 무엇인지 알아내야 하는 동시에, 우리의 솔직한 감정도 알아차려야 한다.

☐ 보복하기. 부모가 가장 흔히 쓰는 양육 방식이다.

☐ 아이를 대하는 과정에서 되살아난 어릴 때의 감정 때문에 우리는 아이가 정말로 원하는 것을 놓치게 된다.

☐ 내 아이를 존중하고 돕기 위해서는 두 가지가 필요하다. 먼저 겉으로 드러나는 아이의 행동을 문제삼지 않아야 한다. 다음으로는 그 행동에 가려진 아이의 도움 요청에 귀 기울여야 한다.

☐ 아이의 감정을 존중하는 것은 효과적인 양육의 주춧돌이다. 거기서부터 아이와의 교감이 이루어지기 때문이다.

☐ 아이는 공간과 자율성 그리고 부모의 믿음을 원한다.

☐ 부모가 아이의 감정을 존중하는 유일한 방법은 자기 자신의 감정을 먼저 존중하는 것이다. 우리가 자신의 감정을 이해하지 못하고 자신의 마음과 단절되어 있으면 아이들의 감정 속으로 절대 들어갈 수가 없다.

15장

아이에게 정당한 요구를
하고 있는가?

。

아이의 나이에 맞게 대처하는 것은 효과적인 양육의 핵심이다.
아직 어려서 감당하지 못하는 상황에 아이를 몰아넣는 건
부모로서 아이에게 잘못을 저지르는 것이다.

〉〉

한 엄마가 늦은 밤에 외출할 일이 있어서 10시 반에 일곱 살 아들을
방에 두고 집을 나갔다. 다른 방에서는 할머니가 주무시고 계셨다. 엄
마는 나가기 전 아이에게 30분 뒤에 텔레비전을 끄고 자라고 말했다.
두 시간 뒤 그녀가 집에 돌아왔을 때, 아이는 아직 잠을 자지 않고 텔
레비전을 보고 있었다.

"이게 뭐 하는 짓이야? 너 엄마 말 안 들었으니까 일주일 동안 텔레비
전 못 볼 줄 알아."

엄마가 소리를 질렀다.

"시간 가는 걸 몰랐어. 30분이 넘은 줄 몰랐다고."

놀란 아이가 흐느끼며 말했다.

어떻게 그렇게 간단한 지시를 잊어버릴 수 있단 말인가? 엄마는 어른
의 관점에서 상황을 바라보았기에, 아이가 거짓말을 한다고 생각했다.

아이는 앞으로 일주일 동안 좋아하는 텔레비전 프로그램을 보지 못한다는 생각에 울며 잠이 들었다.

이 엄마는 스스로 최선이라고 생각하는 대로 행동했다. 아이가 좋아하는 것을 하지 못하게 해서라도 아이를 훈육하는 것이 자신의 의무라고 믿었다. 일주일 동안 텔레비전을 못 보면 아이가 엄마가 정한 규칙을 반드시 지켜야 한다는 사실을 배우게 되리라 생각했다. 하지만 이중 어느 하나도 성공하지 못했다는 건 알아차리지 못했다.

더욱이 엄마는 자신이 아이에게 실패할 수밖에 없는 지시를 내렸고, 자신이 이 모든 상황을 초래한 장본인이라는 건 더 알지 못했다. 일곱 살 아이는 발달 단계상 대체로 시간을 관리하기가 어렵다. 이 엄마가 그걸 알았더라면 아이가 실패하지 않도록 안전장치를 마련했을 것이다.

혹은 아이가 성숙하고 책임감이 있다는 비현실적인 기대를 고집하기보다는 시계 알람을 설정해놓는다든가, 아이에게 전화해서 알려줄 수도 있었을 것이다. 이 엄마가 '반항'으로 분류한 행동은 실제로는 반항이 아니었다. 아이는 그저 일곱 살 아이답게 시간을 의식하지 못했을 뿐이다.

그날의 사건은 아이에게 존중을 가르치기는커녕 아이를 혼란스럽고 부끄럽게 만들었다. 그로 인해 엄마와 연결되어 있다는 느낌도 약해졌다. 더 안타까운 건 아이가 자신이 하찮은 존재라는 느낌을 받았고, 그 때문에 스스로 무능하다고 여기게 된 점이다. 아이는 엄마의 기대를 저버렸다. 하지만 그것은 전부 나이에 맞지 않은 책임과 의무를 부여받았기 때문이다. 아이는 언제 텔레비전을 꺼야 하는지는 기억하지 못해도 엄마가 화를 낼 거라는 사실은 앞으로 오랫동안 분명하게 기억할 것이다. 엄마의 반응이 아이에게 정서적으로 각인됐기 때문이다.

아이의 나이에 맞게 대처하는 것은 효과적인 양육의 핵심이다. 아직 어려서 감당하지 못하는 상황에 아이를 몰아넣는 건 부모로서 아이에게 잘못을 저지르는 것이다.

아장아장 걷는 아이가 슈퍼마켓에서 떼를 썼다. 아이를 달랠 수 없었던 엄마는 엉덩이를 때리겠다고 아이에게 겁을 줬다. 그래도 아이가 계속 소리를 지르자, 엄마는 아이를 화장실로 데려가 때렸다.
상담 치료를 받기 위해 나를 찾아온 엄마는 내게 목소리를 높여 말했다.
"빌어먹을, 왜 우리 애는 늘 제가 가장 바쁠 때, 장 보느라 정신없을 때 난리를 피울까요?"(이건 인내심과 공감이 바닥나고 신경이 곤두섰을 때 우리의 모습이기도 하다.)
나는 아이가 여러 가지 이유로 떼를 썼을 것이며, 그 이유가 무엇인지 파악하는 것이 중요하다고 설명했다. 아이가 피곤했거나, 배가 고팠거나, 마음이 어지러웠거나 혹은 뭔가 필요해서 그랬을 수 있다. 정확한 이유가 무엇이든, 엄마가 짐작하는 것처럼 아이가 일부러 엄마를 힘들게 하려던 건 아니다. 세상 어디서나 그 또래 아이들은 단순히 통제가 안 된다는 이유로 혼이 나곤 한다. 그럴 때 엄마는 아이를 훈육하는 대신 자신의 기준을 내려놓고 아이가 원하는 것에 집중해야 한다. 아이보다는 어른이 훨씬 더 큰 유연성을 발휘할 수 있으니까 말이다.

이런 상황에서는 아이를 논리적으로 판단하려 해서는 안 된다. 혼을 내서도 안 된다. 그보다는 아이를 슈퍼마켓에서 데리고 나오는 게 낫다. 그것이 자연스러운 결과이며, 이는 아이가 장난감이나 사탕을 사달라고 소리를 지를 때도 똑같이 적용된다. 특별 선물을 바라는 건 나쁜 행동이 아니니 벌을 줄 필요는 없다.

본래 유아기 아이들은 예측하기가 힘들고 감정적이며 충동적이라는 사실을 부모가 이해해야 한다. 이때는 뇌의 충동 조절 기능이 충분히 발달하지 않아서 슈퍼마켓에서 접하는 온갖 자극에 대한 반응을 조절하지 못하기 때문이다.

많은 아이가 호기심을 차단하기 시작하는 때가 바로 이 시기이다. 한두 살 때 상점 매대에 있는 물건이 궁금해서 손을 뻗었다가 찰싹 맞거나 큰 소리로 혼이 난 뒤에 말이다. 이 또래의 아이들에게 상점의 다양한 물건들은 세상에 대해 알고자 하는 욕구를 채워보라고 유혹하는 듯하다. 그런데 이런 호기심을 부모가 무조건 억압한다면 숙제는 고사하고 학교 공부 자체에 흥미가 떨어지는 게 당연하지 않을까?

어느 날 밤 9시쯤, 내 친구 중 한 명이 중국음식점에 있었는데, 맞은 편 테이블에서 아기가 울기 시작했다. 아기가 울음을 멈추지 않자 아기 엄마는 곤혹스러워하는 기색이 역력했다. 곁에 있던 부모님은 "아이를 화장실로 데려가 혼내서라도 누가 어른인지 보여줘"라고 말했다. 이 상황을 지켜보던 내 친구가 그 테이블로 다가가 아기 엄마에게 아기를 데리고 바로 옆 슈퍼마켓으로 가는 게 좋겠다고, 아기를 안고 매대 사이를 편안히 걸어보라고 했다. 그 엄마는 내 친구의 조언을 따랐다. 내 친구가 그 음식점을 나올 때쯤엔 아기가 엄마 품에서 곤히 자고 있었다.

이와 같은 상황에서 아기 엄마가 부모님과 함께하는 귀한 시간을 빼앗긴 것은 사실이다. 부모가 되고자 한다면 아기가 생기면 이런 일이 종종 벌어진다는 것을 예상해야 한다. 우리의 계획이 부모님과 함께 오붓한 저녁 식사를 하는 것이어도, 우리는 부모로서 아이의 상태를 우선시해야 한다. 저녁을 좀 일찍 먹으러 가는 것도 방법이다. 그러면 아이가 음식을 먹거나 음식으로 장난하는 것에 여유롭게 대처할 수 있다. 하지만 밤 9시면 영아나 유아는 대부분 잘 시간이다.

아무리 일정을 잘 짜도 상황상 그 자리를 떠날 수 없을 때도 있을 것이다. 이때 아이를 달래고, 관심을 딴 데로 돌리고, 놀아주고, 먹을 것을 줘도 효과가 없으면 아이의 울음을 견디는 수밖에 방법이 없다. 비행기를 탔을 때가 그렇다. 다른 승객들이 아무리 얼굴을 찌푸려도 부모는 아이를 혼내기보다는 상냥하게 대하는 것이 최우선임을 명심해야 한다. 그저 웃으며 상황을 견디는 수밖에 없다.

그 나이의 아이가 감당할 수 없는 상황에서, 그 상황에 적응할 책임은 아이가 아닌 부모에게 있다. 아이가 더 자라면 부모와 동반자 관계가 되는 만큼 그때는 자기 행동에 책임을 지게 해야 한다. 하지만 유아의 경우 엄격한 기준을 적용해 아이를 힘들게 해서는 안 된다.

나이 수준에 맞는 양육 방식이 부모에게 큰 도움이 되는 또다른 면이 있다. 아이는 어느 정도 성숙하기 전에는 유치하게 행동할 수밖에 없다. 그 나이엔 그게 당연하다. 그럴 땐 그런 행동을 문제삼지 않는 것이 중요하다. 나는 그런 상황에선 유머 감각을 발휘하는 것이 아이의 나이를 고려한 반응이라고 생각한다.

$$\vee$$

긴장을 해소하고 갈등을 끝내는 데 웃음보다 더 효과적인 방법은 없다. 이런 이유로 나는 아이를 상대할 때 가능한 한 유머를 더한다. 예를 들어 내 딸 마이아가 골이 나서 나에게 무례한 말투로 퉁명스럽게 말하면, 나는 발끈하기보다는 이런 노래를 부른다.

"우리 집에 성난 아가씨가 있네, 우리 집에 성난 아가씨가 있어."

그러면 딸아이도 못 이기는 척 웃는다.

마찬가지로, 내가 무심코 마이아에게 소리를 지르고 나서 뒤늦게 깨달으면 나는 이렇게 말하며 나 스스로를 놀림감으로 삼는다.

"아이쿠, 나도 소리 지를 줄 아네, 그치? 확실히 내가 너보다 목소리가 크다. 어디 누구 목소리가 더 큰지 한번 볼까?"

그러고 나서 소리 지르기 시합을 하느라, 애초에 내가 왜 소리를 질렀는지는 까맣게 잊어버린다.

이렇게 우리가 너무 경직되지 않고 너그럽고 원만한 태도로 아이를 돌보면, 다소 부족한 면이 있어도 아무 문제없이 편안한 분위기를 만들 수 있다. 이것이 우리가 아이들에게 전해야 할 중요한 교훈이다. 그러다 보면 아이들은 부모가 미숙한 점이 있어도 아무렇지 않게 여긴다는 사실을 거울처럼 비출 것이다.

이렇듯 다소 미숙한 우리의 행동을 너무 심각하게 받아들이지 않으면 자라나는 아이의 불안감이 낮아지기도 한다. 자신의 현재 발달 상태를 인정하고 받아들이는 것이 바람직한 자질이지 부끄러워할 일이 아님을 깨닫기 때문이다. 나이를 먹으면 자연스럽게 그 나이에 맞는 행동을 하게 된다는 걸 알게 되는 것이다. 어린아이들은 절대 '어린 신사 숙녀'가 될 수 없다.

아이가 자라면서 나이에 걸맞은 행동을 받아들이면 예상치 못한 좋은 점이 또 있다. 10대가 되었을 때 친한 친구가 갑자기 다른 아이와 더 친해지거나 '사랑에 빠져' 우정이 지속되지 못해도, 그 나이에는 그런 일이 일어나는 게 당연하며 세상이 무너질 일이 아니라는 사실도 알게 된다. 다시 말해 발달 단계의 변화에 따라 달라지는 아이의 행동을 부모가 전적으로 받아들일 경우, 그 아이는 10대가 되어서도 이별의 아픔에 쉽게 무너지지 않고, 시험 성적이 나빠도 약물의 도움 없이 견뎌낸다. 때가 되면 자기에게 꼭 맞는 방식으로 사랑과 직업이 찾아올 것임을 알기 때문이다.

당신은 아이에게 정당한 요구를 하고 있는가?

☐ 일곱 살 아이는 발달 단계상 대체로 시간을 관리하기가 어렵다. 부모가 이걸 안다면 아이가 실패하지 않도록 안전장치를 마련해야 한다.

☐ 부모가 '반항'으로 분류한 행동은 실제로는 반항이 아닐 수 있다. 아이는 그저 일곱 살 아이답게 시간을 의식하지 못할 뿐이다.

☐ 아이의 나이에 맞게 대처하는 것은 효과적인 양육의 핵심이다. 아직 어려서 감당하지 못하는 상황에 아이를 몰아넣는 건 부모로서 아이에게 잘못을 저지르는 것이다.

☐ 본래 유아기 아이들은 예측하기가 힘들고 감정적이며 충동적이라는 사실을 부모가 이해해야 한다. 이때는 뇌의 충동 조절 기능이 충분히 발달하지 않아서 슈퍼마켓에서 접하는 온갖 자극에 대한 반응을 조절하지 못하기 때문이다.

☐ 부모가 너무 경직되지 않고 너그럽고 원만한 태도로 아이를 돌보면, 다소 부족한 면이 있어도 아무 문제없이 편안한 분위기를 만들 수 있다. 이것이 우리가 아이들에게 전해야 할 중요한 교훈이다.

☐ 긴장을 해소하고 갈등을 끝내는 데 웃음보다 더 효과적인 방법은 없다.

☐ 다소 미숙한 우리의 행동을 너무 심각하게 받아들이지 않으면 자라나는 아이의 불안감이 낮아지기도 한다. 자신의 현재 발달 상태를 인정하고 받아들이는 것이 바람직한 자질이지 부끄러워할 일이 아님을 깨닫기 때문이다.

16장

아이의 성장을
온전하게 지켜보는 법

。

두 살 된 아들이 밤마다 부부가 자는 방에 와서
소란을 피우는 통에 두 사람은 몇 달째 숙면을 취하지 못했다.
폭발하기 일보 직전에 이르자 두 사람은 아이를 자기 방에 가두고,
아이가 몇 시간씩 악을 써도 내버려두었다.
강조하지만 이 부부는 나쁜 사람들이 아니다.
단지 부모로서 답을 알지 못했을 뿐이다.

아이를 키우는 부모는 어쩔 수 없이 혼란의 시기를 겪게 된다. 간혹 계획한 일정에 심각한 차질이 생기기도 한다. 아이가 밤에 오줌을 싸고, 자다 깨서 걸어다니고, 악몽 때문에 잠을 설치기 일쑤다. 밤에 몇 번씩 깨서 아이를 챙기거나 이불을 갈아줘야 하는 일이 당연히 힘들게 느껴질 수 있다. 그러나 이 같은 상황을 급격한 발달 과정에서 자연스럽게 나타나는 현상으로 보지 않고 훈육이 필요한 문제로 돌리면 안 된다. 이런 일들을 정상적인 현상으로 보고 아이를 원망하지 않는다면, 그 문제는 우리 안에 일어나는 불안과 불만을 견뎌내는 문제가 된다.

이때 부모로서 우리가 할 일은 격동의 시기를 겪는 아이들을 엄하게 단속하는 것이 아니라, 우리 스스로 차분하게 중심을 잡는 것이다. 그래야 아이를 키울 때 생기는 여러 종류의 파도에 가뿐하게 올라탈 수 있다. 파도는 높이 솟아올랐다 가라앉기를 거듭하는 만큼, 부모는 그것을 '좋다' '나쁘다'로 규정하는 대신 침착하게 헤쳐 나가야 한다.

수면의 경우, 아이는 대개 피곤하면 자연스럽게 잠이 든다. 갓난아기와 유아들을 보면 알 수 있다. 아이들은 피곤하면 잠이 든다. 잠이 안 온다며 투정 부리지 않는다. 만약 아이가 어느 시기에 잠을 안 자려고 하면, 부모가 참고 견뎌야 하는 때다. 아주 어린 아이라면 부모에게 필요한 건 인내심뿐이다. 아이가 조금 더 자라면, 그때는 낮잠 시간이나 밤에 아이를 너무 흥분시키지 않도록 주의하면서 아이가 자연스러운 수면 리듬에 따르도록 도와야 한다. 이때 텔레비전이나 컴퓨터에서 나오는 빛이 수면 리듬에 방해가 된다는 점을 기억해두는 것이 좋다. 이 문제에 현실적으로 접근하는 법을 알아두면 아이에게 정신적 피해를 주지 않고 그 시기를 통과할 수 있다.

부모가 아이의 잠, 음식, 성적 등과 관련해 이따금 일어나는 불만을 잘 다스릴 수만 있다면, 아이 스스로 이런 문제를 처리할 여지가 생긴다. 아이들은 그런 능력을 타고나므로, 우리가 뭔가를 억지로 시킬 필요가 없다. 단지 안내만 해주면 된다. 그러면 아이는 스스로 조절한다. 반대로 우리가 억지로 조종하려 들면 아이는 자기조절 능력을 키우지 못해 결국 거짓말과 속임수로 우리를 조종하려 든다. 또한 마약이나 과도한 음주로 잠재력을 해치기도 하며, 극도로 무신경해져서 아무것도 관심을 쏟지 않게 된다.

나는 자연스러운 발달 과정을 훈육의 대상으로 보았을 때의 해로운 결과를 직접 목격한 적이 있다.

∨
∨

한 부부가 어찌할 바를 몰라서 나를 찾아왔다. 두 살 된 아들이 밤마다 부부가 자는 방에 와서 소란을 피우는 통에 두 사람은 몇 달째 숙면을 취하지 못해 눈이 퀭할 정도로 지쳐 있었다. 폭발하기 일보 직전에 이르자 두 사람은 아이를 자기 방에 가두고, 아이가 몇 시간씩 악을 써도 내버려두었다.

하지만 이 방법도 통하지 않자 무척 실망해서 훨씬 더 극단적인 방법을 썼다. 추운 날씨에 잠옷만 입은 아이를 집 밖으로 내보낸 뒤 문을 잠가버렸다. 강조하지만 이 부부는 나쁜 사람들이 아니다. 단지 부모로서 답을 알지 못했을 뿐이다.

나는 아이가 자기 방에서 혼자 자려고 하지 않는 것은 부모와의 교감이 더 필요하거나, 아니면 독립심을 더 키워야 한다는 신호라고 설명했다. 대화를 나눠보니 이 부모의 잠재의식 속 대본은 그들의 불안감에 뿌리를 두고 있었고, 그러다 보니 아이를 대하는 방식이 모순적이었다. 낮에는 아이의 모든 행동을 일일이 감시하며 과잉보호를 했다. 당연히 아이는 부모에게 의존했다. 그리고 그 의존의 결과로 밤마다 가족 모두가 고통에 시달렸다. 아이가 부모와 함께 자지 못하면 분리불안을 겪었기 때문이다. 규칙이 바뀌는 것, 즉 종일 과잉보호를 하다가 밤엔 방치해버리는 부모의 태도가 아이의 마음에 극심한 공포를 일으킨 것이다.

아이가 밤에 악을 쓰면서 말하고자 한 바를 이해하자, 부모는 과잉보호를 차츰 줄여나갈 방법을 찾았다. 이런 조치가 아이의 일상 속 다양한 측면에 영향을 미치자, 혼자 잠을 자는 평범한 능력도 자연스럽게 따라왔다. 부모는 그 변화가 일어나는 동안 인내심을 발휘하기만 하면 되었다. 분명 힘든 시간이었지만 효과가 있었다.

거듭 말하지만, 부모가 생각했던 것처럼 훈육이 필요한 문제가 아니었다.

아이를 대하는 부모의 모순된 방식에서 비롯된 문제였다. 부모의 잠재된 욕구가 원인이었다. 이 경우 아이에겐 혼자 힘으로 설 수 있는 더 강한 독립심이 필요했을 뿐이다. 아마 반대의 경우도 있을 것이다. 종일 부모가 집에 없거나 정서적으로 도움을 받기 어려운 아이는 부모와 더 많은 교감을 필요로 한다. 이런 아이는 독립심이 부족해서가 아니라 교감이 부족해 부모에게 곁에 있어달라고 악을 쓸 것이다. 부모는 아이가 전하려고 하는 진짜 메시지를 해독해야 한다.

어떤 부모는 절대 아이와 한 침대에서 자지 않으려고 하는가 하면, 또 어떤 부모는 적정 나이가 한참 지나도록 아이와 한 침대에서 잔다. 정서적으로 혼자 충분히 잘 만한 나이인데도 아이가 부모와 함께 잔다면, 그건 부모가 아이의 정상적 발달을 해치고 있다는 징후다. 이렇게 아이를 오래도록 데리고 자는 부모는 아이에게 의존하고 싶은 무의식적인 욕구가 있거나 아이가 의지하고 필요로 하는 부모라는 느낌을 받고 싶은 것이다. 이는 건강하지 못한 태도이며, 아이가 자율성을 키우는 데도 도움이 되지 않는다. 이런 일이 일어나는 이유는 부모가 자신의 충족되지 못한 욕구를 의식하지 못한 채 아이를 이용해 내적 갈망을 달래려고 하기 때문이다.

아이와 일체감을 느끼는 건 부모에게 필수적이지만, 그것은 부모 자녀 관계가 시작될 때의 공생과는 다른 개념이다. 흔히 부모들은 일체감과 공생을 혼동하곤 하는데, 그 혼동의 결과가 바로 아이에게 유익한 시기를 훨씬 지날 때까지 계속 공생을 하는 것이다.

공생은 마치 부모가 아이의 일부인 것처럼 아이가 완전히 부모에게 의존하는 상태다. 아이가 처음 태어났을 때는 부모를 통해서만 욕구를 충족할 수 있으니 공생이 필요하다. 이처럼 아이가 어릴 때는 공생하는 게 맞더라도, 부모는 아이가 자기만의 고유한 정체성을 형성하도록 적당한 속도로 용기를 불어넣어주어야 한다. 공생이 너무 오래 지속되면 아이가 독립된 자의식을 발달시키지 못하고 어른이 되어서도 자신감 없이 계속 부모에게 의존하게 된다. 이런 의존적인 태도는 어른의 세계에서 살아가는 데 필요한 개인의 역량을 망가뜨린다.

이때 주의할 점이 있다. 내가 앞서 부모는 아이에게 자기만의 고유한 정체성을 확립하도록 '용기를 불어넣어주어야 한다'고 말했지 강요해야 한다고 말하지 않았다는 사실이다. 부모가 아이의 발달을 너무 재촉하거나 반대로 점점 커지는 아이의 자립 욕구를 가로막아 발달을 늦추는 경우가 자주 발생한다. 시간표는 아이가 스스로 정하고 부모는 그것을 지지해주는 것이 중요하다. 아이의 발달 과정은 경사진 직선의 그래프가 아니다. 선 여기저기가 튀어오르는 그래프처럼 서서히 습관으로 자리 잡을 것이다.

그렇게 독립심이 커지면 아이의 삶이 처음 시작됐을 때의 공생 관계를 끝낼 때이다. 공생이 점점 줄어들다 적절한 때에 끝나더라도 부모와 아이의 일체감은 지속되어야 한다. 안타깝게도 너무 많은 가정에서 부모의 내적 갈망으로 인해 공생을 끝내는 자연스러운 과정이 제대로 이루어지지 못한다. 아이가 어떤 성과를 내느냐에 따라 부모의 정체성이 결정된다고 생각하기 때문이다. 학교 성적, 스포츠 실력, 취미, 옷차림, 행동 등 아이의 모든 것이 부모를 대변한다고 여긴다.

다른 사람을 통제하려는 욕구는 공생에 대한 착각에서 비롯된다. 다른 사람을 마치 우리의 일부처럼 대하고 그들도 우리처럼 행동해야 한다고 믿는 것이다. 우리는 공생에서 벗어날 정도로 성숙한 만큼, 이제 일체감을 느끼는 데 만족해야 한다. 일체감을 느끼면 상대방을 우리와 비슷한 존재로 바라보게 되고, 그 결과 우리에게 우리의 길이 있듯이 그들도 자기만의 길을 가야 한다는 사실을 존중하게 된다.

내 생각에는 공생에 연연하느라 일체감을 제대로 이해하지 못하는 것이 세상의 모든 분열이 시작되는 원인이다. 효과적인 양육에 관한 잘못된 이해 때문에 다른 사람을 향한 적개심이 오랫동안 방치되고 커진 측면이 있다. 그 결과 진즉 독립했어야 할 아이는 답답함을 느끼고, 부모와의 일체감을 간절히 원하는 아이는 버려진 느낌을 받는 것이 현실이다. 분리와 결속의 춤을 조화롭게 추는 것이 중요하다. 이것을 완벽하게 해내는 사람은 없을 테지만, 적어도 최선을 다해야 한다.

새로 생겨나는 아이의 역량에 적절히 대응한다는 건 도표에 적힌 발달 단계에 의존하거나 같은 또래의 다른 아이와 비교해 아이가 할 수 있는 것과 없는 것을 판단한다는 의미가 아니다. 아이가 어떻게 발달해 나가는지 주의 깊게 지켜보는 것이다. 이렇게만 해도 언제 뒤로 물러나 아이가 더 많은 책임감을 느끼게 해야 하는지 판단이 선다. 이를 좀더 구체적으로 설명해주는 사례가 있다.

여덟 살 난 여자아이 샐리와 엄마 수지의 이야기다. 샐리는 저녁마다 친구들과 놀고 싶어했다. 집에 가서 숙제할 시간이 되면 매일같이 싸움이 벌어졌다. 당연히 엄마는 샐리의 행동을 반항으로 받아들였다. 상담 치료를 받는 과정에서야 비로소 엄마는 아이가 상황 전환에 어려움을 겪는 시기임을 알게 되었다. 샐리가 엄마의 말을 따르지 않는 건 나쁜 의도에서 그런 게 아니라 상황 전환을 받아들이는 능력이 부족해서였다.

이를 해결하기 위해 역할 놀이를 활용했다. 만날 때마다 서로 다른 역할을 맡아 놀이에서 공부로 전환하는 연습을 반복했다. 우리는 반복된 연습을 통해 아이가 좀더 순조롭게 태세를 전환하도록 도울 방법에 대해 많은 이야기를 나눴다. 그때 연습한 방법들은 그 후 1년여에 걸쳐 샐리의 일상으로 스며들었다.

자연스러운 상태에서 아이들은 그냥 자기 자신을 즐긴다. 느끼는 대로 움직이고 삶을 순간순간 있는 그대로 대한다. 그런 자연스러운 상태에서는 '순종' 또는 '반항'으로 구분되는 행동을 전혀 알지 못한다. 아이들이 하는 것은 그저 존재하는 것뿐이다. 그런 아이들이 독립심을 더 키우고 그에 따르는 책임감을 느끼도록 안내하는 것이 부모인 우리의 몫이다. 곁에서 지혜롭게 준비시키며 인도하는 것이 바로 깨어있는 양육의 본질이다.

✓ Key points!

부모로서 중심을 잘 잡고 있는가?

☐ 아이의 자연스러운 발달 과정을 훈육의 대상으로 보았을 때 해로운 결과가 생긴다.

☐ 부모가 아이의 잠, 음식, 성적 등과 관련해 이따금 일어나는 불만을 잘 다스릴 수만 있다면, 아이 스스로 이런 문제를 처리할 여지가 생긴다.

☐ 이때 부모로서 우리가 할 일은 격동의 시기를 겪는 아이들을 엄하게 단속하는 것이 아니라 우리 스스로 차분하게 중심을 잡는 것이다.

☐ 아이가 자기 방에서 혼자 자려고 하지 않는 것은 부모와의 교감이 더 필요하거나, 아니면 독립심을 더 키워야 한다는 신호일 뿐 훈육이 필요한 문제가 아니다.

☐ 아이들이 독립심을 더 키우고 그에 따르는 책임감을 느끼도록 안내하는 것이 부모인 우리의 몫이다. 곁에서 지혜롭게 준비시키며 인도하는 것이 바로 깨어 있는 양육의 본질이다.

17장

아이를 속이는 건 어려운 일

아버지는 아들에게 동기부여를 하려고 끊임없이 노력했다.
그런 상황을 이용해 아들은 최신 아이패드와 비디오게임 열다섯 개를 얻어냈다.
수영을 거부하면 뭔가 생기는 것이 있었다. 그러니 더 거부하곤 했다.
하지만 수영을 거부하는 날이 늘어나자 아버지는
아들이 주말에 친구들과 놀지 못하게 했다.
아들에게 벌을 준 것이 미안해지자 죄책감을 덜어내기 위해
아들에게 다시 보상을 주었다.
갈수록 심해지는 악순환에 빌미를 제공한 것이다.

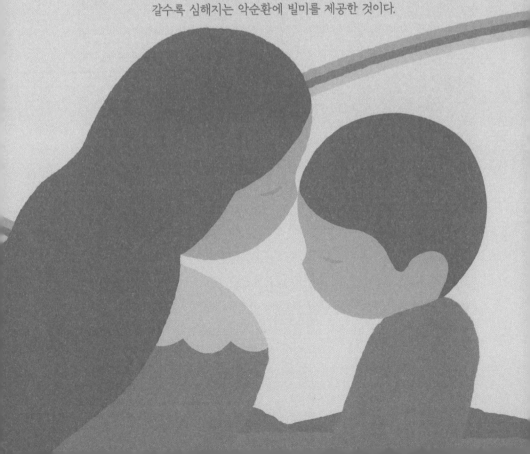

아무리 아닌 척해도 모든 훈육은 궁극적으로 조종의 한 형태, 즉 협박이다. '협박'이라는 단어에 움찔하겠지만, 다른 사람을 강압적으로 내 뜻에 따르게 하는 것이니, 그게 사실이다. 바뀌어야 하는 쪽은 언제나 아이이고, 부모에게서는 아이를 다른 관점으로 이해하려는 책임감 있는 모습을 찾아보기 어렵다.

솔직히 말해서, 조종과 강요가 건강한 전략이라고 믿는 사람이 있을까? 그건 그냥 아이들을 속이는 것이자 기만에 해당한다. 조종과 강요가 아이의 자의식과 행복에 얼마나 유해한지는 연구를 통해 거듭 증명되었다. 아이를 속이고 괴롭혀서 순종하게 만드는 것이 장기적으로 정말로 도움이 되겠는가.

이런 이유로 나는 복종을 끌어내는 전략을 제공하는 데는 전혀 관심이 없다. 아이의 주의를 딴 데로 돌려 복종을 유도하고, 어떤 면에서는 조종하는 온갖 영리한 방법들을 나열한 책은 서점과 도서관에 많다. 이런 책들은 전부 문제를 피상적으로만 다룰 뿐만 아니라, 아이의 행동을 강제로 통제하는 데 초점이 맞춰져 있다. 하지만 우리는 아이를 이해하여 자제력과 자율성, 자립심을 지닌 사람이 되도록 돕는 데 초점을 맞춰야 한다.

누군가는 부모라면 언제나 자녀를 조종한다고 주장할지도 모른다. 우리는 아이가 학교에 가고, 숙제를 하고, 원하지도 않는 따뜻한 옷을 입도록 강요한다. 채소를 먹고, 예배를 드리러 가는 등 아이들이 자발적으로 하기 어려운 행동은 전부 부모가 시켜서 하는 것이다. 그렇다면 훈육이 행동을 조종하는 것과 무엇이 다른가?

이런 것들이 전부 어느 정도 조종의 형태를 띠는 것은 사실이다. 그 결과 많은 경우 아이가 부모의 요구에 동의하지 않는다. 기회가 생기면 바로 그 행동을 패대기친다. 많은 아이가 10대가 되면 숙제를 하지 않는 것도 이 때문이 아닐까? 고등학교에 들어갈 즈음이 되면 대개 아이들은 그전까지 취미로 즐기던 것들과 좋아하던 과목에 대한 흥미를 잃는다. 어른들과 교육기관이 시험이라는 제도를 통해 아이들의 타고난 호기심과 탐구욕을 해치기 때문이다.

그런 시험들은 배움의 깊이를 더하기 위함이 아니라 아이들을 서로 비교해 성적을 매기는 데 목적이 있다. 성적은 일종의 공부 실력을 겨루는 스포츠이고, 모두가 경기에 참여해야 한다. 사회 전체, 특히 교육제도가 바뀌지 않는 한, 이것이 우리가 처한 슬픈 현실이다. 지금의 구조가 얼마나 아이들을 억지로 조종하는지를 우리가 충분히 깨닫는다면 교육제도에 변화를 가져올 수 있다. 그전까지는 현재의 상황에서 우리가 할 수 있는 최선을 다해야 한다. 아이들을 조종하는 일은 최소화하고 가능한 한 아이가 스스로 받아들이게 해야 한다. 여기서 스스로 받아들이게 한다는 건 대화를 나누고 아이가 반대할 여지를 둔다는 뜻이다. 그런데 많은 부모가 이를 거부한다. 아마도 아이와 대화할 시간이 없다고 생각하거나 아니면 아이와 동등한 입장에서 관계 맺는 법을 알지 못해서가 아닐까 싶다.

갑자기 아이들이 교회나 유대교 회당, 혹은 절에 가기를 거부하는 건 자라면서 그곳에 대한 흥미를 잃었기 때문이다. 신앙이라는 것을 탐구하고 싶은 자발적 욕구에서가 아니라 부모의 강요 때문에 억지로 하는 것을 아이들은 더는 받아들이지 않는다. 그 결과 어린 신자들이 대학에 들어가기만 하면 종교기관에서 대거 이탈한다.

여기서 분명히 하고 싶은 점이 있다. 내가 어떤 행동을 아이가 '받아들여야 한다'고 말하는 건 부모가 그 행동의 효능에 대해 아이를 설득해야 한다는 뜻이 아니다. 아이가 자연스럽게 받아들이는 것이 바람직하다. 아이들은 자신에게 울림을 주는 행동을 하게 된다는 점에서 그렇다. 그런 행동을 발견하면 아이들은 거의 동시에 그것에 이끌린다. 예를 들어 아이가 좋아하는 게임이 있는데 우리가 그걸 하라고 설득할 필요가 있을까? 친구들과 어울리는 것을 가장 좋아하는 10대 아이에게 굳이 나가서 친구들과 놀라고 설득할 필요가 있을까? 아이가 좋아하는 음식이 있는데 우리가 그걸 먹으라고 소리를 지를 필요가 있을까?

아이들은 자기 존재에 울림을 주는 활동에 즉각적으로 끌린다. 아이들이 대체로 처음에 유치원과 학교에 가는 걸 좋아하는 것도 이 때문이다. 이 나이 때 아이들은 부모와 떨어지는 것에 겁을 먹거나 다른 형태의 역학 관계 때문에 두려움을 느끼지만 않는다면 배우는 것에 별로 거부감을 보이지 않는다. 왜일까? 이 연령에서는 교육의 목표가 아이의 타고난 호기심에 맞춰질 가능성이 크기 때문이다. 그러니 교육이 아이들에게 기쁨과 재미가 가득한 경험이 될 수 있다. 조종은 우리가 요구하는 것을 아이가 스스로 받아들이지 않을 때 일어나기 쉽다.

열한 살 크리스는 마침내 수영팀에 뽑혔다. 크리스의 부모는 무척 자랑스러워했다. 하지만 크리스는 수영팀 안에서 소극적으로 행동했다. 수영 대회를 위해 아침 일찍 일어나야 하는 것이 싫었다. 수영 자체는 즐거웠지만 경쟁을 해야만 하는 대회의 압박이 끔찍했다.

이런 크리스와 달리, 아버지 데이브는 경쟁을 좋아하고 인생의 많은 시간을 수영장에서 경쟁하며 보냈다. 그는 아들이 스포츠를 잘하길 원했다. 아들이 아버지의 길을 따르고 싶어하지 않을 거라고는 상상조차 못 했기에 아들에게 동기부여를 하려고 끊임없이 노력했다. 크리스가 관심을 가진 모든 것을 동원해 협박하거나 뇌물을 주었다.

그런 상황을 이용해 크리스는 최신 아이패드와 비디오게임 열다섯 개를 얻어냈다. 수영을 거부하면 뭔가 생기는 것이 있었다. 그러니 더 거부하곤 했다. 하지만 수영을 거부하는 날이 늘어나자 데이브는 크리스가 주말에 친구들과 놀지 못하게 했다. 크리스는 화가 났다. 아들에게 벌을 준 것이 미안했던 데이브는 죄책감을 덜어내기 위해 크리스에게 다시 보상을 주었다. 갈수록 심해지는 악순환에 빌미를 제공한 것이다. 두 사람은 계속 서로에게 고통을 주며 충돌할 수밖에 없는 길로 갔다.

데이브의 양육 방식은 특이하지 않다. 많은 부모가 아이에게 동기부여를 하려고 할 때 보이는 전형적인 모습이다. 부모는 이런 방법을 사용하면서 아이를 위해 희생하고 있다는 느낌을 받는다. 아들을 수영 선수로 성공시키겠다는 데이브의 목표가 아들 크리스의 실제 모습과는 아무 관련이 없고 그가 마음속에 품은 이상적인 아들의 이미지에서 비롯된 것이라고 말하면, 그는 충격을 받을 것이다. 데이브가 가진 아들의 이미지는 그가 창조해낸 자신의 욕구로부터 생겨난 환상이다. 그는 아들을 자기 상상 속 이미지처럼 만들려고 애쓰느라 진짜 아들과의 관계는 완전히 망쳤다.

이것이 아마도 부모들이 가장 흔하게 빠지는 함정일 것이다. 우리는 우리 아이들이 어떤 사람이 되어야 하는지, 아이들의 삶이 어떻게 펼쳐져야 하는지에 관한 이미지에 홀딱 반하지만, 그건 아이들의 진정한 모습과는 전혀 관련이 없다. 관련이 있더라도 아주 약간뿐이다. 아이를 있는 그대로 사랑한다는 건 우리의 끊임없는 기대를 내려놓고 아이의 자기주도적 발달을 곁에서 충실하게 지켜보는 것이다. 그러려면 아이에 대한 우리의 모든 생각을 버리고 아이가 어떤 존재인지를 깨닫고 이해하는 과정에 돌입해야 한다. 아이가 변화함에 따라 우리의 이해도 달라져야 하기에, 우리는 항상 어제의 아이가 아닌 지금의 아이를 있는 그대로 바라보아야 한다.

데이브가 이런 접근법을 취했다면, 크리스는 본래 경쟁에 흥미가 없는 성격이라 경쟁하는 스포츠에 끌리지 않는다는 사실을 깨달았을 것이다. 그 깨달음을 통해 아들의 감정도 존중했을 것이다. 이렇게 몇 가지만 받아들였어도 크리스가 수영 대회를 거부하는 일은 줄어들었을 것이다. 그런데 반대로 자신의 감정을 외면하라고 강요하는 바람에 크리스의 반항심을 자극했다. 그 결과 그들 부자는 서로에게 몹시 화가 났다.

중요한 건 우리가 사용하는 방법이 이보다 상냥해 보일지라도 아이가 우리 뜻에 따르게 만들려는 것이면 그것 또한 조종이라는 사실이다. 예를 들어 한 엄마가 여섯 살 난 딸에게 이렇게 말한다.

"착하게 굴지 않으면 산타할아버지가 너에게 바비 인형 안 주실 거야."

어떤 아빠는 네 살배기 아들을 이렇게 협박한다.

"너 만화 못 보게 할 거야."

어쩌면 열 살 난 아이에게 이런 약속을 하는 부모도 있을 것이다.

"생물 시험에서 A 받으면 네가 원하는 새 자전거 사줄게."

이런 접근법은 모두 조종이다. 그렇게 우리는 아이가 잠을 못 자고, 학교에서 잘 지내지 못하고, 삶의 목적을 이해하지 못하게 만든다.

우리가 이렇게 상황을 인위적으로 만들면, 아이들은 어떤 행동도 그것이 본질적으로 옳다고 생각해서 하지 않는다. 정해진 시간에 잠자리에 드는 건 나중에 만화책을 보기 위해서이거나, 아니면 제발 그런 일이 없길 바라지만 귀신이 나올까봐 무서워서이지, 충분한 잠을 위해서가 아니다. 학교 성적도 보상에 대한 욕심과 연결될 뿐, 배우는 활동 자체가 즐거워서 공부하는 게 아니다.

아이들은 이런 것들이 부모에게 얼마나 중요한지 알아챈다. 부모가 자기들이 원하는 것을 그들에게 시키기 위해서라면 무슨 일이든 가리지 않고 하리라는 것도 안다. 우리는 이런 것들을 너무 중요하게 여기는 나머지 자기 고유의 방식으로 커나가려는 아이들의 본능을 억압한다. 그러다 보면 부모들이 가장 많이 하는 고민이 생긴다.

'아이들이 무언가를 하도록 부모가 밀어붙여야 할 때와 뒤로 물러나 있어야 할 때를 어떻게 구분하지? 이 둘을 구분하는 기준선은 어디에 있을까?'

내 딸 마이아가 발레를 2년쯤 배웠을 때, 아이가 가장 좋아하는 선생님이 일을 그만두고 학생들에게 좀더 엄격하고 좀더 많은 것을 요구하는 선생님으로 바뀌었다. 그렇게 몇 주가 지나자 마이아는 발레 수업에 흥미를 잃었다. 발레 수업에 갈 때가 되면 계속 꾸물거리며 집에 더 오래 있을 핑계를 만들었다. 아이가 수업을 피하려는 게 분명하다는 생각이 들어 내가 아이에게 물었다.

"왜, 이제 발레에 흥미가 없어졌어?"

"선생님이 점수를 매기니까."

아이가 투덜대며 대답했다.

"지난번엔 10점 만점에 2점밖에 못 받았어. 짜증나. 이제 발레 하기 싫어."

아이는 그 뒤로 몇 번 더 수업에 참여하고는 더는 가지 않겠다고 했다. 나는 선택의 갈림길에 섰다. 단지 힘들다는 이유로 배우던 것을 그만두게 하면 안 되니까 발레를 계속하라고 해야 할까, 아니면 아이의 결정을 존중해야 할까? 아이의 감정에 귀 기울이고 아이 스스로 관심사를 정하게 하는 것이 얼마나 중요한지 나는 알고 있었다.

처음엔 아무 말도 하지 않고 마음을 터놓고 대화하기에 적당한 때를 기다렸다.

"마이아, 네가 발레 수업이 불편해서 그만두고 싶다는 거 알겠어. 엄마는 네가 발레를 얼마나 잘하는지, 전에 가르치던 선생님하고 수업을 얼마나 재미있게 했는지도 알잖아. 그래서 말인데, 선생님을 바꿔보는 건 어떨까?"

내가 말을 꺼냈다.

"아니, 나 이제 발레 안 할 거야. 더 얘기하지 마. 그냥 내가 하고 싶은 대로 해주면 안 돼?"

마이아가 단호한 표정으로 대답했다.

"안 되지. 엄마는 네가 어떤 활동이 조금 힘들어졌다고 해서 곧장 그만 두게 하고 싶진 않아. 세상에 쉬운 일만 있는 건 아니고, 때로는 힘든 시기도 견뎌내야 한다는 걸 배우는 게 중요하니까."

앞서 이야기했듯이, 우리는 아이가 어떤 것들을 감당하지 못할 거라는 상상을 너무 자주 하는 통에 인생에서 피할 수 없는 자연스러운 혼란과 경계, 제약으로부터 아이를 보호하려고 지나치게 애를 쓴다. 그러다 보면 아이는 회복력을 발달시키지 못하고 타고난 능력을 제대로 활용하지 못해 오히려 실패할 수밖에 없는 상황에 놓인다. 따라서 부모는 아이가 무언가를 회피할 때와 진심으로 원치 않을 때를 구분할 수 있어야 한다.

"그냥 포기하는 거 아니야. 나 발레 2년이나 했잖아. 근데 나랑 안 맞아. 그냥 포기하는 거 아니라고. 알잖아, 내가 체조랑 피아노 3년째 하는 거. 발레는 이제 정말 재미없어."

마이아가 힘주어 말했다.

마이아가 마음속 깊이 확신에 차서 하는 말임을, 진심에서 나온 말임을 안 순간, 나에게는 선택권이 없었다. 내가 무엇을 더 좋아하는지는 전혀 중요하지 않았다. 아이는 이제 발레는 할 만큼 했다고 분명히 말하고 있었다. 나는 아이가 자기 삶을 스스로 통제한다는 느낌을 받는 것이 더 중요하다고 생각했다. 목숨이 달린 일도 아니었다. 나는 자기 자신을 잘 아는 딸아이에게 박수를 보냈다. 그 능력은 자기 자신에게 줄 수 있는 최고의 선물이었다. 아이는 그렇게 자기 내면의 소리를 믿고 따르는 법을 배우고 있었다.

상황을 통제하려는 내 에고가 발동하긴 했지만, 이 일을 통해 나는 그것을 제쳐두고 아이의 관점에서 상황을 바라볼 수 있었다. 강요할 필요가 없었다. 내가 옳다고 생각하는 것을 위해 아이를 발레 수업에 묶어두는 일은 하지 않았다. 아이가 어떤 활동을 잘하거나 잘하지 못하는 것은 내가 느끼는 행복에 영향을 주지 않았다. 더욱이 나는 새 발레 선생님이 충분히 즐겁게 할 수 있는 활동을 경쟁의 대상으로 바꿔버렸다는 아이의 느낌에 진심으로 공감했다.

나는 딸아이의 두 눈을 똑바로 바라보며 말할 수 있었다.

"네 말 완벽하게 알아들었어. 네가 네 마음의 소리에 귀 기울이고 있고 너에게 정말로 중요한 것이 무엇인지 알기 때문에 변화를 두려워하지 않는다는 것도 알겠어. 즉흥적으로 그만두는 게 아니라는 것도. 네가 스스로 내린 결정이니까, 엄마는 네가 그 결정을 책임질 수 있도록 도울게."

내 말을 듣고 마이아는 자기 의견이 존중받았음을 확인했다. 이렇듯 하마터면 불필요한 싸움으로 번졌을 뻔한 일이 서로에게 더 깊이 연결되고 확신을 주는 계기가 되었다.

여기서 짚고 넘어가야 할 중요한 점이 있다. 내가 마이아의 뜻을 지지하기로 한 건 임의로 내린 결정이 아니라 아이와 충분한 대화를 나누고 내린 결정이다. 아이가 어떤 활동을 계속해야 하고 어떤 활동은 도중에 그만두어도 되는지에 대해 언제나 똑같이 적용되는 기준은 없다. 우리에겐 아이들을 돌볼 책임이 있으니, 아이가 자신의 고유한 모습을 발견하도록 도우면 된다. 아이들은 자기 마음을 안다. 우리는 아이가 그 마음을 따르도록 격려하기만 하면 된다.

부모가 아이를 키울 때 자주 빠지는 함정

☐ 아무리 아닌 척해도 모든 훈육은 궁극적으로 조종의 한 형태, 즉 협박이다.

☐ 아이들은 자기 존재에 울림을 주는 활동에 즉각적으로 끌린다. 예를 들어 아이가 좋아하는 게임이 있는데 부모가 그걸 하라고 설득할 필요가 있을까? 친구들과 어울리는 것을 가장 좋아하는 10대 아이에게 굳이 나가서 친구들과 놀라고 설득할 필요가 있을까? 아이가 좋아하는 음식이 있는데 부모가 그걸 먹으라고 소리를 지를 필요가 있을까?

☐ 아들에게 벌을 준 것이 미안한 부모는 죄책감을 덜어내기 위해 보상을 준다. 그러다 보면 갈수록 심해지는 악순환에 빌미를 제공하게 된다.

☐ 부모들이 가장 흔하게 빠지는 함정은 아이를 자기 상상 속 이미지처럼 만들려고 애쓰느라 진짜 아이와의 관계는 완전히 망치곤 한다는 것이다.

☐ "착하게 굴지 않으면 산타할아버지가 너에게 바비 인형 안 주실 거야." "생물 시험에서 A 받으면 네가 원하는 새 자전거 사줄게." 이런 접근법도 모두 조종이다.

☐ 우리는 아이가 어떤 것들을 감당하지 못할 거라는 상상을 너무 자주 하는 통에 인생에서 피할 수 없는 자연스러운 혼란과 경계, 제약으로부터 아이를 보호하려고 지나치게 애를 쓴다. 그러다 보면 아이는 회복력을 발달시키지 못하고 타고난 능력을 제대로 활용하지 못해 오히려 실패할 수밖에 없는 상황에 놓인다.

18장

아이가 밀어낼 때는
어떻게 해야 할까?

。

"오늘 학교에서는 어땠어?"
그러면 10대 자녀는 무심하게 대답한다.
"괜찮았어. 나 오늘 영화 보러 가도 돼?"
완전한 단절이다.
10대가 이런 식으로 부모의 접근을 차단하는 것은 정상이며
독립적인 사람이 되어가는 여정의 건강한 일면이라고
말하는 아동 심리학자들도 있다. 하지만 이는 진실이 아니다.

∨
∨

"앉아서 얘기 좀 해봐. 요즘 너 엄마하고 말 안 하잖아."

타냐의 엄마는 딸이 자신을 외면한다는 느낌에 몹시 화가 났다.

"왜 그래야 하는데? 엄마는 내 말을 안 듣잖아. 내가 하는 말을 하나
도 이해 못 하잖아."

타냐가 쏘아붙였다. 엄마를 향해 눈을 동그랗게 뜨고는 무시하는 표
정으로 자리에서 벗어났다.

"눈 부라리지 마. 어디서 감히 말대꾸야!"

엄마는 열여섯 살 딸아이의 등에 대고 소리쳤다.

타냐와 엄마는 완전히 서먹한 사이가 되었다. 엄마는 어떻게든 딸과 대화
를 나눠보려 했지만, 매번 겉으로 드러나는 딸의 행동을 문제삼아 갈등의 골
이 더 깊어지기만 했다. 나는 이런 식의 대립 상태를 매우 자주 접한다.

10대 자녀만큼 교묘하게 부모의 심기를 건드리는 사람은 없다. 10대 자녀 때문에 화가 나고 어떻게 대응해야 좋을지 몰라 답답했던 적이 없는 부모는 세상에 없을 것이다. 부모는 10대 자녀의 자율성을 키워주고 싶어하지만, 아이가 부모에 대한 존경심이 부족한 듯한 기미가 보이면 당장 더 강하게 단속하려 든다. 그러다 보니 마음은 아이와의 교감을 간절히 원하지만 몸은 아이를 밀어내는 방향으로 행동하는 악순환에 빠진다. 결국 부모와 아이 모두 괴롭다.

부모에겐 10대 아이를 키울 때가 정신적으로 가장 힘든 시기이다. 이제껏 통제와 군림에 의지해온 부모의 경우 특히 그렇다. 무엇이든 자기 뜻대로 하는 것이 익숙한 부모에겐 아이가 부모 뜻에 따르길 거부한다는 사실이 충격으로 다가올 수 있다. 이런 경우 많은 부모가 고압적으로 대응하는데, 이것은 최악의 접근법이다. 그보다는 이제 막 성숙하기 시작해 부모와의 교감과 자율성을 동시에 원하는 아이의 욕구에 부응할 필요가 있다.

타냐의 경우, 그렇게 행동한 데는 여러 가지 이유가 있을 것이다. 단지 엄마의 눈에 보이지 않았을 뿐. 타냐는 엄마가 너무 세세한 것까지 관리한다고 느껴서 더 많은 자율성을 누리고 싶다고 말한 것일 수 있다. 아니면 어떤 사안에 대해 엄마가 바라는 것과 타냐가 바라는 바가 일치하지 않거나 타냐가 그렇게 행동하는 이유를 엄마가 너무 모른다고 불만을 토로한 것일지도 모른다.

만약 10대 딸이 엄마에게 바보라고 하고 엄마가 그 말을 곧이곧대로 받아들인다면, '너무 무례한 행동을 했다'는 이유로 딸에게 외출 금지를 시킬 것이고, 아이는 입을 꼭 닫아버려 모든 대화가 중단될 것이다. 이럴 때 엄마는 딸아이가 '바보'라고 한 말이 자신의 지능과는 아무 관련이 없으며 아이가 어떤 메시지, 예를 들면 '엄마는 나를 이해하지 못해' 같은 의미를 전달하려는 방식에 불과하다는 사실을 알아야 한다.

10대들이 자주 그런 식으로 말한다는 걸 타냐의 엄마가 알고 거기에 얽매이지 않았다면 그 용어 자체를 문제삼지 않았을 것이다. 또한 아이의 감정을 존중해 이렇게 말할 수 있었을 것이다.

"네가 그런 말 하면 엄만 속상해. 엄마는 네가 정말로 하고 싶은 말이 뭔지 알고 싶어."

그다음엔 인내심을 갖고 딸아이가 하는 이야기를 들어주되, 아이가 선택하는 구체적인 단어나 행동에 연연하지 않아야 한다. 마침내 자신의 감정을 솔직하게 표현할 수 있기 전까지는 아이는 말대꾸를 계속할 것이기 때문이다.

질책하고 벌을 주면 솔직한 대화는 완전히 사라지거나 줄어들 수밖에 없다. 그렇게 되면 우리는 아이들이 그토록 차갑게 거리를 두는 이유를 알지 못해 답답해한다. 10대 아이에게 왜 부모와 대화를 하지 않느냐고 물으면 이렇게 답하곤 한다.

"가르치려고만 하잖아요!"

아이들은 부모가 그들의 생각은 제대로 듣지도 않고 자기들이 원하는 것만 강요한다고 말하는 것이다.

부모와 아이가 어떤 행동에 대해 건설적인 대화를 하는 목적은 가족의 지침에 어긋나지 않는 선에서 아이들의 욕구를 충족시켜주기 위해서다. 목표는 언제나 아이가 스스로 자기감정을 조절하는 법을 찾아내도록 힘을 부여하는 것이며, 그렇게 하면 아이는 자연스럽게 자기에게 가장 이로운 행동을 하게 된다. 부모는 이를 위해 아이들이 자기 문제를 털어놓을 수 있는 안전한 공간을 마련해줘야 한다. 그래야 관련 있는 모든 사람에게 적용될 기준을 창의적으로 만들 수 있다. 여기서 '안전'하다는 것은 아이가 심판, 질책, 벌을 받지 않고 말하고 싶은 것은 무엇이든 말할 수 있다는 의미이다.

아이가 어떤 행동을 하는 이유는 우리가 상상하는 것과 전혀 다를 수 있다. 이 점은 아무리 강조해도 부족하다. 아빠 마이클과 아들 피터의 사례가 이를 분명히 보여준다.

"컴퓨터 하기 전에 숙제부터 해."
마이클이 이렇게 말해도 피터는 아빠 말을 무시하고 컴퓨터를 한다.
마이클은 냉정함을 유지한 채 경고를 날린다.
"아빠가 숙제하라고 이야기했다. 다시 말 안 할 거야."
피터는 컴퓨터 게임을 계속한다.
마이클이 갑자기 피터 방으로 들어가 말한다.
"네가 어떻게 감히 나를 무시해? 네가 그렇게 게임을 하고 싶다면 너 내일 학교에 포켓몬 카드 못 가져갈 줄 알아."
다음날 마이클은 자신의 명령에도 불구하고 아들이 학교에 포켓몬 카드를 가져간 걸 알게 된다. 피터가 학교에서 돌아왔을 때, 마이클은 평정심을 잃고 아이를 손으로 때렸다. 그리고 밖에 나가지 못하게 했다.
상담 치료 과정에서 피터는 부모가 자리를 비우자 속내를 털어놓았다.
"수학 숙제가 어려워요. 그래서 하기가 싫어요. 하지만 아빠한테 말하

면 아빠가 소리를 지를 게 뻔해서 말하기 겁나요. 학교에 포켓몬 카드
를 가져갔던 건 다른 친구들도 다 가져와서 그런 거예요. 저만 카드가
없으면 애들이 안 놀아줘요."

거듭 말하지만, 지금까지 살펴본 것처럼 아이가 왜 그렇게 행동하는지를
이해하면 혼낼 이유가 사라진다. 피터의 아빠가 피터를 때린 건 아들이 자기
말을 듣지 않자 부모로서 무력감을 느껴서다. 아빠의 불만, 궁극적으로 분노
에 불을 지핀 건 바로 이 무력감이다. 아들이 그렇게 행동하는 이유가 채워
지지 않은 정서적 욕구, 즉 수학 실력이 부족하다는 느낌 그리고 학교 친구
들과 어울리고 싶은 마음 때문이었음을 알았다면 그 상황에서 다르게 행동
했을 것이다.

피터가 한 이야기를 마이클에게 전하자 마이클이 말했다.

"피터가 말을 잘 들으면 좋겠다는 제 욕심에 사로잡혀서 아이에게 무슨 일
이 벌어지고 있는지 전혀 몰랐네요. 애가 수학을 피한다는 걸 알았더라면 제
가 도와줬을 텐데 말이죠. 학교에 포켓몬 카드 가져가는 것도 막지 않고요."

우리가 아이들을 대할 때 같은 행동을 반복한다는 건 그 방법이 효과가
없다는 뜻이다. 만약 효과가 있었다면 아이의 행동이 바뀌었을 테니 똑같은
사이클을 반복할 필요가 없었을 것이다. 하지만 우리는 충분히 자주, 큰 소
리로, 혹은 다양한 방식으로 계속 말하면 아이가 '알아들을' 거라 믿으며 우
리의 방법이 틀렸다는 생각을 거부한다.

그 방법이 통하지 않는 이유에 우리가 관심을 집중하기 전까지 아이는 같
은 행동을 계속할 것이고, 우리는 그런 아이들 때문에 점점 미쳐갈 것이다.
글자 그대로 '미쳐'버린다. 끔찍한 결말을 향해 같은 길을 가고 또 간다는 건

정말 미친 짓이니까.

마이클과 피터 이야기로 돌아가면, 마이클은 같은 방식을 고집해 매번 같은 결과를 얻으면서도 자신의 전략에 치명적 오류가 있을지도 모른다고 생각하지 않았다. 아들 피터에게 필요한 건 단 하나, 아빠에게 솔직한 감정을 표현해도 될 만큼 안전하다고 느끼는 것임을 마이클이 알았다면 그런 싸움은 아예 일어나지 않았을 것이다. 또한 그 어떤 훈육도 필요하지 않았을 것이다.

아이들이 자기 마음을 솔직하게 말해도 될 만큼 안전하다는 느낌을 받지 못하면 두 가지 움직임이 일어난다. 하나는 솔직한 느낌을 숨긴다. 그들 마음에서 일어나는 일을 표현해도 인정받지 못하고, 어쩌면 위험해질 수도 있다고 생각하기 때문이다. 다른 하나는 말썽을 피움으로써 자기가 속마음과 분리된 상태임을 표출한다. 부모가 아이의 감정을 제대로 존중하지 않으니 아이도 부모의 감정을 무시해버린다. 이것이 그토록 많은 부모와 자녀 사이에 소통이 단절되는 원인이다.

오늘도 얼마나 많은 가정에서 10대 자녀와 친해지고 싶은 부모가 저녁에 아이에게 이렇게 묻는가?

"오늘 학교에서는 어땠어?"

그러면 10대 자녀는 무심하게 대답한다.

"괜찮았어. 나 오늘 영화 보러 가도 돼?"

완전한 단절이다.

10대가 이런 식으로 부모의 접근을 차단하는 것은 정상이며 독립적인 사람이 되어가는 여정의 건강한 일면이라고 말하는 아동 심리학자들도 있다. 일부 양육 관련 책에서도 이렇게 주장한다. 하지만 이는 진실이 아니다.

독립적인 사람이 되는 것은 다른 사람을 차단하는 것과는 아무 관련이 없다. 독립적인 사람이 된다는 것은 다른 사람들과 밀접하게 연결되어 있으면서도 자신에게 진실할 수 있다는 뜻이다. 우리는 어느 발달 단계에 있든 최선을 다해 자신에게 충실하면서 동시에 의미 있는 유대관계도 누릴 수 있다. 독립적인 사람이 되는 건 마음을 더 열고 함께 나누는 것이지 거리를 두고 마음을 닫아버리는 게 아니다. 물론 아이들이 성장함에 따라 사생활을 존중받고 싶은 욕구가 생기고, 부모를 배제한 독립된 관계를 형성하기도 한다. 이는 건강한 모습이다. 하지만 그것이 곧 부모나 형제자매와의 유대관계가 약해진다는 의미는 아니다.

과거에는 부모가 자녀에 대해 모르는 게 없어야 한다고 생각했다. 아이가 어릴 때는 그럴 필요가 있다. 하지만 아이 스스로 자기 삶을 조정할 수 있겠다는 믿음이 커지면, 부모는 경사진 직선 그래프처럼 서서히 아이를 떼어놓을 필요가 있다. 우리가 이 자연스러운 과정을 존중하면 아이들은 자기 삶의 여러 면 중 부모가 알아야 할 부분은 알려주려 할 것이다. 프라이버시를 침해한다고 부모를 원망하는 일도 없을 것이다. 아니면 반대로 정서적인 면에서 제대로 도움을 주지 않고 그들이 중요하다고 여기는 것에 아무 관심이 없다고 우리를 원망하는 일도 없을 것이다.

열두 살 난 한 여자아이가 생각난다. 내 앞에 앉아 두려움에 떨던 아이다. 아이의 부모는 아이가 성적을 숨겨왔다며 상담 치료를 의뢰했다. 부모는 성적 외에 아이가 더 많은 것을 숨기고 있을까봐 걱정했다. 아이는 부모와 함께 있는 자리에서는 성적을 숨긴 이유를 말하려 하지 않았다. 나는 부모에게 잠시 아이와 단둘이 이야기를 나누게 해달라고 부탁했다. 부모가 나가자 아이의 에너지가 밤과 낮처럼 확 바뀌었다. 아이는 곧장 어깨의 긴장을 풀고 눈물을 닦았다.

"엄마 아빠에게 말하는 게 너무 어려워요. 저는 부모님이 무서워요. 두 분은 절대 이해 못 해요. 부모님에겐 제 행복보다 교육이 우선이니까요. A를 받는 것보다 더 중요한 건 없어요. 제가 성적을 안 좋게 받아올 때마다 부모님이 저를 너무 못마땅해서 도망가고 싶을 정도예요. 이제 어떻게 해야 할지 모르겠어요."

아이가 털어놓았다.

나는 부모에게 아이가 그들과 소통하지 않는 이유는 속마음을 털어놓고 싶지 않아서가 아니라 그렇게 하면 위험해진다고 느껴서라고 알려주었다. 또한 자녀가 10대가 되면 부모는 무대의 중심에서 벗어나 지원하는 역할로 옮겨갈 필요가 있다고 설명했다.

"부모님이 딸의 동지가 되어주셔야 할 때예요."

내가 강조했다.

"난 절대 아이의 친구가 되지 않을 거예요. 나는 그 애 엄마라고요."

아이 엄마가 격하게 말했다. 부모와 아이 사이의 경계를 흐리고 싶지 않아한다는 점에서 이 엄마의 정서적 방향은 옳았으나 내가 하는 말의 본질을 놓치고 있었다.

"동지가 된다는 게 어떤 식으로든 경계를 흐린다는 의미는 아니에요. 저는 딸의 친구가 되라고 말씀드리는 게 아니에요. 게다가 당신은 너무 '엄마 역할'에만 집착하고 있어요. 그래서 딸이 답답하다고 느끼고 어린애가 된 것 같은 느낌을 받는 거예요. 엄마가 자기 이야기를 존중해줄 거라 믿고 다가가는 게 아니라, 엄마가 만지지 말라고 한 쿠키를 몰래 가져간 어린애처럼 자꾸 숨기는 거예요."

내가 설명했다.

지금까지도 이 엄마는 자기가 생각하는 부모 역할에서 빠져나오는 법을 이해하는 데 어려움을 겪고 있다. 그리고 10대 딸은 미성숙한 방식으로 계속 문제를 일으킨다. 엄마는 여전히 무언가를 '아이와 함께' 하는 것이 아니라 '아이에게' 하도록 주입하는 분위기다. 아이는 부모와 연결되어 있으면서도 자립심도 키우고 싶은 욕구가 커져만 가는데 엄마가 이를 존중할 줄 모르니 갈수록 더 비뚤어진 행동을 한다. 건강한 방식으로 욕구를 채우지 못할 때 아이들은 어떻게든 그 욕구를 충족할 방법을 찾는다. 안타깝게도 그 방법은 자기를 망가뜨리는 형태일 때가 많다. 가까운 사람들의 삶에 혼란을 초래하는 건 말할 것도 없다.

부모들은 한탄한다.

"10대가 되더니 아이가 괴물로 변했어요."

괴물은 하루아침에 생겨나지 않는다는 걸 이들은 모른다. 10대 시절이 폭발적일 수 있는 건 이즈음이면 아이들이 점점 더 자유로워지고 자신을 표현하는 능력도 생겨 오랫동안 마음에 쌓아온 것들을 마침내 풀어놓아도 되겠다고 느껴서이다.

10대 아이들은 아직도 다섯 살배기 꼬마 같은 대우를 받을 때가 많으며 철 좀 들라는 소리를 듣는다. 학교의 경우를 봐도 열여섯 살이나 된 아이들이 여전히 화장실 가는 것을 허락받아야 한다! 당신이 이런 대접을 받는다면 과연 어른스럽게 느껴질까?

이런 아이는 괴물이 아니다. 진짜 괴물은 충족되지 못한 채 산처럼 쌓인 욕구들이다. 자라는 동안 부모로부터 적절한 대응을 받지 못한 10대는 마침내 결심한다. 이제 나이를 더 먹었으니 자신을 스스로 챙기겠다고. 문제는 건강한 방식으로 그렇게 하는 법을 모른다는 것이다. 그래서 위험한 친구를 사귀고 해로운 선택을 한다. 이런 일이 충족되지 않은 욕구 때문임을 짐작도 못하는 부모에게 이 시기는 악몽과 같을 수 있다.

아이들에게 나타나는 문제 행동은 언제나 충족되지 못한 욕구와 관련이 있다. 속임수를 쓰거나 노골적인 거짓말을 하는 것도 그 뿌리에는 채워지지 않은 욕구가 있다. 저스틴의 경우가 그랬다.

∨
∨

저스틴의 엄마는 상담 치료를 받으러 왔을 때 이미 격분한 상태였다. 저스틴이 계속해서 좋지 않은 일을 벌이다 최근엔 엄마 지갑에서 200달러를 훔친 것이다. 아들의 이런 행동을 감당할 수 없었던 엄마는 아들을 기숙학교에 보낼 생각이었다.

나는 어느 아이든 적당한 조건이 갖춰지면 진실을 말하고 싶어한다고 굳게 믿기에 저스틴을 따로 만났다. 예상한 대로 저스틴은 처음부터 마음을 터놓았다. 자신의 잘못된 행동에 대해서도 주저 없이 털어놓다. 엄마 지갑에서 훔친 돈은 고급화학 과외를 받는 데 썼다고 했다. 아버지가 화가 나면 아주 엄한 벌을 주는데, 자기가 화학을 잘하지 못해서 아버지가 불같이 화를 낼까봐 겁이 났다고 했다. 이렇게 무척 솔직하게 시인하는 모습은 내가 상담해본 아이들 대부분에게서 나타나는 전형적인 모습이다.

"제가 한 일이 잘못됐다는 거 알아요. 저는 바보가 아니니까요. 하지만 우리 아빠 같은 사람과 사는 이상 저는 매일 절벽에서 뛰어내리고 싶은 심정이에요. 엄마 말대로 저는 세상 쓸모없는 '찌질이'인지도 몰라요. 차라리 사라져버리는 게 나을 수도 있어요."

저스틴이 말했다.

방안에 침묵이 감돌았다. 내가 보고 있는 건 도둑의 눈이 아니었다. 나는 자신의 욕구를 채워주지 않는 가족 때문에 부정한 방법으로 내몰린, 인정에 목마른 아이를 바라보고 있었다.

나는 채워지지 않는 정서적 욕구 때문에 자포자기의 심정으로 술을 마시거나, 굶거나, 물건을 훔치거나, 약물을 과다 복용하는 아이들을 수도 없이 만났다. 자해, 거짓말, 남을 괴롭히거나 괴롭힘을 당하는 등 이런저런 방식으로 말썽을 피우는 아이들을 얼마나 많이 보았는지 모른다.

이 모든 정신적 외상은 대개 부모인 우리가 과거에 자기가 길러진 방식과 다르게 아이를 키우는 법을 모르기 때문에 생기는 결과다. 아이들이 우리가 자랄 때 받은 상처를 일깨우면, 우리가 할 줄 아는 건 힘으로 짓누르는 것뿐이다. 그 결과 이 세상은 상처받고 힘없는 문제아들로 가득하다. 그 아이들이 자라서 어른이 되면 과거에 당했던 횡포를 자녀에게 또 대물림한다.

많은 부모가 아이들을 통제하려다 보니 아이들과 갈등을 겪지만, 한편으로는 과거의 불쾌한 기억이 떠오르기 때문에 갈등을 두려워하기도 한다. 갈등을 두려워하는 모습의 한 예가 바로 경계와 한계를 정하는 것이 필요한데도 이를 회피하는 경우다. '나쁜 사람'으로 비치는 불편함이 싫어서 아이에게 "안 돼"라고 말해야 할 때도 단호하게 그러지 못한다.

그러다 상황이 점점 악화되면 아이가 폭군으로 변한다. 자기에게 엄청난 힘이 있다는 비현실적인 착각에 빠져 부모를 폭발하게 만들거나, 아니면 심하게 일탈적인 행동을 해 집이나 학교 혹은 지인들에게 엄청난 피해를 준다. 모든 아이에겐 자신을 너끈히 받아들여줄 큰 그릇이 필요하고, 부모가 그 그릇이 되어주어야 한다. 그런데도 부모들은 자신의 잠재된 욕구가 이를 방해하게 내버려둠으로써 아이에게 몹쓸 짓을 한다.

혹시 겉으로 드러나는 아이의 행동만을 문제삼고 있지 않은가?

☐ 10대 자녀를 둔 부모는 아이의 자율성을 키워주고 싶어하지만, 아이가 부모에 대한 존경심이 부족한 듯한 기미가 보이면 당장 더 강하게 단속하려 든다. 그러다 보니 마음은 아이와의 교감을 간절히 원하지만 몸은 아이를 밀어내는 방향으로 행동하는 악순환에 빠진다.

☐ 만약 10대 딸이 엄마에게 바보라고 하고 엄마가 그 말을 곧이곧대로 받아들여 아이를 나무라면 모든 대화가 중단될 것이다. 이럴 때 아이의 무례한 언행은 '엄마는 나를 이해하지 못해' 같은 의미를 전달하려는 방식에 불과하다는 사실을 기억하자.

☐ 질책하고 벌을 주면 솔직한 대화는 완전히 사라지거나 줄어들 수밖에 없다. 그렇게 되면 우리는 아이들이 그토록 차갑게 거리를 두는 이유를 알지 못하게 된다.

☐ 부모는 아이들이 자기 문제를 털어놓을 수 있는 안전한 공간을 마련해줘야 한다. 여기서 '안전'하다는 것은 아이가 심판, 질책, 벌을 받지 않고 말하고 싶은 것은 무엇이든 말할 수 있다는 의미이다.

☐ 아이가 어떤 행동을 하는 이유는 우리가 상상하는 것과 전혀 다를 수 있다. 이 점은 아무리 강조해도 부족하다.

☐ 아이들이 자기 마음을 솔직하게 말해도 될 만큼 안전하다는 느낌을 받지 못하면 두 가지 움직임이 일어난다. 하나는 솔직한 느낌을 숨긴다. 다른 하나는 말썽을 피움으로써 자기가 속마음과 분리된 상태임을 표출한다.

☐ 건강한 방식으로 욕구를 채우지 못할 때 아이들은 어떻게든 그 욕구를 충족할 방법을 찾는다. 안타깝게도 그 방법은 자기를 망가뜨리는 형태일 때가 많다.

☐ 아이들의 모든 정신적 외상은 대개 부모인 우리가 과거에 자기가 길러진 방식과 다르게 아이를 키우는 법을 모르기 때문에 생기는 결과다.

☐ 모든 아이에겐 자신을 너끈히 받아들여줄 큰 그릇이 필요하고, 부모가 그 그릇이 되어주어야 한다.

19장

규칙에 관한 규칙

○

"정말로 인생을 사는 데 아무 지장 없는 것들로
아이와 싸우고 싶으세요?"
나는 부모들에게 이렇게 묻는다.
삶을 지속하는 데 필수적인 활동은
양치질, 목욕, 읽고 쓰는 법 배우기,
예절을 통해 사회적 품위 갖추기, 다른 사람 존중하기 등이다.
이런 능력은 아이가 삶의 복잡성에 대처할 수 있게 해준다.

"아이의 행동에 대해 어떤 규칙을 세워야 할까요?"

많은 부모가 이렇게 묻는다.

그럴 때 내가 "안전에 관한 규칙만 세우면 되죠. 우리 집엔 안전과 관련된 규칙밖에 없어요"라고 대답하면 모두 놀란다.

나는 안전이야말로 아이의 인생에서 협상할 수 없는 측면이라고 본다. 다만 우리가 부모로서 주의할 점이 있는데, 공에 맞을까봐 겁내는 것과 같은 자신의 두려움을 쏟아내려고 하면 안 된다. 산다는 건 어느 정도 위험을 감수하는 일이다. 우리의 어린 시절이나 우리가 아는 다른 누군가의 경험에서 비롯된 두려움이 아이의 모험 정신을 억누르지 않도록 해야 한다. 인생을 대담하게 살아가는 용기는 충만한 삶을 살기 위한 필수 조건이다.

많은 부모가 그러하듯 나도 과거엔 규칙이라는 무기에 의지했다. 하지만 어느 순간부터 내가 더 많은 기대를 드러내며 규칙을 정하면 아이가 더 올바르게 행동할 거라 상상하는 '규칙 중독자'가 되어가는 것을 느꼈다. 여기서 '더 올바르게 행동한다'는 건 당연히 아이가 부모의 말을 더 잘 따른다는 뜻이다. 단기적으로는 그런 통제가 통할지 몰라도 결국엔 아이들이 거부하고 끝내 방황하게 된다는 걸 우리는 깨닫지 못한다.

우리가 아이들과 겪는 갈등은 대부분 인생에서 전혀 중요하지 않은 사소한 측면에서 일어난다. 우리는 작은 것에 매달리느라 아이 발달에 정말로 중요한 것들을 놓친다. 그래서 나는 아이들의 활동을 두 개의 범주로 구분한다. 하나는 삶을 지속하는 데 필수적인 것들이며, 다른 하나는 선택의 여지가 있는 것들이다.

나는 부모들에게 이렇게 묻는다.

"정말로 인생을 사는 데 아무 지장 없는 것들로 아이와 싸우고 싶으세요?"

삶을 지속하는 데 필수적인 활동은 양치질, 목욕, 읽고 쓰는 법 배우기, 예절을 통해 사회적 품위 갖추기, 다른 사람 존중하기 등이다. 이런 능력은 아이가 삶의 복잡성에 대처할 수 있게 해준다. 여기에 포함된 활동은 단순히 부모의 개인적 취향을 반영한 것이 아니라 아이의 건강한 발달에 꼭 필요한 것들이며, 아이에게 부모가 이끄는 대로 따르라고 요구할 수 있다.

반면에 아이가 자라서 수영 선수로 활약하거나 과학자가 되거나 멋진 자동차를 운전하거나 화려한 집에 사는 것 등은 인생을 살아가는 데 반드시 필요한 건 아니다. 우리가 이 차이를 분명히 받아들이면 피아노나 바이올린 배우기, 발레 수업, 내신 1등급 때문에 싸울 일이 없다.

물론 공부를 잘하면 어떤 아이들에겐 도움이 된다. 하지만 세상에서 경제적으로 크게 성공한 사람들 중엔 학교 성적이 형편없었던 사람이 많다. 또한 뒤늦게 명확한 목표와 관심 주제가 생겨 다시 학교로 돌아가 뛰어난 실력을 발휘하는 사람도 무척 많다.

우리는 인생에 필수적이지 않은 이런 것들을 문제삼지 않음으로써 아이가 자연스럽게 흥미를 일으킬 공간을 만들 수 있으며, 이것이 진정한 성공에 이르도록 하는 열쇠다.

하지만 인생에 필수인 활동이라도 부모가 자기만족을 위해 아이를 압박하면 아이가 자연스럽게 성장하지 못하고 조종당하게 되고, 그만큼 아이에게는 해가 된다. 사는 데 꼭 필요한 교육을 받는 문제가 아니라 반드시 반에서 1등을 해서 예일대나 하버드대 같은 명문대학교에 들어가야 하는 문제가 되기 때문이다. 몸이 가뿐해지기 위해 즐겁게 달리는 것이 아니라, 세계 신기록 보유자 우사인 볼트처럼 되어야 한다는 압박감이 생긴다. 기본적인 사교 능력을 기르는 것이 아니라 사교클럽에 모이는 세련된 무리와 인맥을 쌓는 것이 중요해진다. 이렇듯 우리는 본질을 흐려 아이들이 갈 길을 잃어버리게 한다.

인생에 필수인 활동들은 흑백 양자택일로 중간이 없다. 반면 인생을 더 풍요롭게 해줄 수는 있으나 필수적이지는 않은 활동들은 회색 지대에 속한다. 이런 활동의 경우 부모가 아이의 기호에 맞춰주면 아이는 부모가 자기 의견을 귀담아듣고 존중한다는 느낌을 강하게 받는다.

패스트푸드를 먹겠다는 아이에게 채소를 먹이는 건 건강한 삶을 유지하는 데 필수적인 활동이다. 하지만 우리는 아이가 브로콜리는 참아내도 콩은 너무 싫어한다거나 하는 점을 존중해야 한다. 아이가 먹을 채소의 종류와 양을 서서히 늘려가야지, 아이가 거부하는 음식을 강요하면 안 된다. 우리가 굴이나 간 등 먹으면 토할 것 같은 음식을 도저히 참고 먹을 수 없는 것과 같은 이치이다. 아이들이 특정 음식을 거부하는 건 단순히 맛 때문만은 아니다. 식감과도 관련이 있다. 맛을 느끼는 미각 세포인 미뢰가 모두 똑같은 것은 아니며, 세포 수도 다르다는 것이 과학으로 증명되었다. 훨씬 많은 수의 미뢰를 가진 사람도 있다. 이는 다른 사람들은 잘 느끼지 못하는 질감도 감지한다는 뜻이다. 그러니 내가 맛있게 먹은 음식을 다른 사람들도 모두 맛있게 먹을 수 있다고 고집하는 것은 옳지 않다.

아이의 발달 과정에 필수적이지 않고 선택해도 되는 것들엔 아이가 좋아하는 취미, 친구 그리고 궁극적으로 직업도 포함된다. 이런 것들을 선택할 때 부모의 선호는 중요하지 않다. 그러나 안타깝게도 많은 부모가 경계를 침범해 아이 스스로 결정하지 못하게 방해한다. 특히 아이가 어릴 때는 '내 아이가 다양한 활동을 접하게 한다'는 핑계로 그렇게 한다. 아이의 피아노 레슨이나 댄스 수업 혹은 다른 활동에 부모가 시간과 비용을 많이 들이는 터라, 아이가 이를 밀어내면 전쟁이 일어난다. 부모가 자신의 바람을 아이에게 강요하다보니 훈육이 시작된다.

어떤 부모는 아이가 성공하려면 과학을 잘해야 한다고 주장할지 모른다. 과학을 잘하지 못하면 성공할 수 없다고 생각하는 부모의 머릿속에선 과학이 삶을 살아가는 데 필수인 활동이 되어버린다. 그 결과 아이의 미래를 위해 과학이 중요하다는 생각으로 아이에게 과학 수업을 몇 시간이고 받게 한다. 아이가 과학을 포기한다는 건 그런 부모로서는 생각할 수도 없는 일이다. 하지만 과학이 인생에 필수적이라는 생각은 그 부모의 머릿속에서만 진실이다.

종교는 좀더 까다로운 주제다. 많은 가정이 종교를 인생에 필수적이라고 여기기 때문이다. 하지만 정말 그럴까? 만약 부모가 자기가 믿는 종교를 아이들도 반드시 따라야 한다고 믿는다면, 아이가 종교를 갖지 않는 것을 포함해 다른 여러 가지 대안 중에서 스스로 선택하게 하는 편이 이로울 수 있다는 생각은 절대 하지 못할 것이다. 나는 가족과 다른 종교를 선택했다가 가족에게 외면당한 자녀들의 사례를 많이 알고 있다. 또한 부모의 종교적 신념 때문에 자신이 동성애자임을 밝히길 두려워하는 사람들뿐만 아니라, 부모가 그들의 성적 지향을 '죄악'으로 여겨 집에서 쫓겨난 이들도 많다. 어떤 활동이나 관습이 정말로 인생에 필수적인지를 판단하는 건 내 역할이 아니다. 하지만 아이가 보기에 인생을 사는 데 꼭 필요하지 않은 활동에 대해서는 아이 스스로 선택할 수 있게 해줄 필요가 있다. 부모는 그것이 꼭 필요하다고 생각하더라도 말이다.

규칙 대신 온 가족이 참여하는 하나의 문화를 만들 수도 있다. 여기서 내가 말하는 '문화'란 선택의 여지가 없는 활동들을 누가 시키지 않아도 모두가 알아서 하는 것을 뜻한다.

예를 들어 우리 가족은 자기 전에 모두 이를 닦는다. 양치질은 삶을 유지하는 데 필수적인 활동인 만큼, 우리는 모두 양치질을 해야 정상이라고 여기고 서로에게 양치질을 하라고 말할 때 아무런 죄책감을 느끼지 않는다. 그렇게 우리는 자기 전에 늘 해야 하는 일들을 정했고, 그중에 절대 빠뜨리지 않는 것이 바로 양치질이다.

이런 식으로 부모가 어떤 행동을 꾸준히 하면 그것이 자연스러운 일과가 된다. 목욕이나 샤워하기, 옷이나 사용한 장난감 제자리에 정리하기, 음식을 먹고 난 뒤 그릇 치우기 등은 나이에 맞는 수준에서 삶을 지속하기 위해 누구나 해야 하는 활동이다. 그런 의미에서 이런 것들은 아이에게 시키는 '사소한 일'이 아니며 살림을 꾸려가는 데 꼭 필요하다.

규칙은 부모가 아이에게 특정 요건을 강요하는 양육 방식을 내포하는 반면, 가족 문화는 모든 구성원이 참여한다는 점에서 훨씬 더 매력적이다. 나는 양육이란 부모가 인위적으로 '규칙'을 강요하려는 욕구를 버리고 가정생활 안에서 자연스럽게 유기적으로 대처하는 방식이라고 보고 싶다.

같은 맥락에서 아이의 안전은 가정생활에서 협상이 불가한 측면이다. 아이는 아빠 엄마가 서로를 지켜주고 가족 모두를 안전하게 보호하는 모습을 지켜본다. 자동차에 타면 편안하든 불편하든 무조건 안전띠를 매는 것이 그런 예다.

내가 집안에서 규칙을 거론하지 않는 이유가 이제 이해되는가? 나는 가족이 살아가는 방식이 자연스럽게 두 개의 범주, 즉 삶을 지속하는 데 필수적인 활동과 삶을 풍요롭게 만들어주지만 하지 않아도 사는 데 별 지장이 없는 활동으로 나뉜다는 사실을 알게 되었다. 가정 안에서 살아가는 방식, 즉 모든 구성원이 참여하는 가족 문화를 만들면 규칙은 필요 없어진다.

10대 아이들이 규칙을 어떻게 받아들이며 규칙에 대해 얼마나 긴장하는지 생각해본다면 내가 규칙을 멀리하는 이유를 잘 알 수 있을 것이다. 10대 아이들이 싫어하는 것이 딱 하나 있다면, 그건 바로 지시를 받는 것이다.

10대 아이들은 이제껏 부모님과 선생님의 말씀을 들어야 했던 터라, 규칙에 대해 거의 진저리를 친다. 그게 당연하다! 우리 어른들도 누군가의 꼭두 각시가 된 기분이 들면 저항하는데, 10대 아이들이라고 그러면 안 될 이유가 없지 않은가.

아이들이 좀더 자라면 부모가 중요하게 여길 것은 딱 하나, 아이와의 관계뿐이라는 점을 명심해야 한다. 이 단계에서는 그게 중요하다. 규칙은 10대의 싹 트는 독립심과 충돌한다. 10대는 세상으로 나갈 준비를 하느라 자율성이 강해지는 시기다. 그러니 부모가 10대 자녀에게 규칙을 강요하는 건 절대 이길 수 없는 싸움을 부추기는 격이다.

부모가 규칙이 필요하다고 느끼는 건 본보기를 제시하며 아이들을 이끌 자신이 없어서다. 우리가 삶을 명확히 이해하여 목적과 방향성을 가지고 진실하고 일관되게 살아간다면 우리의 존재 자체가 아이들을 이끄는 빛이 된다. 규칙이라는 외부의 힘이 아닌 우리의 존재에서 나오는 힘으로 아이들을 이끌게 되는 것이다. 그리고 그 힘은 우리가 아이들과 즐거운 교감을 나눌 때 발휘된다. 다시 말해 마치 삼투압 현상이 일어나듯 부모와의 교감을 통해 서서히 터득하게 하는 것이 아이들에게 가장 좋은 교육법이다.

아이의 행동에 관해 당신이 세운 규칙은 무엇인가?

☐ 부모는 인생에 필수적이지 않은 것들을 문제삼지 않음으로써 아이의 흥미가 자연스럽게 생겨날 공간을 만들 수 있으며, 이것이 아이의 성공에 이르는 열쇠다.

☐ 아이의 행동에 대해서는 단지 '안전에 관한 규칙'만 세우면 된다.

☐ 우리가 아이들과 겪는 갈등은 대부분 인생에서 전혀 중요하지 않은 사소한 측면에서 일어난다. 우리는 작은 것에 매달리느라 아이 발달에 정말로 중요한 것들을 놓친다. 그래서 나는 아이들의 활동을 두 개의 범주로 구분한다. 하나는 삶을 지속하는 데 필수적인 것들이며 다른 하나는 선택의 여지가 있는 것들이다.

☐ 인생에 필수인 활동들은 흑백 양자택일로 중간이 없다. 반면 인생을 더 풍요롭게 해줄 수는 있으나 필수적이지는 않은 활동들은 회색 지대에 속한다.

☐ 규칙은 10대의 싹 트는 독립심과 충돌한다. 10대는 세상으로 나갈 준비를 하느라 자율성이 강해지는 시기다. 그러니 부모가 10대 자녀에게 규칙을 강요하는 건 절대 이길 수 없는 싸움을 부추기는 격이다.

☐ 부모가 규칙이 필요하다고 느끼는 건 본보기를 제시하며 아이들을 이끌 자신이 없어서다.

20장

반항하는 10대를 상대하는 법

。

내게 이렇게 털어놓은 아이도 있다.
"저는 부모님의 관점을 존중하지 않아요. 이해가 안 되거든요."
이런 상황에서 부모는 다음과 같은 결론을 내리기 쉽다.
'아이가 인생을 망치려고 하는데 두고볼 수는 없지.
실패를 향해 달려가는 아이에게 부모의 권위를 보여줘야겠어.'
그런 다음 부모가 가진 유일한 무기인 심한 벌을 줌으로써
아이로 하여금 더 소외감을 느끼게 한다.

많은 10대가 부모와 멀어지고, 어떤 경우엔 학교를 자퇴하거나 위험한 행동에 가담해 범죄를 저지르기도 한다. 폭력 조직에 가입하고 집에서 멀리 도망치기도 한다.

부모는 바쁜 일상과 근심, 아이를 위한 여러 계획에 몰두하느라 10대 자녀가 스스로를 해치는 방향으로 나아가는 조짐을 자주 놓친다. 부모와 자녀 사이에 심각한 균열이 일어나고 있음을 보여주는 몇 가지 징후를 살펴보자.

10대가 되면 약속했던 귀가 시간을 종종 어긴다. 이럴 때 부모가 다음과 같이 생각하면 안 된다.

'이건 예상치 못한 행동이야. 도저히 받아들일 수 없어. 요새 애가 계속 말을 안 듣고 반항적이기까지 해. 바로잡아야겠어.'

이보다는 아이가 규칙에 신경 쓰기 어려울 만큼 대단히 흥미로운 뭔가를 하고 있어서 그럴 거라고 생각해야 한다. 아마도 아이는 속으로 이런 생각을 하고 있을 것이라고 말이다.

'엄마 아빠의 규칙은 더 이상 나한테 통하지 않아. 나는 어린애가 아니니까.'

귀가 시간을 어기는 또다른 이유는 아이가 그것이 왜 필요한지 이해하지 못하고 단지 통제 수단에 불과하다고 여기기 때문일 수도 있다. 그리고 많은 경우 아이의 생각이 옳다. 부모는 종종 없어도 되는 규칙을 만든다. 그러니 모든 규칙의 숨은 의도를 다시 한 번 점검해보는 것이 현명하다. 그 규칙이 아이의 전인적 발달에 정말로 최선인지를 따져봐야 한다.

10대 자녀가 귀가 시간을 어기면, 지혜로운 부모는 그날 밤이 아니라(그날 밤은 아이가 안전하게 집에 돌아온 것을 반겨야 할 때다.) 다음날 아이와 솔직한 대화를 나눌 수 있는 자리를 마련하고 서로가 원하는 바를 모두 충족시킬 가장 좋은 방법을 찾는다. 부모로서 아이가 아무렇게나 행동하도록 그냥 둘 수가 없으니 이런 식으로 이야기를 꺼내볼 수 있다.

"네가 무슨 생각을 하는지 엄마가 이해하려면 네가 도와줘야 해. 서로 공감하는 부분을 찾아보고 각자 염려하는 부분을 해결할 방법도 이야기해보자."

이렇게 부모가 공격적이지 않은 태도로 접근하면, 10대 자녀는 서로에게 효과적인 해결책을 찾는 데 더 적극적인 모습을 보인다. 아이는 자신의 귀가 시간이 다가올 때쯤 부모가 전화로 알려주지 않으면 잊어버리는 경향이 있음을 깨달을 수도 있다. 그 경우 부모가 앞으로 전화를 해주겠다고 할 수도 있고, 휴대전화 알람을 이용하는 방법을 알려줄 수도 있을 것이다.

좋지 않은 집안 상황에서 벗어나기 위해 집을 멀리하는 10대도 있다. 이때는 부모가 아이에게 적대적인 환경을 만들고 있음을 깨닫고 변화를 주기 위한 시도를 해야 한다. 부모가 아이의 솔직한 피드백에 마음을 여는 것이 중요하다. 서로 의견을 공유해서 나온 결정이면 10대 자녀도 진심으로 믿고 따를 것이다.

허심탄회한 대화를 나눴다고 생각했는데도 아이가 계속 귀가 시간을 어기면 어떻게 해야 할까? 이는 아이가 부모와 단절된 느낌을 받고 있다는 확실한 신호다. 그래서 부모가 걱정을 늘어놓아도 귀담아듣지 않는 것이다.

∨

내게 이렇게 털어놓은 아이도 있다.

"저는 부모님의 관점을 존중하지 않아요. 이해가 안 되거든요. 부모님도 저를 존중하지 않을뿐더러 이해하지도 못하는 것 같아요."

이런 상황에서 부모는 다음과 같은 결론을 내리기 쉽다.

'아이가 인생을 망치려고 하는데 두고볼 수는 없지. 실패를 향해 달려가는 아이에게 부모의 권위를 보여줘야겠어.'

그런 다음 부모가 가진 유일한 무기인 심한 벌을 줌으로써 아이로 하여금 더 소외감을 느끼게 한다. 그러니 미국에서만 열 살에서 열여덟 살 아이 7명 중 1명이 어느 시점에 가출을 하고, 100만~300만 명의 아이들이 거리에서 지내고 있다는 건 놀랄 일이 아니다.

이때 부모가 해야 할 일은 귀가 시간을 무시한다든가 하는 방법으로 점점 강도가 높아가는 아이의 도움 요청에 귀를 기울이는 것이다. 집중해서 진심으로 대화를 나누는 것밖에는 방법이 없다. 대화를 통해 서로의 고민을 들여다보고 왜 타협점을 찾지 못하는지 살펴봐야 한다.

이 방법에서 성공을 거두기 위해 숙련된 심리 치료사 같은 전문가의 도움이 필요할 때도 있다. 갈등을 겪고 있는 두 당사자가 전문가의 중재를 통해 비로소 서로의 관점을 이해하기도 한다. 궁극적으로는 지금까지의 접근법이 10대 자녀가 수긍할 만한 일관된 규칙에 기반한 것이 아니었음을 부모 스스로 인정할 필요가 있다.

10대 자녀가 수업을 빼먹고 담배를 피우면 부모는 어떻게 반응하는가? 10대의 관점에서는 자기 권리를 주장하는 방법으로서 이런 행동을 시도해보는 것이다. 솔직하게 말하면, 자기가 무슨 행동을 하는지 잘 모르는 매우 혼란스러운 상태. 수업에 빠지고 담배를 피우는 행동은 둘 다 '쿨하다'는 느낌을 준다고 생각하기 때문에 방황하는 마음에 일시적인 위안을 줄 수 있지만, 사실 부모에게 빨리 도와달라고 간절히 외치는 것이다. 아이는 이렇게 말하는 것이나 다름없다.

'겁내지 말고 저에게 말을 걸어주세요. 이런 해로운 행동을 그만두게 도와주세요!'

하지만 아이의 잘못된 행동 뒤에 이런 메시지가 숨어 있음을 알지 못하는 부모는 당연히 이렇게 반응하기 쉽다.

'내 아이가 어떻게 이럴 수 있어? 애 때문에 동네에서 얼굴을 들고 다닐 수가 없어. 이제 학교에서 쫓겨나고 대학도 못 가겠지.'

이런 반응에 이어 외출 금지, 휴대전화 압수, 텔레비전 시청과 컴퓨터 사용 금지와 같은 벌을 주면, 아이는 부모가 자기보다 학교 성적과 남의 평판을 더 중시한다는 뜻으로 받아들인다.

이럴 때일수록 아이와 다시 교감하며 아이가 불만을 더 건강한 방식으로 해소하도록 도와야 한다. 아이와 집에서 더 많은 시간을 보내고, 아이가 학업과 사회생활, 가족과의 삶을 좀더 유기적으로 연결할 수 있도록 학교가 아닌 다른 방식의 교육법을 고려해볼 수도 있을 것이다. 함께 심리 치료를 받는 것도 방법이다.

지금까지 살펴본 사례들에서 아이가 어떤 행동을 했을 때 그 기저에 깔린 의도는 하나같이 부모가 상상하는 바와 달랐다. 또한 아이가 원하는 것은 부모의 기준과 완전히 어긋나니 의견 충돌이 일어날 수밖에 없다. 아이는 언제나 욕구에 따라 움직이며, 부모가 바로잡고 돌려놓아주기를 원한다. 차이점이 있다면 아이에겐 부모의 욕구를 채워줘야 할 의무가 없다는 것이다. 부모의 욕구는 부모 스스로 채워야 한다. 하지만 부모에겐 아이가 여러 가지 감정을 처리하도록 도울 의무가 있다.

아이가 이상한 행동을 하는 건 자기가 진짜 어떤 사람인지를 잊어버렸다는 신호다. 규칙을 세워봐야 도움이 안 되는 것도 바로 이 때문이다. 중요한 건 규칙이 아니라 교감이다. 아이가 자기 내면과 교감하고, 부모가 아이와 교감하는 것이 중요하다.

가정에서뿐만 아니라 교육이 진정한 효과를 내기 위해서도 교감은 중요하다. 모든 학교가 규칙에 초점을 맞추기보다 아이들과 교감을 나누려고 애쓰는지 생각해보자. 안타깝게도 많은 학교가 학생들과 진정한 교감을 나누지 못하고 규칙을 점점 더 늘리는 것 같다.

아이에게서 완전히 소외된 부모는 어떻게 아이와 다시 연결될 수 있을까? 2013년 5월 어머니날 BBC 텔레비전 시리즈 『송즈 오브 프레이즈Songs of Praise』에 나온 한 이야기가 그 길을 가르쳐준다.

∨
∨

당시 방송에 미미 애셔라는 여성이 출연했다. 집에 경찰이 찾아와 아들 마이클이 범죄 조직에 가담했다며 마이클을 만나게 해달라고 요청하기 전까지 미미는 아들의 심각한 상황을 전혀 몰랐다. 아들은 동네에서 악명 높은 폭력 조직에 가입한 상태였다.

미미의 머리에선 경고음이 울렸고, 당연히 깊은 우울감에 빠졌다. 그때 뭔가 해야 한다는 생각이 들었다. 하지만 아들에게 다가가기는 어려웠다. 아들은 엄마에게 아무 이야기도 하려 들지 않았다. 미미는 아들에게 다가갈 방법은 아이 친구들을 통하는 것밖에 없다고 생각했다.

그녀는 거실에 있던 가구를 싹 치우고 집안에 넓은 공간을 마련했다. 편안한 안락의자와 다른 가구들이 있던 자리에 당구대와 텔레비전, DVD 장비를 놓았다. 그런 다음 아들의 친구들을 집으로 초대해 편안하게 지내라고 했다.

그 패거리가 집에 드나들기 시작하자, 미미는 그들 한 명 한 명과 천천히 관계를 쌓으며 서로에 대해 알아가기 시작했다. 옷을 빨아주고 먹을 것이 떨어지지 않도록 챙기며 마이클의 친구 열두 명에게 엄마가 되어주었다.

"사랑에는 누구나 응답하기 마련이죠. 사랑은 그 어떤 것보다 위대하니까요."

미미의 이야기다.

매우 거칠어 보였지만 이 젊은이들은 결국 미미가 보여준 사랑에 응답했다. 그 결과 마이클은 비행 청소년에서 사회의 생산적인 구성원으로 거듭났다.

"제 엄마는 모두의 엄마예요."

마이클의 말이다. 미미가 그 많은 젊은이에게 집을 개방했을 때 동네 사람 대다수가 자존심도 없는 엄마라고 수군거린 것은 그녀에게 아무 문제가 되지 않았다.

"엄마가 마음을 터놓았을 때의 위력을 다른 사람들은 이해하지 못해요."

마이클이 덧붙여 말했다.

미미가 마음을 열고 교감하려 한 덕분에 아주 많은 청년의 삶이 바뀌었고, 그녀의 아들 마이클도 감옥에 가지 않았다. 갱단의 두목이었던 사람은 이렇게 말했다.

"저는 미미를 둘째 엄마라고 불러요. 아마 저처럼 부르는 사람이 50명쯤 될 겁니다."

종교 때문에 마음을 열고 아이를 진실로 사랑하게 되었든, 아니면 인생의 가치에 대한 개인적 신념 때문이든, 혹은 단순히 아이를 세상에 태어나게 한 당사자라는 사실 때문이든 양육에서 가장 중요한 건 교감이다.

사춘기 아이가 반항한다면?

☐ 부모는 종종 없어도 되는 규칙을 만든다. 그러니 모든 규칙의 숨은 의도를 다시 한 번 점검해보는 것이 현명하다. 그 규칙이 아이의 전인적 발달에 정말로 최선인지를 따져봐야 한다.

☐ 아이가 수업에 빠지고 담배를 피우는 행동은 둘 다 '쿨하다'는 느낌을 준다고 생각하기 때문에 방황하는 마음에 일시적인 위안을 줄 수 있지만, 사실 부모에게 빨리 도와달라고 간절히 외치는 것이다.

☐ 아이가 이상한 행동을 하는 건 자기가 진짜 어떤 사람인지를 잊어버렸다는 신호다. 규칙을 세워봐야 도움이 안 되는 것도 바로 이 때문이다.

☐ 중요한 건 규칙이 아니라 교감이다. 아이가 자기 내면과 교감하고, 부모가 아이와 교감하는 것이 중요하다.

아이의 행동을 긍정적으로 이끄는
15가지 놀이법

◇
◆

아이가 세운 목표가 충분히 달성 가능하고 훌륭하다고 가르치는 방법 중 하나가 바로 정적 강화(특정 행동을 한 뒤에 긍정적인 자극이나 보상을 제시하여 그 행동의 강도나 빈도, 지속 시간이 늘어나게 하는 전략—옮긴이)이다. 이것은 양육 과정에서 부차적으로 사용하기 좋은 전략이다.

주의할 점은 정적 강화 전략이 양육의 실질적 토대인 부모와 아이 사이의 관계를 대체해서는 안 된다는 것이다. 부모가 외적 동기 부여에 의존하면 아이는 혼자 힘으로 목표를 세우고 실현하는 법을 배우지 못하게 된다. 양육의 궁극적인 목적은 아이가 주도적이고 자발적으로 자기 목표를 실현할 수 있도록 용기를 북돋우는 데 있다.

정적 강화는 본질적으로 관계에 기반을 두고 경험에 의한 것이어야 한다. 예를 들면 아이가 시험공부나 집안일을 성실하게 해내기, 식사 예절을 지키기, 남을 때리지 않기와 같은 목표를 달성하도록 하는 데 정적 강화를 활용할 수 있다.

내담자들에게 도움이 되었던 15가지 양육 전략을 소개하면 다음과 같다.

1. 재미 상자

아이 방에 유리병 또는 상자를 하나 두고, 그 안에 아이가 부모나 친구들과 함께하고 싶은 활동과 경험을 적은 종잇조각들을 넣어둔다. 매주 아이가 어떤 목표를 달성하면 그 병이나 상자에서 종잇조각 하나를 꺼내 거기에 적힌 활동을 즐기게 해준다.

2. 다면평가

일주일에 한 번 가족 모두가 둘러앉아 집안일, 협동, 목표 달성, 건강, 존중 등 가족 구성원으로서 분담하는 핵심 활동에 대해 서로 피드백을 하는 시간을 갖는다. 방법은 각자 자기 자신과 다른 가족들에 대한 의견을 한 줄씩 적는다. 그런 다음 한 사람씩 돌아가며 그 사람이 목표를 실현하도록 도울 방법을 의논한다. 이것은 가족 구성원이 감정을 나누는 좋은 방법이다. 부모가 자신의 한계를 솔직히 인정하고 문제를 해결하려고 애쓰는 모습을 아이들이 직접 보고 배우게 함으로써 최고의 본보기를 제공하는 효과도 있다.

3. 역할 놀이

일주일에 한 번 가족이 모여 한 사람씩 그 주에 있었던 일을 한 가지 떠올린다. 긍정적인 일이든 부정적인 일이든 상관없다. 그런 다음 그 일에 포함된 사람 또는 다른 가족 구성원이 그 상황을 재연한다. 그것을 보고 좋았던 행동이나 그렇지 못했던 행동에 관해 이야기를 나눈다.

4. 차트 만들기

매주 아이들이 그 주를 위한 자기만의 차트를 만들게 한다. 그 주에 이루고 싶은 일을 정하고 그 일을 해냈을 때 기분이 어떨지 상상해본 다음 어떤 보상을 받을지 스스로 정하는 것이다. 부모가 뭔가를 사주는 건 보상에 포함하지 않는다. 온 가족이 참여할 수 있는 게임이나 활동을 보상으로 제안해도 된다. 이렇게 직접 차트를 만들어보게 하면 아이가 자신의 욕구를 구조화할 기회를 갖게 될 뿐만 아니라, 그 욕구를 자기 힘으로 실현할 방법도 찾게 된다.

5. 저녁 메뉴 고르기

자기가 정한 목표를 달성한 아이에게는 다음날 저녁 메뉴를 선택할 기회를 준다. 그러면 아이가 식사를 계획하고 차리는 데 참여하게 될 뿐만 아니라, 다른 가족들이 선호하는 음식에도 신경을 쓰게 된다.

6. 보물상자

상자 하나를 알록달록한 연필과 지우개, 형광펜 등으로 채우고 일주일에 한 번, 아이가 어떤 행동이나 임무를 완수했을 때 그 상자 안에서 원하는 것을 고르게 함으로써 그 행동과 임무를 끝까지 해내도록 할 수 있다. 아이가 '상품'을 모으는 데 재미를 느끼게 되면 이것을 즐거운 시간으로 만들 수 있다.

7. 침묵의 시간 갖기

아이가 부정적인 행동을 했을 때 벌을 주는 대신 고요한 시간을 가져 보게 하는 것도 방법이다. 예를 들어 아이가 무례하게 굴거나 누군가를 때렸을 때, 아이를 점잖게 옆에 앉히고 말없이 가만히 있게 하는 것이다. 아이에게 잠시 쉬면서 조용히 있을 시간이라고 알려주고, 부모가 곁에서 시범을 보여준다. 그렇게 1분이나 2분쯤 지나면 잘못된 행동에 관해 아이와 이야기를 나눠도 된다. 힘든 감정을 느끼면서도 잠시나마 침묵한 아이를 칭찬하고 안아준다.

8. 알람시계 놀이

아이들과 경찰 놀이를 하는 대신 알람시계의 효력을 알려주자. 재미있게 생기고 다루기 쉬운 알람시계 몇 개를 아이에게 사주고, 그날 해야 할 활동들, 예를 들면 숙제, 목욕, 독서, 취침 등에 맞춰 알람 시각을 설정한다. 아이가 모든 일을 제시간에 마치면 목록에 적힌 날짜에 체크를 한다. 주말이 되면 체크 개수에 따라 보물상자나 재미 상자 안에서 상품을 고르게 한다.

9. 동영상 촬영

이것은 기술적으로 다소 어려울 수 있고, 아이의 동의도 받아야 하는 전략이다. 아이가 긍정적인 행동을 하고 있을 때 그 모습을 동영상으로 촬영해서 한 주를 마무리할 즈음 촬영한 영상 모음을 가족에게 보여준다. 아이가 '화면 속' 자기 모습을 보면서 긍정적인 행동을 계속하려고 할 것이다. 또한 온 가족이 아이를 칭찬하고 동기 부여를 해줄 수도 있다.

10. 아이가 선생님이 되어보게 하기

아이가 어떤 행동을 배우는 가장 좋은 방법은 다른 누군가에게 그 행동을 가르치게 하는 것이다. 아이가 선생님이 되어 부모에게 어떤 행동을 가르치게 해보자. 그러면 아이의 자존감이 높아지는 것은 물론, 그냥 그렇게 하라고 말할 때보다 훨씬 효과적으로 그 행동을 실천하게 한다. 온 가족이 저녁 시간에 함께할 활동을 아이가 직접 선정하고 미리 준비하게 해보는 것도 좋은 방법이다.

11. 예절 파티

아이가 예절을 잘 지키지 못한다면 예절 파티를 해봐도 좋다. 사람들이 흠잡을 데 없을 정도로 예의를 잘 지키는 장면이 나오는 드라마나 영화를 몇 편 골라 그 부분만 함께 본다. 그런 다음 그 행동을 따라 하는 연습을 하고 파티를 연다. 찻잔을 준비하고, 차를 마시고, 쿠키를 먹으며 아주 예절 바른 사람처럼 행동하는 것이다.

12. 도전 사다리

커다란 종이에 사다리를 그리고 벽에 붙인다. 사다리의 단마다 각기 다른 강도의 도전 과제를 적어둔다. 예를 들어 어려운 책 한 권을 읽는 것이 최종 목표라면 '엄마랑 두 쪽 소리 내어 읽기'로 시작해 '두 쪽 혼자 읽기' '열 쪽 혼자 읽기' 등으로 차츰 단계를 높여 나간다. 이렇게 하면 힘든 과제를 당장 끝내지 못해도 아이들이 성취감을 느낄 수 있을 뿐만 아니라, 아무리 거창하고 힘든 일도 할 수 있는 작은 단계들로 쪼갤 수 있다는 사실을 배우게 된다. 부모 역시 방에 비슷한 그림을 붙여놓고 목표를 이루어나가면 도움이 된다.

13. 새로운 모험 이야기 나누기

아이와 식탁에 둘러 앉아 위험을 감수하고 도전하는 것이 중요하며, 그보다 더 중요한 것은 실수도 해보는 것이라는 이야기를 나눠보자. 실수를 편안하게 받아들이지 못하면 새로운 도전을 하기 어렵다는 점도 알려주자. 이런 대화는 아이가 새로운 것을 배우고 도전하도록 용기를 북돋우는 데 도움이 된다.

온 가족이 둘러앉아 그날 한 실수를 이야기하는 것도 좋다. 운동을 하지 않았다거나 피아노 연습을 망친 일 혹은 누군가의 생일을 깜빡한 일 등을 털어놓으면 된다. 큰 실수일수록 더 큰 박수를 보낸다. 그렇게 하면 아이는 실수를 부끄러워하지 않게 되고, 질책이나 반감에 대한 걱정 없이 실수를 받아들이게 된다. 각각의 상황을 개선할 방법에 관해 이야기를 나눌 수도 있다.

14. 엄마 또는 아빠와의 데이트

이건 아주 인기 있는 방법이다. 아이가 어떤 목표를 달성하면 엄마나 아빠와 단둘이 특별한 활동을 할 수 있게 하는 것이다. 그렇게 하면 아이의 긍정적인 행동이 강화될 뿐만 아니라 부모와의 유대감도 더 단단해진다.

15. 사랑의 메모

아이의 도시락 가방에 메모를 남겨보자. 필통이나 욕실 거울, 신발 속 등 아무 데나 남겨도 좋다. 다만 당신이 아이의 어떤 행동을 자랑스러워하는지, 그리고 그 이유는 무엇인지 구체적으로 적어야 한다. 내용이 구체적일수록 의미 있는 강화 효과를 기대할 수 있다.

"그 어려운 첼로 곡을 10분이나 더 연습하다니 정말 대견하구나. 많이 지쳐 보였는데도 더 노력하다니 정말 대단해."

이렇게 결과보다는 과정에 집중하는 게 좋다.

21장

숙제 때문에 아이와 싸우면
안 되는 이유

ㅇ

한 10대 아이가 나에게 이렇게 말한 적이 있다.
"제가 학교를 마치고 집에 오면 엄마는 절대
'기분이 어때? 오늘 어땠어?'라고 묻지 않아요.
대신에 간절한 목소리로 이렇게 물어보죠.
'시험 어땠어? 잘 봤어?'"
이런 경험을 통해 아이들은 자기 행복보다 성적이 더 중요하다고 느끼게 된다.

오드리는 아들 마이크의 숙제 문제로 골치가 아팠다. 모자는 마이크의 공부 문제로 전쟁을 벌이다시피 했고, 그럴 때마다 마이크는 "나는 바보, 멍청이, 천치야"라고 말했다. 결과적으로 마이크는 학교생활을 잘하지 못했다.

나는 오드리에게 마이크가 공부하는 모습을 영상으로 찍어달라고 부탁했다. 우리가 함께 본 그 비디오 영상은 전부 마이크 혼자 공부하는 모습으로 시작됐다. 그러다가 오드리가 방에 들어오고 마이크 뒤에 서서 지켜보았다. 마이크는 긴장하기 시작했고, 긴장감이 높아지자 소리를 빽 질렀다.

"엄마, 지금 뭐 하는 거예요?"

"너 지금 다 틀리게 하고 있잖아. 이 문제는 그렇게 답하는 게 아니야. 너 처음부터 다시 해야 해."

오드리가 말했다.

"그게 무슨 말이에요? 오늘 학교에서 내내 이것만 했고, 이제 몇 단락 만 더 쓰면 되는데 처음부터 다시 하라고요? 그렇게는 못해요."

마이크가 발끈했다.

오드리는 야단을 치기 시작했다.

"넌 너무 게을러. 늘 쉬운 길로만 가려고 하지. 그 숙제 처음부터 다시 하지 않으면 금요일에 친구랑 영화 보러 가지 못하게 할 거야."

마이크는 책으로 책상을 쾅 내리치고는 밖으로 뛰쳐나가며 고함을 쳤다.

"엄마 싫어. 학교도 싫어. 내 인생이 싫어!"

녹화된 영상들은 이것이 오드리와 마이크 모자의 흔한 일상임을 보여주었다. 나는 오드리에게 그녀의 의도는 마이크가 숙제를 더 잘하게 도와주려는 것이었지만 실상 자연스러운 배움의 과정을 방해하고 있다고 설명했다. 엄마가 개입하는 방식이 아들의 자신감을 훼손하고 배우는 즐거움을 쪼그라뜨려 결과적으로 공부할 의욕을 떨어뜨렸기 때문이다.

"왜 선생님 역할을 하려고 하세요? 마이크가 도와달라고 했나요? 마이크의 선생님이 아이 숙제를 도우라고 요청하던가요?"

내가 물었다.

오드리는 아이 숙제에 개입한 이유가 아이가 공부를 잘하지 못한다는 사실이 걱정스러웠기 때문이라고 인정했다. 그 말을 듣고 나는 이렇게 말했다.

"당신이 그 문제에서 빠져나오면, 마이크는 자신이 만들어낸 결과물에 대한 느낌에 맞게 노력을 더 하거나 덜 하거나 할 거예요. 하지만 당신이 끼어들면 아이의 잘하고 싶은 자연스러운 욕구를 짓밟는 것밖에 안 돼요. 마이크가 종일 한 숙제에 대해 당신이 처음부터 다시 해야 한다고 한 것만 봐도 알 수 있죠."

내 말뜻을 이해한 오드리는 당장 그날부터 접근법을 바꿨다. 마이크가 공부할 때 이래라저래라 간섭하지도, 잘한다거나 못한다는 말도 하지 않았다. 그저 마이크가 스스로 판단하고 주도하게 했다. 그렇게 몇 주가 지나자 마이크는 자신감을 회복하고 열정적으로 공부했다. 학업과 관련된 자신의 운명을 스스로 이끌어나갔다.

학교 성적은 선생님과의 관계, 또래 친구들의 압박, 타고난 학업 능력, 집중과 관련된 요인 등 많은 변수가 작용한다. 따라서 공부를 잘하지 못하는 것이 단순히 반항이나 게으름의 문제는 아니다. 이런 이유로 성적과 관련해 모든 아이에게 통하는 하나의 정답은 없다. 아이에게 어떤 도움이 필요한지 짚어내려면 부모는 아이에게 질문을 해야 한다. 어떻게 하는지 방법을 살펴보자.

부모가 아이 곁에 앉아서 어떻게 도와주면 좋을지 이야기를 나눈다. 그때 부모는 다음의 질문에 답을 찾아야 한다.

∨
∨

'내 아이가 놓치고 있는 것은 무엇인가?'
'내 아이가 저항하는 이유는 무엇인가?'
'나는 어떤 지원을 해줄 수 있을까?'
'혹시 아이에게 내가 해줄 수 있는 것보다 더한 도움이 필요하지는 않

을까?'

'아이가 불안해하는 것이 있을까?'

'내가 본보기가 되어줄 수 있을까?'

'아이가 나에게 의존하지 않고 자신의 상태를 파악하도록 도와줄 방법이 있을까?'

'무엇이 필요하든 인내심을 갖고 일관성 있게 자비로운 마음으로 해낼 수 있을까?'

부모들은 아이가 공부하도록 만들어야 한다고, 공부는 아이가 짊어져야할 어떤 것이라고 생각하는 경향이 있다. 바로 이런 태도가 배움의 과정을 오염시킨다. 배우는 것에 아직 거부감을 보이지 않는 어린아이를 보라. 그런 어린아이는 자연스럽게 호기심을 보인다. 유모차에 태워 밖에 나가기만 해도 길 위의 작은 벌레나 달팽이, 풀잎 위의 나비, 꽃에서 꿀을 모으는 벌에 금세 매료된다.

그런데 부모가 자기 관심사에 몰두하느라 아이의 관심사를 고려하지 못하면 삶에 매료된 아이의 감정은 꽃을 피울 시간을 허락받지 못한다. 길을 걷는 것은 더이상 놀라움으로 가득한 세상을 경험하는 것이 아니라 학교나 발레 수업, 야구 경기에 서둘러 가는 것밖에 안 된다. 이렇게 우리는 아이의 타고난 탐구욕, 배움에 대한 타고난 애정을 없애버린다.

부모의 레이더망엔 오로지 자신의 관심사밖에 없을 때가 많아서, 아이는 부모가 정한 계획에 따라야만 한다. 이는 주변 환경에 대한 아이의 자연스러운 호기심은 중요하지 않다는 뜻이다. 그러고는 몇 년 뒤 온갖 전략으로 아이의 반항을 억지로 눌러가며 공부하라고 강요해야 하는 상황이 되면 대체 이유를 모르겠다고 한다. 아이에게 반항심을 심어놓은 장본인이 바로 우리인데 말이다.

많은 부모가 10대 자녀에게 공부시키는 일이 끔찍이도 힘들다고 불평한다. 엠마가 그런 예다.

∨

엠마는 어렸을 때 똑똑하고 세상을 알아가는 데 기쁨을 느끼는 호기심 많은 아이였다. 나중에 자라서 뭐가 되고 싶으냐는 질문을 받으면 언제나 되고 싶은 게 너무 많았다.

"우주비행사가 되고 싶어요. 아니면 경찰도 좋아요."

어린 엠마는 수의사, 정원사, 교사에 대해 말하기도 했다. 엠마의 상상력은 끝이 없었다. 그만큼 삶에 애정이 있다는 뜻이었다. 하지만 중학교에 들어갈 무렵 그런 장래 희망을 실현할 수 있을지 자기 회의에 빠져 자신감이 약해졌다.

어렸을 때는 밝게 웃으며 "나는 똑똑해. 그렇지, 아빠?"라고 하던 아이가 열네 살이 돼서는 부모님과 선생님이 기대하는 것처럼 우수한 성적을 받을 수 없다며 공부하기를 거부했다.

내가 거듭 강조하고 싶은 점은 부모가 아이의 자연스러운 호기심을 키워주지 못하면, 즉 아이가 관심 있는 삶의 영역 안에서 발전해나가도록 놓아두지 않고 부모의 관심사에 맞춘 학습 과정을 강요하면, 아이는 타고난 인생과의 연결고리를 잃게 된다는 것이다. 배우는 것이 더는 즐겁지 않고 누가 시켜서 하는 일이 된다. 그러니 숙제하기 싫어지는 게 당연하다.

교육제도는 아이의 타고난 성향에 초점을 맞추지 못할 때가 많다. 아이들이 자신의 고유한 학습 곡선을 따르게 두면 저마다 다른 방식, 다른 속도로 배운다는 사실 또한 진지하게 고려하지 않는다. 어떤 아이는 아홉 살에 수학에 관심을 보이는가 하면, 동갑내기인 다른 아이는 수학에 전혀 관심이 없다가 고등학교에 가서 갑자기 물리학에 빠질 수 있다. 그러면 자연스럽게 수학을 잘하고 싶은 욕구가 생긴다.

이렇듯 한참 지나 열여섯이라는 나이에 수학을 공부하기 시작하면 마음가짐이 완전히 다르다. 문제를 더 쉽게 받아들여 같은 반 친구들보다 훨씬 앞서 나갈지도 모른다. 각자의 고유한 개성을 전혀 고려하지 않은 교육과정에 억지로 순응하기 위해서가 아니라, 자기가 선택한 길에 대한 애정에서 비롯된 열의로 공부하기 때문이다.

내 친구 한 명도 열두 살까지는 모범생이었다가 전혀 다른 길에 흥미가 생긴 뒤로는 중고등학교 시절 내내 최소한의 공부만 억지로 하며 지냈다. 공부를 잘 할 수 있는 학생임에도 학교생활에 성실하지 않았고, 선생님들의 끊임없는 질책이 이어졌다. 보잘것없이 '햄버거나 뒤집으며 먹고살 것'이라는 이야기를 들으면서도, 몇 년간 텔레비전과 록 음악 외엔 그 무엇에도 관심을 보이지 않았다. 그러다 20대 중반이 되자 요리에 열의가 확 타오르는 것을 느꼈다. 요리학교를 나와 유명 레스토랑에서 경험을 쌓은 뒤 지금은 자기 이름을 내건 레스토랑을 열어 엄청난 성공을 거두었다.

수업을 잘 따라가지 못하는 아이는 동기, 집중력, 기량 등 여러 가지 요인 때문에 그런 것이다. 우리가 할 일은 이중 어떤 요인이 문제인지 찾아내 그 영역에 대한 아이의 능력을 높여줄 방법을 마련하는 것이다. 이때 아이를 혼내면 우리의 불안감은 줄어들지 몰라도 아이에겐 스스로 무능하고 무력하다는 느낌을 남긴다. 바꿔 말하면, 훈육은 문제를 악화시킬 뿐이다.

아이들은 단지 해내지 못한다는 이유로 얼마나 자주 혼나는가? 예를 들어 내 친구 한 명은 베이비붐 세대인 부모님과 함께 영국에서 자랐다. 그는 두 자릿수 곱셈을 틀리면 매를 맞았다. 더하기, 빼기, 곱하기, 나누기를 틀리는 것이 왜 벌을 받아야 할 일일까? 그것이 몹시 부당하다고 느끼는 아이의 감정은 조금도 틀리지 않는다.

학교 성적은 한 사람의 지능과 숙련도를 정확히 보여주는 지표가 아니라고 믿기에 나는 한 번도 성적에 초점을 맞춰본 적이 없다. 그건 학교생활이라는 일종의 경기에서 얼마나 잘했는지를 보여주는 척도일 뿐이다. 비교표와 임의로 매긴 점수로는 배우는 과정에서의 노력과 애정을 알 수 없다. 나는 학교 성적은 아무 의미도 목적도 없다는 생각이 무척 강해서 다 없애버리고 싶다. 그래서 내 딸아이의 성적에도 전혀 신경 쓰지 않는다.

"그럼 공부가 중요하다는 걸 아이에게 어떻게 가르쳐요?"

부모들은 내게 자주 묻는다. 아마도 우리가 해야 할 질문은 이런 것일 텐데 말이다.

"아이들은 배우는 것을 자연스럽게 여긴다던데 우리 아이는 왜 배움을 멀리하게 됐을까?"

나는 이렇게 답한다. 아이가 시험 준비를 성실하게 하는지에 초점을 맞춰 공부를 하도록 격려한다고. 시험 준비에 충분히 노력을 기울인다면 시험 점수는 중요하지 않다는 말도 한다고.

하루는 딸아이가 학교에 다녀와서 나에게 물었다.

"엄마는 내 점수 안 궁금해?"

그래서 나는 되물었다.

"넌 시험 본 기분이 어떤데?"

이런 식으로 나는 아이에게 그 과목을 어떻게 느끼고 대하는지가 중요할 뿐 선생님이나 부모의 생각은 하나도 중요하지 않다고 알려준다. 나는 정말로 아이의 점수를 보지 않는다.

그렇다고 학교 선생님의 피드백을 무시한다는 뜻은 아니다. 다만 나는 아이가 같은 반 아이들과 비교해 어느 정도의 위치에 있는지보다는 복합적인 면을 지닌 한 개인으로서 얼마나 성장하고 있는지를 보려고 한다. 또한 수학만큼이나 사회성에 대한 피드백을 눈여겨본다. 아이가 자신의 고유한 기질 때문에 몇몇 분야에서는 탁월함을 보일 수도 있고, 반대로 잘하지 못하는 분야도 있으리라는 걸 나는 안다. 또한 아이의 성적이 나를 대변한다고 생각하지 않는다.

내가 아이의 공부와 관련된 문제에서 빠져나오면 나와 아이 둘 다 자유로워진다. 아이는 선생님이나 부모를 기쁘게 해야 한다는 압박감 없이 인생을 잘 살아가는 데 필요한 능력에 집중할 수 있다. 그러면 시험에 대한 불안이 없어서 오히려 실력이 더 좋아진다. 나를 찾아오는 어린 내담자 중엔 불과 8~9세밖에 안 됐는데 학교 성적에 대한 불안감이 심해서 위경련을 앓는 경우도 많다. 최고 명문대 학생들의 자살률이 왜 그렇게 높은지 생각해보자.

코넬대의 경우 자살 사건이 잇따라 발생하자 다리에 난간을 설치했을 정도다.

경쟁하는 문화는 어른들이 계속 끌고 가는 것일 뿐, 아이들은 어른이 막지만 않으면 각자의 방식대로 삶을 즐길 것이다. 우리 어른들이 모든 것을 이기고 지는 문제로 만든다. 한 10대 아이가 나에게 이렇게 말한 적이 있다.

ˇ
ˇ

"제가 학교를 마치고 집에 오면 엄마는 절대 '기분이 어때? 오늘 어땠어?'라고 묻지 않아요. 대신에 간절한 목소리로 이렇게 물어보죠. '시험 어땠어? 잘 봤어?'"

이런 경험을 통해 아이들은 자기 행복보다 성적이 더 중요하다고 느끼게 된다.

아이가 학교 공부를 잘하지 못하면 부모는 어떻게 해야 할까? 아이의 성적표에 어떤 반응을 보여야 할까? 많은 부모들이 나에게 이렇게 말한다.

"성적은 피할 수 없는 현실이에요. 시험을 통과해야 하니까요. 좋은 점수를 받지 않고는 어디도 갈 수 없어요."

그렇다. 이 현실에는 협상이 필요하다. 하지만 성적표는 아이가 공부를 얼마나 잘하는지 보여주는 작은 지표일 뿐 아이의 가치를 나타내는 절대적 기준이 아니다. 아이들이 어릴 때부터 부모가 성적표에 큰 무게를 두지 않는다는 사실을 알게 해야 한다.

덧붙이자면 아이들이 숙제를 하기 싫어하는 이유는 거의 종일 책상 앞에 앉아 있다가 집에 왔는데 또 책상 앞에 앉아야 한다는 게 분해서다. 이는 아이들의 자연스러운 성향과 욕구에 어긋난다. 나이가 어릴수록 더 그렇다. 숙제는 인간이 만들어낸 가장 의미 없는 것에 속한다. 지루하기만 한 하루를 보냈으니 이제 밖에 나가 신선한 공기도 쐬고 좋아하는 활동을 해야 할 아이들에게 추가로 또 지루한 숙제를 내주며 괴롭히는 것이다. 바로 이것이 우리가 사는 미친 세상이다. 여기에 또다른 어리석음을 추가하고 싶다면 시험 공부를 열심히 해야 한다고 강조하면 된다. 그게 정말 공부일까? 아니면 단지 아이의 불안감을 높이는 방법일 뿐일까? 아이가 시험을 마치자마자 공부한 내용을 모조리 잊어버리는 건 왜일까?

요즘 문화는 대학 졸업장을 중시하지만, 대학을 졸업하고도 직업을 구하지 못하는 사람들이 많다. 그리고 앞서 말했듯이 큰 성공을 거둔 사람들 중엔 학교 공부를 잘하지 못했던 이들이 많다. 세계의 자유를 수호하는 데 결정적 역할을 한 윈스턴 처칠만 봐도, 라틴어 공부를 강요받았지만 전혀 흥미를 느끼지 못해 형편없는 점수를 받았다.

수없이 많은 10대, 20대 청년들이 목적의식 없이 살아간다. 무기력하게 과도한 음주, 약물 복용처럼 자신을 망가뜨리는 행동으로 현실을 회피하거나 일상의 모든 활동에 기계적으로 임한다. 너무 오랫동안 외부에서 조종하는 대로 죽은 것이나 다름없는 통제된 삶을 산 탓에 영혼을 잃어버린 채 자기 본심에서 우러나는 대로 사는 법을 모르기 때문이다. 결국 우리가 동기부여라고 생각하는 조종과 강요가 아이의 영혼을 죽인다.

✓ Key points!

아이와 숙제 전쟁을 피하고 싶다면

☐ 성적과 관련해 모든 아이에게 통하는 하나의 정답은 없다. 아이에게 어떤 도움이 필요한지 짚어내려면 부모는 스스로 이렇게 질문을 해야 한다.
'내 아이가 놓치고 있는 것은 무엇인가?'
'내 아이가 저항하는 이유는 무엇인가?'
'나는 어떤 지원을 해줄 수 있을까?'

☐ 수업을 잘 따라가지 못하는 아이는 동기, 집중력, 기량 등 여러 가지 요인 때문에 그런 것이다. 우리가 할 일은 이중 어떤 요인이 문제인지 찾아내 그 영역에 대한 아이의 능력을 높여줄 방법을 마련하는 것이다.

☐ 아이를 혼내면 우리의 불안감은 줄어들지 몰라도 아이에겐 스스로 무능하고 무력하다는 느낌을 남긴다. 바꿔 말하면 훈육은 문제를 악화시킬 뿐이다.

☐ 아이의 성적이 부모를 대변한다고 생각해서는 안 된다.

☐ 성적표는 아이가 공부를 얼마나 잘하는지 보여주는 작은 지표일 뿐 아이의 가치를 나타내는 절대적 기준이 아니다.

☐ 부모가 동기부여라고 생각하는 조종과 강요가 아이의 영혼을 죽인다.

22장

아이들은 왜 친구를 괴롭힐까?

○

남을 괴롭히는 행동은 집에서 배운다.
아이가 누군가를 때렸을 때 부모가 그 아이를 때리며 혼내면
아이에게 다음과 같은 치명적인 메시지를 주게 된다.
'네가 어른이면 때려도 되지만 작고 힘이 없을 때는 때리면 안 돼.'
아이가 누군가를 때린다면,
어떤 식으로든 무력감을 느끼고 있어서일 때가 많다.
그러니 누군가를 때렸다는 이유로 부모가 아이를 때리는 건
아이에게 더 큰 무력감을 안겨줄 뿐이다.

어떻게 이토록 귀여운 아기가 자라서 남을 괴롭히거나, 혹은 납치나 강간 같은 범죄를 저지르거나 심지어 총기 난사까지 벌이는 걸까? 아니, 어떻게 이토록 순진무구한 아기가 소시오패스나 사이코패스가 되는 걸까?

어린아이가 심각한 말썽을 부리면 부모가 엄하지 않아서 그렇다고 믿는 사람들이 많다. 아이를 제대로 훈육하지 않고 제멋대로 행동하게 풀어놔서 그렇다고 말이다.

나는 그런 상황에서 부족한 건 훈육이 아니라 그동안 헤아리지 못한 아이의 감정을 알아주는 교감이라고 생각한다. 부모가 훈육에 의존하면, 그 방법이 어떻든 부모와 단절됐다는 아이의 느낌만 오래갈 뿐이다.

남을 괴롭히는 사람, 범죄자, 강간범, 사이코패스가 생겨나는 건 훈육이 부족해서가 아니라 마음을 나누는 교감이 부족해서다.

부모 또는 아이 인생에 중요한 다른 어른이 자기 기준에 너무 몰두하느라 아이가 말하려고 하는 것을 듣지 못하는 상황이 되면, 아이는 자신이 인정받지 못하고 자격이 없다고 느끼며 자란다. 자격이 없다는 느낌이 내면에 차오르면 아이가 선택할 수 있는 건 딱 두 가지다. 첫째는 감정을 꾹꾹 누르는 것이다. 그러다 불안감과 함께 식이장애나 자해, 심한 경우 우울증에 이른다. 둘째는 스스로에 대한 좋지 않은 감정을 다른 사람에게 쏟아내는 것이다. 스스로 무력감을 느끼면 다른 누군가를 무력하게 만들려고 하고, 물건 취급을 당하면 다른 사람을 물건 취급한다.

아무리 강조해도 지나치지 않은 건 아이의 목소리를 외면하거나 침묵하도록 아이를 억압하면 그 아이는 자기 목소리에 더는 응답할 수 없게 된다는 점이다. 이것이 사람과 사람 사이에 자연스럽게 이루어져야 할 공감이 사라지는 이유다. 그러면 그 당사자와 그가 만나는 모든 사람에게 끔찍한 일들이 벌어질 수 있다.

직장에서 해고당한 뒤 옛 사장과 동료들을 찾아가 총으로 쏜 사람을 생각해보자. 그런 일이 벌어진 건 어렸을 때 생긴 오래된 상처가 곪아 터졌기 때문이다. 어린 시절에 겪은 것과 비슷한 역학 구도가 만들어지자 옛 상처가 다시 벌어지고, 그와 관련된 모든 억울함과 씁쓸함, 분노가 되살아난 것이다. 이런 어두운 감정들에 휩싸이면 몹시 격분한 나머지 우발적으로 살인을 저지르거나, 한없이 냉정해져서 샌디 훅 초등학교에서 벌어진 사건처럼 미리 계산하고 계획적으로 참사를 일으키기도 한다.

내 딸아이에게 물어보았다.

"너 괴롭힘당한 적 있어?"

"애들이 그러려고 한 적은 있지. 하지만 난 그러도록 그냥 두지 않아."

아이가 대답했다.

"어떻게 하는데?"

내가 물었다.

"그 자리에서 벗어나."

딸을 괴롭히려는 아이들은 왜 딸아이를 쫓아가지 않을까? 딸아이가 발산하는 기운이 선뜻 시비를 걸지 못하게 만들어서다. 괴롭히려던 아이들이 딸아이가 강단이 있다는 걸 알아채고 괴롭힐 수 없겠다고 판단하는 것이다.

딸아이가 여섯 살쯤 됐을 때, 누군가 다가와 머리카락이 흉하다고 말하자, 딸아이는 주저 없이 이렇게 대꾸했다.

"네가 그렇게 말하니까 나는 내 머리카락이 더 좋은걸. 정말 고마워."

이것으로 상황이 종료됐다.

아이가 괴롭힘을 당하지 않게 하는 데 있어서 가장 중요한 요소는 아이가 자기 목소리를 내도록 용기를 불어넣는 것이다. 공격이 아니라 자기표현을 하게 해야 한다.

이 둘은 근본적으로 다르다. 아이가 집안에서 크고 분명하게 자기 의견을 말할 수 있게 하는 것, 그게 자기표현을 북돋우는 방법이다. 집에서 자기표현을 잘하는 아이는 밖에서 다른 아이들과 어울릴 때도 자연스럽게 자기표현을 한다. 남을 괴롭히는 아이들은 '두려움의 냄새'를 맡는다. 자신감 있는 아이는 당당히 존재감을 내뿜기 때문에 남을 괴롭히는 아이들의 레이더망에 오래 머물지 않는다.

그렇다고 자기표현을 잘하는 사람이 몹쓸 공격을 전혀 받지 않는다는 뜻은 아니다. 강인하고 자기표현을 잘하는 아이는 물론, 성인 여성도 강간을 당하고, 심지어 살해되기도 한다. 하지만 그것은 어쩌다가 하필 그 시간 그 장소에 있어서 벌어지는 사고일 뿐, 아이의 삶에 주기적으로 반복되는 현상은 아니다.

그렇다면 아이들의 괴롭힘에 부모는 어떻게 대응해야 할까? 쿠키 틀처럼 똑같이 적용되는 정답은 없다. 각각의 상황을 잘 판단해야 한다. 냅다 달려들어 아이를 보호하고 싶더라도, 제3자의 시선으로 균형을 유지하면서 아이 스스로 교우 관계를 파악하게 해야 한다. 그리고 상황의 심각성에 따라 부모의 대응은 달라져야 한다.

우리 아이들은 아주 작은 일에도 과잉보호를 받다 보니 혼자 힘으로 협상하는 법을 모르는 경우가 태반이다. 하지만 반대로 아이가 위험 신호를 보내는데도 주의를 기울이지 않는 부모도 많다는 점을 기억할 필요가 있다. 예를 들어 아이가 사이버 폭력을 당해 도와달라고 요청한다면, 부모는 당장 뛰어들어 강력하게 아이 편을 들어줘야 한다.

구체적으로 예를 들어 설명하자면, 내 친구의 딸이 한 웹사이트에서 사이버 폭력의 표적이 됐다. 그 아이를 향해 온갖 비방이 쏟아지자, 아이 엄마인 내 친구는 딸이 피해자가 되는 것을 두고볼 수가 없어 관계 기관에 연락해 사실을 알렸다. 그 결과 가해자들은 모두 처벌을 받았다.

그런가 하면 캐나다 밴쿠버에 살았던 열다섯 살 소녀 아만다 토드는 자신이 당한 사이버 폭력과 협박에 대해 자세히 설명한 유튜브 동영상을 남긴 뒤 목숨을 끊었다. 그 동영상에 따르면 그녀는 카메라 앞에서 가슴을 드러내도록 강요받았으며, 그 사진이 여기저기 퍼진 뒤 신체 공격도 당했다.

"저에겐 아무도 없어요. 누군가가 필요해요."

영상에서 아만다는 이렇게 적힌 종이를 들고 있었다. 바로 이 순간 가장 중요한 것이 부모나 다른 보호자가 곁에서 아이의 이야기를 들어주고 주의깊게 관심을 기울이며 아이가 보내는 신호를 읽어내는 것이다.

$$\vee$$
$$\vee$$

아일랜드에서는 열세 살 소녀 에린 갤러거가 사이버 폭력을 견디다 못해 자살했다. 에린은 많은 사람이 이용하는 SNS를 통해 자신을 괴롭히는 이들 때문에 죽게 될 것 같다고 호소했지만, 아무도 관심을 보이지 않았다.

캘리포니아에서는 열다섯 살 소녀 오드리 포트가 친구 집에서 열린 파티에 갔다가 인사불성이 된 사이 성폭행을 당하고 8일 만에 목을 매숨졌다. 당시 성폭행 가해자로 지목된 이들은 미성년자였으며, 성폭행 장면을 온라인에 유포하기까지 했다. 에린의 부모는 딸이 죽은 뒤에야 이런 사실을 알았다.

이렇게 아이들이 도와달라고 외치는데도 부모가 듣지 못하고 지나치는 안타까운 경우가 무척 많다. 스스로를 보호하려는 욕구가 충족되는 경험에 익숙하지 않으면 아이들은 필요한 도움을 끌어모을 방법을 알지 못한다. 도움을 받는 것이 당연한 권리임에도 도와달라고 하지 못하고 목소리가 점점 작아진다.

괴롭힘을 당하다 스스로 목숨을 끊은 어린 친구들이 주변의 도움을 많이 받았음에도 그렇게 됐다고 주장하는 예도 종종 있다. 이것은 우리가 이 책에서 다루고 있는 바와 같이 부모와 학교 관계자의 개입이 효과적이지 못했던 사례, 즉 아이에게 필요한 것을 제대로 이해하지 못하고 어른의 관점에서 접근한 경우다.

남을 괴롭히는 행동은 집에서 배운다. 아이가 누군가를 때렸을 때 부모가 그 아이를 때리며 혼내면 아이에게 다음과 같은 치명적인 메시지를 주게 된다.

'네가 어른이면 때려도 되지만 작고 힘이 없을 때는 때리면 안 돼.'

아이가 누군가를 때린다면, 어떤 식으로든 무력감을 느끼고 있어서일 때가 많다. 그러니 누군가를 때렸다는 이유로 부모가 아이를 때리는 건 아이에게 더 큰 무력감을 안겨줄 뿐이다. 그러면 아이는 자기를 보호하려는 욕구가 강해져 남을 더 때림으로써 자신을 보호하려 하고, 남을 괴롭히는 사람이 된다.

부모는 아이가 폭력을 쓸 때마다 다른 방식으로 소통하는 법을 아이에게 알려주는 데 시간과 에너지를 쏟아부어야 한다. 불만에 적절히 대처하는 모습을 부모가 보여주면, 아이가 무력감을 느낄 때 좀더 효과적으로 대처하는 법을 습득하는 데 도움이 된다.

부모는 복종을 강요할 수밖에 없는 훈육 대신 아이에게 자기 감정을 살피고 뭔가 옳지 않다고 생각되면 두려워하지 말고 의견을 말하라고 가르쳐야 한다. 상황이 심각해졌을 때 아이에게 도움이 되는 것이 중요하지만, 어릴 때부터 아이의 욕구에 적절히 대응하며 두려움 없이 자기주장을 펼치도록 가르치는 것 또한 대단히 중요하다.

다시 말하지만, 문제는 부모가 자신의 감정과 욕구를 제대로 파악하지 못하면 아이를 돕지 못한다는 점이다. 왜냐하면 아이에게 필요한 방식으로 교감을 나눌 수 없기 때문이다. 우리의 머리와 가슴, 행동과 속마음, 이상과 현실, 제도화된 종교와 영적 태도 사이엔 깊은 골이 있으며, 이런 단절은 셀 수 없이 많은 방식으로 일어난다.

직장에서도 사람들은 속마음과 단절된 모습을 보여준다. 억지 조종을 통해서만 원하는 것을 얻고 성공에 이를 수 있다고 믿는다.

"다들 그렇게 하잖아요."

사람들은 이렇게 변명한다. 모두가 그러지는 않는다는 사실을 아이가 배우면 상황은 달라지기 시작한다. 기업 환경에서는 다른 사람을 밟고 올라서고 등에 칼을 꽂으며 동료를 희생시키고 사다리 꼭대기로 올라가는 식의 극악무도한 방식도 박수받는다. 그런 행위를 한다는 건 다른 사람들과 교감을 나누지도, 그들을 배려하지도 못한다는 뜻임에도 말이다.

희대의 금융 사기꾼 버니 메이도프 같은 사람이 남이 평생 모은 돈을 계획적으로 빼돌릴 수 있었던 건 피해자들을 물건 취급하기 때문이다. 인도 델리의 버스 안에서 불량배들이 한 여성을 강간하고 쇠막대로 때리고 밖으로 내던져 죽음에 이르게 하거나 행인들이 그저 바라보기만 하고 아무 행동도

하지 않은 이유도 타인과 단절된 상태이며 무력감을 느끼기 때문이다. 미국 오하이오에서 축구 선수들이 술에 취한 여성을 유인해 성폭행한 사건도 마찬가지다. 자기 존재의 고유한 가치를 모르니 그 여성의 가치도 존중할 줄 모르는 것이다. 이런 끔찍한 일들은 전부 공감 능력이 없어서 생기며, 어렸을 때 억눌린 감정과 충족되지 못한 욕구로 인해 타인을 물건 취급하는 태도가 원인이다.

전쟁과 괴롭힘, 종교의 내분 등 적의를 표출하는 모든 행위는 결국 나와 타인은 서로 분리된 존재라는 오해에서 비롯된다. 타인은 나의 적이라고 믿는 것이다. 그러니 당연히 위협을 느끼고 되받아치려는 욕구가 생긴다.

안타까운 사실은 남을 괴롭히거나 다른 방식으로 타인을 희생시키는 사람은 그들 자신 역시 희생자라는 점이다. 다른 누군가를 괴롭히는 아이는 하나같이 또다른 누군가에게 인정받지 못한 불쾌한 경험이 있다. 이런 아이는 왠지 저항할 것 같지 않은 사람에게 자기혐오의 감정을 떠넘긴다.

남을 괴롭히는 행위를 끝내기 위해서는 부모와 아이 관계에 집중해야 한다. 학교의 중재 프로그램은 겉핥기식으로 접근할 뿐 이 복잡한 문제의 근본 원인을 해결하지 못한다. 중재는 아이가 어릴 때부터 가정에서 자기 생각을 표현하는 법을 배우는 것으로 시작되어야 한다. 자신이 세상에 하나밖에 없는 고유한 존재임을 존중받으면 아이는 건강하지 못한 방식으로 자기를 드러낼 필요성을 느끼지 못한다. 이는 결국 모든 개인은 타고난 모습 그대로 존재할 권리가 있다는 뜻이다. 그 권리를 존중할 때 각자 자기 삶을 사는 분위기가 조성되고, 그런 분위기 안에서 타인을 대하게 된다.

Key points!

학교 폭력이 발생하는 이유

☐ 남을 괴롭히는 사람, 범죄자, 강간범, 사이코패스가 생겨나는 건 훈육이 부족해서가 아니라 마음을 나누는 교감이 부족해서다.

☐ 아이가 괴롭힘을 당하지 않게 하는 데 있어서 가장 중요한 요소는 아이가 자기 목소리를 내도록 용기를 불어넣는 것이다. 공격이 아니라 자기표현을 하게 해야 한다.

☐ 아이들의 괴롭힘에 부모는 어떻게 대응해야 할까? 쿠키 틀처럼 똑같이 적용되는 정답은 없다. 각각의 상황을 잘 판단해야 한다. 냅다 달려들어 아이를 보호하고 싶더라도, 제3자의 시선으로 균형을 유지하면서 아이 스스로 교우 관계를 파악하게 해야 한다. 그리고 상황의 심각성에 따라 부모의 대응은 달라져야 한다.

☐ 부모는 복종을 강요할 수밖에 없는 훈육 대신 아이에게 자기 감정을 살피고 뭔가 옳지 않다고 생각되면 두려워하지 말고 의견을 말하라고 가르쳐야 한다.

☐ 안타까운 사실은 남을 괴롭히거나 다른 방식으로 타인을 희생시키는 사람은 그들 자신 역시 희생자라는 점이다. 다른 누군가를 괴롭히는 아이는 하나같이 또다른 누군가에게 인정받지 못한 불쾌한 경험이 있다. 이런 아이는 왠지 저항할 것 같지 않은 사람에게 자기혐오의 감정을 떠넘긴다.

☐ 남을 괴롭히는 행위를 끝내기 위해서는 부모와 아이 관계에 집중해야 한다. 학교의 중재 프로그램은 겉핥기식으로 접근할 뿐 이 복잡한 문제의 근본 원인을 해결하지 못한다. 중재는 아이가 어릴 때부터 가정에서 자기 생각을 표현하는 법을 배우는 것으로 시작되어야 한다.

23장

형제 혹은 다른 아이들과
잘 어울리지 못하는 아이

。

세 살 터울의 형제 밥과 조시는 하루가 멀다 하고
서로를 사정없이 공격하며 싸웠다.
부모는 첫째 밥이 '나쁜 녀석'이라며 탓했다.
형이면 좀더 사려 깊어서 동생을 때리지 않아야 한다고 보았기 때문이다.
하지만 아무리 논리적으로 따지고, 통제하고,
심지어 체벌을 해도 상황은 나아지지 않았다.
오히려 밥의 행동은 더 나빠지기만 했다.

학교에서 일어나는 것과 비슷한 괴롭힘이 집안에서 형제자매 사이에도 일어난다. 형제간의 경쟁은 인류의 역사만큼이나 오래되었으며, 아주 먼 과거에도 있었다. 서양 문화의 기반인 성경조차도 형제간의 경쟁에 관한 이야기로 시작해 형제들이 뿔뿔이 흩어지는 긴 서사의 토대를 제공한다. 아담과 이브의 아들인 카인과 아벨, 아브라함과 롯, 이삭과 이스마엘, 야곱과 에서 등등 다 언급하기 어려울 정도다.

부모는 형제간의 경쟁을 어떻게 다루어야 할까? 그건 경쟁의 원인이 무엇이냐에 따라 다르다. 형제간의 경쟁 뒤에는 부모의 관심을 끌려는 욕구가 숨어 있다. 그 뿌리를 살펴보면 부모의 관심을 받기 위한 경쟁이다. 아이들이 저마다 부모의 관심과 인정을 받는다고 느끼면 형제간에 사이좋게 협력한다.

그렇지만 한 명이라도 자기보다 다른 형제가 부모의 사랑을 더 많이 받는다고 느끼기 시작하면 문제가 생긴다. 부모가 아이들을 모두 공평하게 대하고 똑같이 존중할 거라는 믿음을 자녀 한 명 한 명에게 심어준다면 아이들은 서로를 경쟁자로 보지 않고 동지로 바라볼 것이다.

세 살 터울의 형제 밥과 조시는 하루가 멀다 하고 서로를 사정없이 공격하며 싸웠다. 부모는 첫째 밥이 '나쁜 녀석'이라며 탓했다. 형이면 좀 더 사려 깊어서 동생을 때리지 않아야 한다고 보았기 때문이다. 부모는 형이 동생을 보호해야 한다고 생각했다. 하지만 아무리 논리적으로 따지고, 통제하고, 심지어 체벌을 해도 상황은 나아지지 않았다. 오히려 밥의 행동은 더 나빠지기만 했다.

부모가 나에게 도움을 청했을 때, 나는 상담 치료를 받는 동안만이라도 밥이 동생 조시에 대해 느끼는 모든 감정을 허심탄회하게 들어봐야 한다고 말했다. 아무리 거북스러워도 그렇게 해야 했다. 나는 밥이 자기 감정을 더 많이 표현할수록 동생과의 다툼이 줄어들 거라는 사실을 부모가 이해하길 바랐다. 더불어 7주 동안 밥과 부모만 상담 치료에 와달라고 당부했다. 그때마다 밥에게 동생에 대한 불만을 편하게 말해보라고 했다. 우리는 말로 조시를 저격하고 아무 제약 없이 조시를 험담했다.

이따금 나는 "열받네, 응?" "야, 그건 심하다" 같은 말로 공감을 표했다. 밥의 편을 들거나 반박하지는 않았다. 목표는 밥의 감정을 지켜보고 그의 현실 인식을 인정하는 것이었다. 부모의 관심을 온전히 받는다고 느끼자 밥은 동생에 대한 경쟁의식을 내려놓고 자기 내면에 집중하기 시작했다.

마침내 7주째가 되자 기적 같은 일이 벌어졌다. 밥의 관심이 동생에서 자기 내면으로 완전히 옮겨지자, 밥은 자신이 또래 친구들만큼 착하지도 똑똑하지도 않고, 여학생들에게 인기가 있는 것 같지도 않아서 걱정이라고 털어놓았다. 동생을 향한 밥의 공격성은 사실 낮은 자존감이 원인이었다. 부모가 아무 조건과 제약 없이 감정을 표현하도록 밥을 북돋우자 더는 동생에게 감정을 떠넘길 필요가 없어진 것이다.

밥은 본래 '나쁜' 아이가 아님에도 부모에게 '나쁜 녀석'으로 인식되었다. 사실 양육에서 '좋다' '나쁘다' 같은 판단은 정말 쓸모가 없다. 누군가에게 이런 식으로 꼬리표를 붙이는 것은 어떤 행동이 우리의 머릿속에 상영되는 인생 영화에 부합하거나 부합하지 않는다는 뜻일 뿐이다. 또한 그런 꼬리표 붙이기는 형제간의 다툼 같은 문제를 악화시킬 뿐이다. 그보다는 모든 행동엔 나름의 의미가 있음을 이해하고 그 의미를 알아내야 한다.

남동생이 누나를 때리면, 부모는 대개 이렇게 반응한다.

"나빠, 때리면 안 돼."

그래도 아이가 계속 때리면, 부모는 '때리지 말라'고 가르치기 위해 아이의 엉덩이를 때리거나 다른 식으로 벌을 준다. 그래도 달라지는 게 없으면 누나에겐 '착한' 아이, 남동생에겐 '나쁜' 아이 혹은 적어도 '까다로운' 아이라는 꼬리표를 붙인다.

"넌 왜 누나처럼 얌전히 있지 못하니?"

부모는 짜증이 나서 아이에게 이렇게 말한다.

아이가 잔인하게 구는 등 극단적인 행동을 보이면 당연히 반감이 든다. 형제자매에게 그럴 경우 부모는 저절로 그 행동의 희생양이 된 아이 편을 들기 쉽다. 이제 공격성을 보인 아이는 부모 마음속에 폭력적인 아이로 자리를 잡고, 그 아이를 향한 에너지도 변한다. 하지만 매우 미묘하게 벌어지는 일이라 우리는 이를 의식하지 못한 채 그 아이를 다르게 대하기 시작한다. 은연중에 판단하고, 아이를 향한 애정도 약간은 줄어들다보니 아이와 충분히 교감을 나누지 못한다. 부모와의 교감이 다른 자녀보다 이 아이에게 훨씬 더 필요한데도 말이다. 다시 말해서 우리는 무의식중에 아이의 적개심을 거울로 비추듯 아이에게 고스란히 되돌려준다. 아이에게 당했다고 느낀 만큼 우리만의 방식으로 아이를 괴롭히는 셈이다.

부모가 아이에게 '까다로운' '나쁜' '반사회적인', 심지어 '사악한'이라는 꼬리표를 붙이는 목적은 오로지 아이에 대한 반감을 보여주려는 것이다. 그런 꼬리표는 무력감을 준다. 남자아이가 누나를 때렸을 때는 이런 식으로 꼬리표를 붙이거나 혼내는 대신 아이의 때리는 행동 뒤에 숨겨진 메시지를 찾으라는 것이 내가 권하는 방법이다. 아이의 행동엔 언제나 메시지가 있게 마련이니, 부모는 아이가 누나를 때리는 진짜 이유를 해독할 수 있어야 한다.

그렇다고 아이가 계속 때리도록 내버려두라는 말은 아니다. 오히려 때리지 말라고 말하고, 아이가 아직 어리다는 가정 아래, 필요하다면 아이를 번쩍 안아서 누나를 때리지 못하게 꼭 붙들고 있어야 한다. 이렇게 하면 아이와 멀어지지 않고 교감을 강화하는 효과도 있다. 아이와 교감이 이루어지면, 그때 비로소 때리는 행위의 의미를 알려주면 된다.

아이는 본래 선하므로, 아이가 누군가를 때리는 모습을 보면 '애가 무슨 속상한 기분이 들었길래 이러는 걸까?'와 같은 공감 반응이 우리에게 일어나야 한다. 이것이 최근 내가 앤디와 그의 네 살짜리 아들 제임스에게 진행한 상담 치료의 핵심이었다.

제임스는 유치원에서 자꾸만 친구들을 때렸다. 선생님이 매일 제임스에게 벌을 주고 학부모 상담도 했지만 제임스의 행동이 달라지지 않자, 아빠인 앤디는 폭발 직전에 이르렀다. 앤디는 책에 소개된 보상과 처벌을 다 적용해보았다.

내가 시도한 첫 번째 방법은 제임스와 교감하기였다. 아이가 안전하다고 느끼고 원하는 것은 무엇이든 이야기할 수 있는 분위기를 만들었다. 상담 치료가 진행되자 제임스가 유치원 친구들과 함께 있으면 자신이 멍청하고 못생겼다는 느낌을 받는다는 사실이 드러났다.

"애들이 놀려요."

제임스가 한 말이다.

"뚱보라고 부르고 웃기게 생겼다고 놀려요."

제임스는 그룹 활동에서 배제되곤 했고 혼자 놀 때가 많았다. 간혹 다른 친구들과 어울릴 때면 부당한 대우를 받고 어쩔 줄을 몰라 했다. 그러다 아이들을 때린 것이다.

앤디는 아이의 행동을 나쁘게만 보느라 핵심을 놓쳤다는 사실을 깨달았다. 만약 앤디가 아이가 친구들을 때리는 이유를 헤아렸다면 아이의 행동에 숨은 의미를 알아챘을 것이고, 아들이 무언가를 아주 절박하게 이야기하고 싶어한다고 생각했을 것이다. 아이에 대한 믿음이 있었다면 무언가 심각하게 잘못된 일이 일어나지 않은 한 제임스가 다른 아이들을 때릴 리 없다는 걸 알았을 것이다. 제임스에 대한 믿음이 아니라 부모의 두려움이 그런 성급한 반응을 이끌었다.

앞서 언급한 밤의 사례와 마찬가지로, 제임스에게 일어난 일을 제대로 알게 되자 우리는 때리는 행동에 쏠려 있던 관심을 제임스가 자기 자신에 대해 어떻게 느끼는지로 옮겨 살펴보았다. 제임스가 약간 통통하다는 점이 아이들에게 놀림감이 되었다. 하지만 이것이 진짜 문제는 아니었다. 아이들이 제임스를 놀리는 근본적인 원인은 제임스의 자신감 부족이었다. 자기주장을 적절히 펼쳐 존재감을 드러내는 방법을 모르니 때리는 행동으로 자신을 드러냈던 것이다. 제임스에겐 때리는 행동이 자신의 강력함을 느끼는 유일한 방법이었다. 사실 제임스는 어른의 말로 표현하자면 이렇게 말하고 있었던 셈이다.

"나 무시하지 마. 나도 힘있어. 나도 중요한 사람이야."

이렇게 말하면 놀랄 수도 있지만, 나는 앤디에게 제임스의 행동은 '나쁜' 게 아니라 '좋은' 것이라고 설명했다. 그런 다음 행동을 하게 된 의도에 따라 '좋은' 행동과 '나쁜' 행동을 재정립했다. 우리가 일반적으로 이해하는 것과 달리, 내가 말하는 좋은 행동은 순응하고 복종하며 다른 사람의 인정을 받는 전통적 의미의 좋은 행동이 아니다.

내가 말한 좋은 행동은 아이가 현재에 충실하며 자기표현을 할 수 있고 자기 경험에 몰두한다는 느낌이 드는 행동이다. 가식 없이 울고, 주체가 안 될 정도로 웃으며, 무한한 꿈을 꾸고, 창조에서 기쁨을 느끼며, 자유롭게 말하고, 깊이 느끼는 아이가 좋은 행동을 하는 것이다.

그렇다면 좋은 행동을 규범이나 다른 사람의 행동과 비교하는 것은 아무 의미가 없다. 좋은 행동은 그보다는 아이가 자기 자신에 충실하도록 돕는 수단으로서의 의미가 크다.

어떤 아이의 행동이 '좋은' 것으로 보여도, 예를 들어 학교 성적이 항상 A 이고 반에서 1등을 놓치지 않아도, 그 아이가 복통에 시달리고 불안감 때문에 깊은 잠을 못 자거나 공부량에 따라 기분 변화가 심하다면 그건 좋은 행동이라고 보기 어렵다. 오히려 나쁜 행동이다. 그 행동을 할 때 아이가 자신이 본질적으로 이미 완전한 상태임을 깨닫지 못하고, 두려움에서 비롯된 이런저런 생각들로 괴로워하며, 불필요한 스트레스에 시달리기 때문이다.

우리 사회는 '좋은' 행동과 '나쁜' 행동을 완전히 거꾸로 정의하고 있다. 기존의 시각과 달리, 자신의 참모습을 가리고 거짓된 모습을 보이는 것이 나쁜 행동이다. 이런 시각에서 보면, 눈을 동그랗게 뜨는 것이 단지 어른을 공경하지 않는 모습이라는 이유로 나쁜 행동이 될 수는 없다. 아이가 눈을 동그랗게 떴을 때 우리는 아이를 혼내줘야겠다고 생각할 게 아니라 더 밀어붙이면 아이가 거짓된 행동을 할 수도 있다는 사실에 정신을 바짝 차려야 한다. 아이의 상태에 오롯이 집중한다면, 아이가 눈을 동그랗게 뜨는 행동은 아이의 내면 상태를 알려주기 때문에 오히려 이로운 행동일 수 있다.

우리가 아이의 행동을 좋다, 나쁘다 구분하지 않고 그 진의를 이해하려고 하면, 그 결과는 난장판이 아니라 조화로움임을 알게 될 것이다. 그때 아이는 우리의 인생 영화에 맞출 필요 없이 자유롭게 자기 본질에 충실할 수 있으니 창의적인 자존감으로 충만할 것이다. 부모가 아이를 믿으면 아이는 자기 자신을 믿게 되며, 내면의 충만함으로부터 뭔가 이바지할 수 있다는 자신감이 생긴다. 모든 아이가 스스로에 대해 이렇게 느낀다면 세상이 얼마나 달라질까. 지난 수천 년 동안 행해진 훈육에 기댄 양육법이 가져온 혼란이 크게 줄어들 것이다. 내가 주장하는 접근법을 따르면 혼란이 유발될 거라고 생각하는 사람은 우리에게 선함이 없다고 여기는 사람들일 것이다.

아이가 가족과 잘 지내지 못하는 데는 숨은 이유가 있을 수 있다. 예를 들어 메리와 제이컵은 훌륭한 부모였지만 아들의 변덕스럽고 충동적이며 폭군 같은 감정 폭발을 감당하는 데 어려움을 겪었다. 아이는 형제들을 위협하고, 매일 떼를 쓰고, 학교에서도 말썽을 피우는 등 점점 통제 불능이 되어가고 있었다.

부모의 대응은 전혀 효과가 없는 듯했다. 본래 논리적이고 차분한 성격인 두 사람은 아이를 이성적으로 대하려고 노력했다. 아이가 하는 행동이 가져올 결과를 설명하고, 가능한 모든 방법으로 달래보기도 했다. 육아서에 나오는 '모든 올바른 방법'을 다 써봤지만, 그들에겐 희망이 보이지 않았다. 상황은 점점 나락으로 떨어졌고, 아이는 원망이 가득 차 분노만 표출하는 것이 아니라 부모에게 노골적인 증오심을 드러내 보이는 상황까지 왔다.

그러다 변화가 일어나기 시작한 건, 메리와 제이컵이 겉모습은 차분해 보이지만 아들 곁에 있을 때면 무의식적으로 잔뜩 긴장한다는 사실을 깨닫고부터다. 그들은 아들을 대할 때마다 화를 내고 방어적인 태도를 보였다. 분명 아들을 사랑하지만, 아들에 대해 이야기할 때 그들이 사용하는 단어는 아들로 인해 그들 내면에 촉발된 감정을 거짓으로 전달했다. 그들이 아들을 설명하는 방식을 보면 무슨 말인지 이해할 수 있을 것이다.

"그 애는 통제 불능이에요. 가망이 없어요. 전부 일부러 그러는 거예요. 이제 지긋지긋하고 신물이 나요."

아무리 훌륭한 부모라도 이런 상황에서는 에너지가 바닥나게 마련이다.

메리와 제이컵은 아들이 반항심에서 일부러 그렇게 행동하는 것이 아님을 알게 됐다. 사실 아이의 뇌 기능에 약간 문제가 있는 것으로 나타났다. 시간을 관리하고, 주의를 기울이고, 초점을 바꾸고, 계획을 짜고, 세세한 내용을 기억하고, 말과 행동을 조절하는 부위가 제대로 작동하지 않아서 충동을 자제하고 욕구를 참는 게 힘들었던 것이다. 이런 사실을 알고 나자 메리와 제이컵은 아들을 이해하게 되었고, 이야기의 초점이 아들의 행동으로 인해 자신들이 얼마나 괴로운지가 아니라 그런 아들을 도울 방법에 맞춰졌다.

메리와 제이컵의 사례가 보여주는 건 아이가 어떤 행동을 했을 때 부모나 다른 보호자가 그 행동을 못마땅해하거나 심지어 외면하는 기운을 보이면 아이가 시간이 갈수록 그 기운마저 끌어안게 되는 악순환이 생긴다는 점이다. 부모는 문제가 유기적으로 얽혀 있다는 사실을 모르기 때문에, 아이의 행동을 개인적인 문제로 치부한 채 아이가 간절히 원하는 도움을 주지 못하고 반사회적 성향을 부추긴다. 부모들 대부분은 아이가 얼마나 어렸을 때부터 이런 악순환이 시작되는지 알지 못한다. 이것은 무의식적으로 일어나며, 이렇게 만들어진 모든 조건과 환경 때문에 결국 아이가 퇴학당하고, 마약에 중독되고, 심지어 범죄를 일으키고, 어쩌면 사형수가 되는 지경에 이른다.

부모로서 우리는 문제 행동의 징후를 어떻게 파악할 수 있을까? 아이의 행동을 거부감 없이 정확하게 바라보고 파국으로 치닫기 전 늦지 않게 대처하려면 어떻게 해야 할까? 혹시라도 아이 행동에 꼬리표를 붙이는 함정에 빠져 아이를 외면하기 시작하면 아이는 사회적 외톨이가 되어 학교에서 총기 난사를 벌일지도 모르는데 말이다.

부모는 아이마다 신경망이 다르게 연결되어 있으며 제대로 기능하지 않는 경우도 있음을 알아야 한다. 중요한 건 이를 일찍이 알아채는 것이다. 이런 아이들은 다른 유형의 사회적·정서적·지적 도움이 필요하고, 선별된 전문적 도움이 필요한 경우도 많기 때문이다.

뇌 기능에 문제가 있으면 사소한 일에도 감정이 무너지고 위험한 행동을 하려는 모습을 보인다. 이런 징후는 대개 어릴 때부터 나타나지만 부모는 놓치기 쉽다. 그러다 학교에 들어가 학습 부담이 커지면 증상이 갑자기 심해진다.

아이들이 이런 어려움을 겪지 않도록 부모가 미리 도와줘야 한다. 아이가 징후를 보이는데도 부모가 무시하거나 오해하면 아이를 심판하고 꼬리표를 붙여 아이의 자존감을 떨어뜨리게 된다. 그렇게 시간이 지나면 더 심각한 행동으로 이어진다. 아이가 아주 어릴 때부터 도움을 줘야 어떤 결함이든 완화하고, 심지어 두뇌 회로를 더 이롭게 바꿔 신경망 문제를 보완할 수 있다.

형제간에 다툼이 일어날 때 대처법

☐ 형제간의 경쟁 뒤에는 부모의 관심을 끌려는 욕구가 숨어 있다. 그 뿌리를 살펴보면 부모의 관심을 받기 위한 경쟁이다. 아이들이 저마다 부모의 관심과 인정을 받는다고 느끼면 형제간에 사이좋게 협력한다.

☐ 아이에게 '까다로운' '나쁜' '반사회적인', 심지어 '사악한'이라는 꼬리표를 붙이는 목적은 오로지 아이에 대한 반감을 보여주려는 것이다. 그런 꼬리표는 무력감을 준다.

☐ 남자아이가 누나를 때렸을 때는 꼬리표를 붙이거나 혼내는 대신 아이의 때리는 행동 뒤에 숨겨진 메시지를 찾으라는 것이 내가 권하는 방법이다.

☐ 아이는 본래 선하므로, 아이가 누군가를 때리는 모습을 보면 '애가 무슨 속상한 기분이 들었길래 이러는 걸까?'와 같은 공감 반응이 우리에게 일어나야 한다.

☐ 내가 말한 좋은 행동은 아이가 현재에 충실하며 자기표현을 할 수 있고 자기경험에 몰두한다는 느낌이 드는 행동이다. 가식 없이 울고, 주체가 안 될 정도로 웃으며, 무한한 꿈을 꾸고, 창조에서 기쁨을 느끼며, 자유롭게 말하고, 깊이느끼는 아이가 좋은 행동을 하는 것이다.

☐ 아이가 눈을 동그랗게 떴을 때 우리는 아이를 혼내줘야겠다고 생각할 게 아니라 더 밀어붙이면 아이가 거짓된 행동을 할 수도 있다는 사실에 정신을 바짝차려야 한다.

24장

매를 아껴도
아이를 망치지 않는다

나를 찾아와 자기 아이는 정말로 "못됐다" "엄격한 훈육만이 유일한 방법이다"라고
확신에 차 말하는 부모가 한둘이 아니다.
실제로 거친 충동을 다스리지 못하는 아이들도 있다.
그리고 어떤 아이들은 부모가 아무리 노력해도 자기의 감정을 이해하지 못하기도 한다.
나는 그런 부모에게 그들의 심정을 이해하지만
"못된 아이"라고 부르며 훈육에 의존하면 상황이 더 심각해지고,
아이가 더 말썽을 피우게 될 뿐이라고 설명한다.

나를 찾아와 자기 아이는 정말로 "못됐다"라고 확신에 차 말하는 부모가 한둘이 아니다. 이들은 자신이 아이에게 정서적으로 폭발하는 이유를 이해 시키기 위해, 감정에 관해 이야기해봐야 소용없다고 말한다. 아이 성격이 아주 '못돼서' 엄격한 훈육만이 유일한 방법이라고 주장한다.

실제로 거친 충동을 다스리지 못하는 아이들도 있다. 그리고 어떤 아이들은 부모가 아무리 노력해도 자기의 감정을 이해하지 못하기도 한다. 아이가 자기 내면에 관심을 기울이도록 부모가 갖은 애를 써도 잘 안 되는 것이다. 나는 그런 부모에게 그들의 심정을 이해하지만 "못된 아이"라고 부르며 훈육에 의존하면 상황이 더 심각해지고, 아이가 더 말썽을 피우게 될 뿐이라고 설명한다.

아이가 어린 나이에 동물을 학대하고 형제자매뿐 아니라 부모조차 사납게 공격할 정도로 폭력성을 드러내는 것을 보면, 선천적으로 반항적인 성향과 반사회적 행동, 범죄를 저지를 가능성을 타고나는 아이들이 있다는 일부 연구자들의 주장도 이해는 된다. 하지만 나는 엄마 뱃속에서부터 잘못된 방향으로 나아가도록 타고난 사람이 있다고 보는 그런 주장을 받아들이지 않는다. 오히려 나는 많은 내담자를 통해 훈육이야말로 그런 행동의 근본 원인이 되기 쉽다는 것을 눈으로 확인했다.

이는 시민 양성을 목적으로 사회 전체에 엄격한 규율을 적용할 때 어떤 일이 벌어지는지를 보아도 알 수 있다. 대우주는 소우주를 반영하게 마련이라, 가정에서 일어나는 일은 규모를 넓혀 국가적 그리고 국제적 갈등으로 표출된다.

일례로 스위스의 심리학자 앨리스 밀러는 나치 정권에 관한 연구서 『너 잘되라고For Your Own Good』에서 히틀러와 그의 심복들이 부모의 엄격한 훈육이 낳은 산물임을 보여준다. 그뿐만 아니라 1990년대 유고슬라비아 내전 당시 세르비아와 크로아티아에서 자행된 '인종 청소'라는 지독한 만행 뒤에도 극도로 엄격한 양육이 있었다는 연구 결과가 있다. 그러므로 나는 태곳적부터 전 세계 여러 사회가 훈육 위주의 양육 방식을 따른 것이 오늘날 세계가 이토록 위험하고 제정신이 아닌 중요한 이유라고 확신한다.

지금껏 훈육이 얼마나 해로운 결과로 이어질 수 있는지 보았음에도, 부모들은 미련을 버리지 못하고 훈육에 자부심을 드러낸다. 한 예로 2013년 영국 법무부 장관은 공식 석상에서 "자녀가 어릴 때 엉덩이를 때리곤 했다", "아이들은 매를 맞아야 '말귀를 알아들을' 때가 있다"고 말했다. 또한 이 공직자는 "부모에게는 자녀를 때릴 권리가 있다"며 체벌을 옹호했다. 부모가 아이 엉덩이를 때리면 부정적인 영향이 오래간다는 연구 결과가 꽤 많고 널리 알려졌음에도 말이다.

영국 아동학대 방지위원회 대변인은 법무부 장관의 발언에 대해 이렇게 논평했다.

"지금은 부모가 자녀를 때리는 것이 허용되지만, 그것이 아이들에게 효과적이지 않을뿐더러 해롭다는 증거가 계속 축적되고 있다."

안타깝게도 전 세계 많은 가정에서 그리고 심지어 학교에서도 훈육 수단으로 아이를 체벌한다. 그런 폭력이 가져오는 나쁜 결과에도 불구하고, 우리는 그 방식을 고치려고 하지 않는다. 이는 대체로 인간에 대한 이해가 상당히 높아졌음에도 지구상의 수십억 인구가 여전히 우리 인간은 누군가가 엄격한 훈육을 통해 계속해서 궤도를 수정해주지 않으면 일탈하기 쉬운 존재라고 믿기 때문이다. 그 결과 우리 사회는 여러 세대에 걸쳐 '매를 아끼면 아이를 망친다'고 철석같이 믿고 있다. 엉덩이 때리기를 비롯한 여러 형태의 체벌은 '교정 효과가 있어서' 아이들에게 이롭다고 여겨진다.

성경에도 체벌이 나온다며 이를 정당화하는 사람들도 있다. 성경에 '매를 아끼면 아이를 망친다'는 표현이 나오지는 않지만, 그와 비슷한 언급이 있는 건 사실이다. '매를 아끼면 아이를 망친다'라는 표현의 정확한 출처는 1662년 새뮤얼 버틀러가 영국 내전 당시의 모습을 풍자한 「휴디브라스Hudibras」라는 제목의 시다. 이보다 몇 세기 앞선 1377년에 영국 시인 윌리엄 랭글런드도 매를 아끼면 아이를 망친다는 개념을 표현한 바 있다.

성경 이야기로 돌아가면, 잠언 13장 24절에 이런 구절이 나온다.

"매를 아끼는 자는 누구든 자식을 미워하지만, 자식을 사랑하는 자는 애써 혼내려 한다."

신약에도 하나님이 "사랑하는 자를 징계하시어"라는 구절이 나온다.

만약 당신이 정말로 아이를 때리는 것이 효과적이라고 믿는다면, 어떻게 이렇게 문제 많은 세대가 계속 생겨나는지 내게 설명해주면 좋겠다. 개인의 엄청난 고통은 물론이고, 가족끼리 서로 죽이거나 스스로 목숨을 끊는 비극, 컬럼바인과 샌디 훅에서 일어난 것과 같은 총기 난사 사건, 심지어 5,000만 명의 목숨을 앗아간 2차 세계대전 같은 국제 갈등까지 모든 상황이 전부 사회가 엄격한 훈육을 자행한 결과물이다.

'매를 아끼면 아이를 망친다'는 주장은 아주 오래전, 인간 심리에 대한 이해가 거의 없던 시절에 나온 것임을 기억해야 한다. '지혜의 왕 솔로몬'도 아이는 매질을 당해야 한다고 주장한 것으로 전해지는데, 만약 우리가 그의 아들이 백성들을 너무나 가혹하게 억압한 나머지 반란이 일어나 왕국이 둘로 쪼개진 사실을 알면 멈칫할 수밖에 없다. '지혜로운' 솔로몬이 부모로서 어떠했는지는 그의 엄격한 훈육이 어떤 결과를 낳았는지를 보고 평가해야 한다. 그의 훈육은 확실히 역효과를 낳았다. 내 임상 경험에 비추어보아도 모든 훈육이 그렇다.

'매를 아끼면 아이를 망친다'고 믿는 건 성경에 기반한 문화만이 아니라 경직된 위계질서를 가진 문화 대부분에서 보이는 현상이다. 체벌은 이와 비슷한 철학을 가진 여러 문화에서 쉽게 발견된다.

나는 아이의 행동은 언제나 의미가 있다는 점을 강조하고 싶다. 아이가 하는 행동의 의미를 발견하는 것은 부모의 중대한 임무다.

우리 사회가 선천적으로 못된 사람이 있다는 생각을 버린다면, 우리는 어떤 이유로든 어려움을 겪고 있는 아이들을 이해하고 도울 사회 제도를 마련하기 시작할 것이다. 하지만 애석하게도 당장은 도움이 필요해도 받을 수 없는 경우가 대부분이다.

일례로 코네티컷주 샌디 훅 초등학교 참사 이후 용의자 애덤 란자의 지인들을 통해 그가 평소 했던 행동들이 알려지자, 페이스북을 통해 자기 아이도 똑같은 행동을 보인다고 한 부모들이 여럿 있었다. 그들이 자기 아이들을 그런 식으로 묘사한 것을 비난하는 사람들도 많았지만, 나는 그들이 자기 아이의 행동에 극단적인 면이 있으며 더불어 자신들도 부모로서 눈앞에 펼쳐진 상황에 어떻게 대처해야 할지 잘 모른다는 사실을 기꺼이 인정한 점을 높이 평가한다. 특히 내가 만난 여러 내담자가 그랬던 것처럼 "내 행동에 잘못된 점이 있었네요"라고 인정하고 책임을 느끼는 부모를 존경한다. 이런 부모는 자기 아이가 필요로 하는 도움의 수준이 자기 능력을 넘어선다는 것도 알게 된다.

사회 전체적으로 문화가 바뀌어야 한다. 어떤 수준의 도움이 필요하든 그것이 나약하다는 신호로 비쳐 수치심을 느끼거나 곧장 아동 보호 서비스를 요청하는 식의 반응이 일어나면 안 된다. 아이를 체포하거나(그 결과 범죄자 취급을 하거나) 정신병동에 가두는 등 집을 떠나게 하는 것이 유일하게 기댈 방법이 되어서는 안 된다. 다양한 형태의 중재가 절실히 필요하다.

지금 우리가 이야기하는 건 정신과 치료를 받아야 하거나 이미 범죄를 저지른 경우가 아닌 애매한 상황의 아이들이다. 아이에게 도움이 필요한데도 부모가 도움을 요청하지 않는 이유는 이렇게 아이들이 정말 필요한 도움을 받기가 쉽지 않다는 걸 알기 때문이다. 따라서 사회 전체가 정신 건강을 위한 지원을 최우선에 둘 필요가 있다.

부모들이 전문가의 도움을 구하지 않는 또다른 이유는 약점을 드러내면 가족과 친구들이 좋지 않게 보는 경향이 있어서다. 부모 역할이 얼마나 어려운지 인정하고 싶어하지 않는 문화가 일반적이라, 숙달된 보호사가 집에 방문해 도와주면 부모가 한숨 돌릴 수 있음에도 그러기를 거부한다. 지역사회 차원에서도 그런 부모들을 좋지 않게 미루어 판단하기보다는 각자의 부족한 점과 한계를 인정하고 서로 도울 필요가 있다.

한 여성이 페이스북에 '나는 애덤 란자의 엄마입니다'라는 제목의 글을 올렸을 때, 그건 정말로 애덤 란자의 엄마라는 뜻은 아니었다. 아들과 겪고 있는 어려움을 직관적으로 표현한 말이었다. 이 엄마는 아들에게 필요한 도움을 받을 수 없어서 자신이 얼마나 무력감을 느끼는지 밝히며, 결국 아들을 경찰서 앞에 데려다놓는 것 말고는 대안이 없을 것 같다고 했다. 그녀를 안 좋게 본 사람도 많았지만, 이 일을 계기로 그녀와 같은 부모들을 위한 사회 안전망에 대한 의문이 제기됐다. 이런 엄마는 어디로 가서 도움을 받아야 하는가?

내 내담자 중 스물네 살 아들이 공격성을 드러내고 폭력을 쓰려고 해온 가족이 고통에 빠진 경우가 있었다. 부모는 아들을 도우려고 했지만, 아들이 이미 성인이라 부모가 도움을 주는 데 한계가 있었다. 정신 병동에 입원시켜도 아들이 스스로 '정상'이라고 주장하니, 하루도 안 돼 병원에서 나왔다. 집으로 경찰을 불러도, 부모가 아들을 고발하지 않는 한 경찰이 해줄 수 있는 일이 없다는 설명뿐이었다. 아들을 고발까지 하고 싶지는 않으니 속수무책이라는 생각이 들었다. 이 사례는 지금의 우리 문화는 부모가 자녀에게 합법적이면서도 만족할 만한 도움을 줄 수 있는 기반이 전혀 갖춰지지 않았음을 극명하게 보여준다.

앞서 살펴보았듯이, 우리의 교육제도는 거의 마음이 아닌 머리에만 초점을 맞춘다. 학교에서 피상적으로는 사회적 문제행동을 다루고 몇몇 학교에는 상담교사도 있지만, 대체로 교직원들은 아이들의 심리 상태를 다룰 만한 자격을 갖추지 못했으며, 그럴 의욕도 없다. 세계적인 심리학자 대니얼 골먼은 그의 대표작 『EQ 감성지능』에서 아이의 성공을 위해 IQ보다 더 중요한 것이 EQ임을 보여준다. 그런데도 아이가 학교에서 더 좋은 점수를 받기를 원하는 부모와 교사, 교육과정에 이르기까지 우리의 관심은 온통 IQ에 맞춰진다.

우리가 IQ에서 EQ로 초점을 옮긴다면 학교는 가정과 강력한 연대를 이룰 수 있다. 그때 아이들은 약점을 부각하고 경쟁을 조장하는 교육과정 대신 사회적·정서적 단련에 진지하게 몰입해 자기감정을 조절하고 건강한 방식으로 표출하는 법을 배우게 될 것이다. 언어와 상식처럼 사회에서 제 역할을 하는 데 필요한 기초 능력을 습득하는 것 외에는 학교생활의 초점이 단순한 정보를 학습하는 게 아닌 전인 교육에 맞춰질 것이다. 정보는 나중에 아이들이 원하는 직업과 관련이 있으면 대부분 알아서 빠르게 습득할 수 있다.

우리는 이런 생각을 해봐야 한다.

'아이가 대수학을 배우는 것이 중요한가, 아니면 순간에 충실하며 서로 지지하고 배려하는 자세로 친구들을 대하는 것이 더 중요한가?'

나는 아이들이 학교에서 에크하르트 톨레의 『삶으로 다시 떠오르기』『지금 이 순간을 살아라』 같은 책에 담긴 내용을 배우기를, 그리고 기계적인 시험 대신 감정이 처리되는 과정을 온전히 경험하는 날이 오기를 간절히 바란다. 또한 학부모들이 내 책 『깨어있는 부모』에 나오는 원칙들에 숙련된 심리치료사가 주재하는 모임에 정기적으로 참석해 아이를 키우며 겪는 어려움을 나누면 좋겠다.

이런 활동이 지속되면 학교 운동장에서 벌어지는 괴롭힘, 친구 혹은 이성관계에서의 폭력, 각종 범죄, 심지어 국제 갈등까지 이 세상의 무분별한 폭력을 없애는 데 큰 도움이 될 것이다.

부모의 중대한 임무

☐ 대우주는 소우주를 반영하게 마련이라, 가정에서 일어나는 일은 규모를 넓혀 국가적 그리고 국제적 갈등으로 표출된다.

☐ 스위스의 심리학자 앨리스 밀러는 나치 정권에 관한 연구서 『너 잘되라고For Your Own Good』에서 히틀러와 그의 심복들이 부모의 엄격한 훈육이 낳은 산물임을 보여준다.

☐ "지금은 부모가 자녀를 때리는 것이 허용되지만, 그것이 아이들에게 효과적이지 않을뿐더러 해롭다는 증거가 계속 축적되고 있다."

☐ 아이가 하는 행동의 의미를 발견하는 것은 부모의 중대한 임무다.

☐ 부모들이 전문가의 도움을 구하지 않는 이유는 약점을 드러내면 가족과 친구들이 좋지 않게 보는 경향이 있어서다.

☐ 세계적인 심리학자 대니얼 골먼은 그의 대표작 『EQ 감성지능』에서 아이의 성공을 위해 IQ보다 더 중요한 것이 EQ임을 보여준다. 그런데도 아이가 학교에서 더 좋은 점수를 받기를 원하는 부모와 교사, 교육과정에 이르기까지 우리의 관심은 온통 IQ에 맞춰진다.

☐ 우리는 이런 생각을 해봐야 한다. '아이가 대수학을 배우는 것이 중요한가, 아니면 순간에 충실하며 서로 지지하고 배려하는 자세로 친구들을 대하는 것이 더 중요한가?'

25장

우리가 훈육을 하게 되는
숨은 이유

。

아이들은 종종 외모 때문에 괴롭힘을 당한다.
이럴 때 아이의 문제를 자기 문제로 받아들이는 부모는
성형수술까지 고려하기도 한다.
이런 부모가 아이에게 주는 메시지는 대단히 비판적이다.
'너는 이대로는 충분하지 않아. 내가 너를 고쳐줄게.'
여기서 '고친다'는 것은 훈육의 한 형태다.

아이가 우리의 바람대로 하지 않으면 우리는 화가 난다.

'얘는 왜 그냥 시키는 대로 하지 않을까?'

'왜 늘 내 말을 거역하는 걸까?'

이렇게 생각하며 훈육으로 아이를 복종하게 만들려고 한다.

겉으로만 보면 아이가 부모를 거역하는 것처럼 보인다. 하지만 정말 그럴까?

생일파티에 초대받은 나는 아이와 함께 가려고 딸에게 새 드레스를 사주었다. 그런데 아이가 예전에 산 드레스를 입고 계단을 내려오는 모습을 보자 나는 기분이 언짢아졌다. 엄마가 일부러 시간을 내서 예쁜 새 드레스를 사줬다는 걸 알 텐데, 아이는 왜 그 드레스를 입지 않을까? 나는 화가 났다. 아이는 일부러 그러는 게 분명했다.

이런 상황에서 아이가 자기 의지대로 하려고 하면, 우리는 부모의 바람을 거스르려는 다분히 반항적인 의도가 담겨 있다고 생각한다. 그렇지만 아이에게 차분히 그 이유를 물어보면, 대개는 그런 의도가 전혀 없고, 아이 나름대로 고심한 결과임을 알게 된다. 아이나 어른이나 똑같이 정당한 욕구를 가졌는데, 왜 아이는 자기가 원하는 바를 표현하면 안 될까?

딸아이가 내 의도와 다른 옷을 입었을 때, 나는 아이의 선택이 나와 무관하다는 생각을 하지 못했다. 사실 아이는 그냥 자기가 입고 싶은 옷, 자기 기분에 맞는 옷을 입었을 뿐이다. 엄마는 아예 고려 대상이 아니었다. 그런데도 나는 그 장면에 굳이 나를 집어넣어 지극히 정상적인 아이의 행동을 기 싸움으로 바꿔놓았다.

우리는 아이가 부모의 바람대로 행동하는 편이 아이에게 가장 이롭다는 생각이 들면 아이를 조종해서라도 순응하게 만드는 경우가 많다. 예를 들어 어떤 엄마가 딸에게 "엄마는 우리 딸이 바이올린 연주하는 소리를 들으면 행복한 기분이 들어"라고 말한다면 그것은 조종이다. 또한 어떤 아빠가 "아들, 아빠는 네가 축구 경기 하는 모습을 보면 무척 자랑스러워"라고 말하는 것도 조종이다.

우리가 이런 식으로 아이들을 다루면, 아이는 부모의 기분을 살펴야 한다는 책임감을 느낀다. 이제 파티복이나 바이올린, 축구 경기가 아이와 직접 연결되는 것이 아니라 엄마나 아빠를 뿌듯하게 만드는 일이 된다. 그러다가 자기가 원하는 옷을 입고 싶거나 부모가 자랑스러워하는 어떤 활동을 그만두고 싶어지면 아이는 내적 갈등을 겪는다. 자연스러운 성장 곡선을 따르다가 부모의 바람과 충돌하는 일이 생기면, 아이는 솔직하게 대응하는 것이 겁날 수 있다. 그뿐 아니라 부모를 실망시킨다는 죄책감마저 들지도 모른다. 그러다보면 진정한 모습은 점점 사라지고 거짓된 모습을 연기하게 된다.

ˇ
ˇ

아이의 외모는 파티복과는 전혀 다른 문제다. 하지만 많은 부모가 이
또한 자기들의 평판과 관련이 있다고 믿는다. 아이의 외모가 부모의
자랑거리가 되길 원하는 것이다. 아이들은 종종 외모 때문에, 이를테
면 몸집이 큰 편이라는 이유로 괴롭힘을 당한다. 이럴 때 아이의 문제
를 자기 문제로 받아들이는 부모는 충격에 빠져 영양사와 전담 트레이
너를 고용하는가 하면, 어쩌면 성형수술까지 고려하기도 한다. 겉으로
는 훈육과 관련이 없어 보이지만, 이런 부모가 아이에게 주는 메시지
는 대단히 비판적이다.
'너는 이대로는 충분하지 않아. 손을 좀 봐야 해. 내가 너를 고쳐줄게.'
아이는 이렇게 받아들인다. 여기서 '고친다'는 것은 훈육의 한 형태다.
이미지 때문에 아이를 '고친다'는 건 아이에게 건강한 식습관과 적절
한 운동을 권유하는 것과는 전혀 다르다.

파티복의 경우, 내 권한을 빼앗긴 듯한 기분은 대체 어디서 왔을까? 그 기
분은 내 딸의 행동이 아닌 내 유년 시절에서 온 것이었다. 예전에 나는 내가
고른 드레스를 입고 싶어도 부모님이 어울린다고 골라준 드레스를 입어야 하
는 딸이었다. 물론 그 드레스는 하나의 상징일 뿐이다. 네 살 때는 드레스였
지만, 아홉 살 때는 부모님이 피아노 시험을 보게 했고, 열아홉 살엔 남자친
구를 선택하는 문제가 있었다. 이처럼 우리는 우리 부모에게 길러진 방식을

아이에게 그대로 되풀이한다.

하지만 우리가 어렸을 때 경험한 패턴을 반복한다는 사실을 인지하는 것만으로는 부족하다. 우리가 아이의 외모, 성적, 응원단에 선발되거나 축구팀에 들어가는 것, 그 밖에 '부모로서 성공했다는 표시'에 감정적으로 그토록 강력하게 동요하는 이유를 설명해주지 못하기 때문이다. 왜 이런 것들이 그렇게도 중요할까?

딸아이를 순종하게 만들려는 나의 욕구가 대체 어디서 오는지 가만히 살펴본 결과, 아이가 내 말을 따르지 않을 때마다 느껴지는 '공허함'이 원인이었다. 아이가 다양한 발달 단계를 거치는 동안에도 그 느낌이 사라지지 않고 계속되자 나는 나 자신에 묻기 시작했다.

'이 감정은 대체 뭘까?'

나는 한동안 이 질문에 대한 답을 찾으려고 애썼고, 마침내 이해하게 되었다. 내가 어떤 유형의 부모라고 생각하는데 딸이 그 이미지를 깨려고 할 때마다 내 고유한 자아가 어렸을 때 이미 망가져버렸다는 사실을 접하게 되었던 것이다. 결국 내 진정한 자아와 연결되지 못하니까 자꾸만 딸아이를 통해 특정한 이미지의 부모라고 느낄 수 있길 바란 셈이다. 그런 이미지로나마 자의식을 가질 수 있도록.

나의 잠재의식에 내재된 기준이 위협받을 때마다 당혹감을 느낀다는 사실을 안 건 큰 깨달음이었다. 나라는 존재는 그 기준이 사라지면 아무것도 아닌 느낌이었다. 압도적인 공허함이 내 안에 견디기 힘들 정도의 불안감을 일으켰다.

불안감을 느끼는데 왜 불안한지 모를 때 우리는 그 감정을 밖으로 쏟아내곤 한다. 그럴 때 겉으로 드러나지 않는 우리의 근원적 두려움을 받아내야 하는 건 대개 아이들이다. 우리는 아이들의 건강과 안전, 미래를 염려한다. 그러다 보면 아이들을 우리의 '안전한 통제' 아래 두려고 훈육한다. 우리가 아이들을 대하는 방식의 상당 부분을 떠받치는 건 두려움이며, 그것이 우리가 아이들을 훈육하는 진짜 이유일 때가 많다.

물론 부모로서 우리는 "난 아이들을 무척 사랑해"라고 말함으로써 우리의 두려움을 정당화한다. 나는 누군가를 사랑한다는 것이 곧 그 사람을 걱정해야 한다는 뜻이라고 생각하지는 않는다. 우리가 아이들을 걱정하는 이유는 오히려 우리 자신의 안전과 행복이 우려스럽기 때문이다. 상대가 우리의 머릿속 영화에 부합하는 행동을 하지 않으면 성취감이나 안정감을 느끼지 못하게 될까봐 두려운 것이다. 어렸을 때 자신의 진정한 자아가 망가진 데 대한 공허함에서 비롯된 결핍감을 사랑이라고 착각하는 것이다. 아이를 이용해 우리의 결핍감을 채우려는 욕구와 아이에 대한 사랑의 차이를 구분하지 못하면 부모와 아이의 관계는 진흙탕이 되고 만다.

이제 훈육은 본질적으로 다음과 같이 말하는 것이나 마찬가지임을 모두가 명확히 알게 됐으리라 믿는다.

'어떻게 네가 감히 그럴 수 있어? 나에게 이토록 무력감을 주다니 나 지금 뚜껑 열렸으니까 진짜 통제권이 누구에게 있는지 보여주겠어.'

다시 말해 대부분의 부모가 자녀를 혼내는 이유는 아이의 잘못된 행동 때문이라고 믿으며 표면상으로는 확실히 그렇게 보인다. 하지만 나는 진짜 이유는 그게 아니라고, 단언컨대 아이의 잘못된 행동 때문에 혼내는 일은 거의 없다고 생각한다. 우리가 아이들에게 벌을 주는 이유는 아이들로 인해 자신이 부족하다는 느낌이 들고 우리 삶에 뭔가 결핍됐다는 사실, 즉 어떤 식으로든 우리의 진정한 자아를 '잃어버렸다'는 사실을 알게 되어서다.

훈육은 자신의 부족함을 맞닥뜨렸을 때 무력감을 느끼는 부모가 기대는 버팀목에 지나지 않는다. 그리고 이 알아차림은 혁명적이라 해도 과언이 아니다.

내가 딸아이에게 규율을 강조했던 이유가 내 부모님이 나를 그렇게 키웠기 때문임을 처음 알게 됐을 때 나는 당연히 부모님을 원망했다. 하지만 나의 진정한 자아가 억압된 것은 부모님 탓이 아니라는 생각이 들었다. 부모님 역시 나와 같은 처지에서 자신의 진정한 모습을 억누르고 사셨을 테고, 내 부모님의 부모님도, 그 윗세대도 다들 그랬을 테니까. 이것이 오늘날 이 세계가 이토록 많은 상처를 입고, 그래서 누군가에게 더 상처를 주는 안타까운 상황에 처하게 된 이유다. 이 상태는 태곳적부터 이어져왔으며, 우리는 이제야 조부모님과 부모님이 우리를 조종한 방식 그대로 우리 아이들을 조종하는 악순환이 대물림되고 있음을 알아가는 중이다.

훈육하려는 욕구의 진짜 원동력이 무엇인지 알면 우리는 양육 자체를 전혀 다른 관점에서 이해할 수 있다. 훈육은 부모의 뭔가 부족하다는 느낌과 관련이 있으므로 부모로서 해야 할 주요 임무는 자신의 어린 시절을 비추는 무력감을 자신 안에서 다스리는 것이다. 다시 말해, 양육의 초점이 아이가 아니라 부모가 되는 것이다. 이는 결국 부모가 된다는 건 우리가 자라는 동안 마비되다시피 한 우리 자신을 되살리는 놀라운 기회라는 뜻이다.

아이가 우리의 바람을 순순히 따르지 않을 때 우리가 공허함에 괴로워진다면, 그 감정은 우리의 진정한 자아가 망가진 결과이므로 그것을 되살려내야만 채워질 수 있다. 우리가 성장하는 동안 온갖 방식으로 억눌렸더라도 여전히 우리 안에 존재하는 자신의 본모습을 느끼는 것이다.

그러기 위해서 우리는 어떻게 해야 할까? 아이가 우리의 뜻을 거스른다는 생각이 들 때, 아이를 몰아세우는 대신 우리 안에 일어나는 감정을 가만히 지켜봐야 한다. 그렇게 할 때 정서적으로 굉장히 불편함을 느낄 수 있다. 방법은 그 불편함을 그냥 그대로 지켜보는 것이다. 도망치지 않고, 바쁜 일정 속으로 숨으려고도 하지 않아야 하며, 다른 어떤 방법으로도 회피하지 않아야 한다. 아이를 이용해 내면의 갈망을 해소하려고 해서도 안 된다. 그 갈망과 동경, 공허함이 그대로 존재하게 두어야 한다.

그러면 아주 놀라운 일이 일어난다. 우리가 각자의 공허함을 지켜보며 그것이 얼마나 괴로운지를 가만히 느끼면, 그 끝이 보이지 않을 정도로 깊은 줄만 알았던 구덩이에도 바닥이 있다는 걸 차츰 알게 된다. 그 공허함과 괴로움 밑에서 자신의 억눌린 참모습을 발견하게 된다. 이렇게 각자의 내면을 충분히 깊이 들여다보면 진정한 자아를 확인하게 되며, 그것이 다시 생명력을 얻어 우리 안의 공허함을 채워준다. 그동안 아이들의 외모와 명석함, 사회적 성취에 기대어 유지해 온 우리의 이미지가 무너질 때마다 느꼈던 공허함 말이다.

부모가 괴롭더라도 이런 식으로 자신의 공허함을 아이에게 떠넘기지 않으면, 아이를 훈육으로 다스려 자기가 원하는 이미지로 만들려고 하지 않으니 그만큼 아이들의 진정한 모습을 지켜주게 된다. 그러면 아이들이 나중에 자신의 진정한 모습을 되찾기 위해 방황하는 일도 줄어들 것이다. 결국 부모와 아이는 서로의 완전한 성장을 돕는 조력자가 되며, 양육은 깨어있는 동반자 관계에서 이루어진다. 부모가 된다는 건 우리가 성장할 수 있는 완벽한 토대를 만드는 것이며, 이로써 우리는 아이였을 때 다하지 못한 성장을 마무리할 수 있게 된다.

지금 우리는 부모와 아이 관계의 공생적 성격에 관해 이야기하고 있다. 부모와 아이가 공생 관계라는 것은 아이들이 원래 우리의 일부라는 뜻이다. 뱃속에 있을 때와 신생아일 때 아이의 삶은 매 순간 부모를 필요로 하기에 우리는 자신을 한없이 내어준다. 하지만 점점 더 많은 것을 쏟아붓더라도 아이의 행복을 위해서는 아이를 돌보고 욕구를 채워주는 행동과 우리 자신의 잠재된 욕구를 채우기 위해 아이를 이용하려는 충동 사이에 확실한 선을 그어야 한다. 다시 강조하지만 그 충동이 바로 우리의 잠재의식 속 기준이다.

부모가 아이를 위해 사준 드레스를 아이가 입지 않을 때 그것을 기분 나쁘게 받아들이는 이유는 '내가 곧 아이이고 아이가 곧 나다'라는 생각으로 공생 관계에 얽매여 있기 때문이다. 아이가 학교에서 C를 받아오면 그것이 마치 우리의 지능을 반영하기라도 하는 것처럼 행동하는 이유도 마찬가지다. 성적의 경우, 우리는 감정을 배제한 채 아이가 C를 받게 된 이유를 알려고 하지 않고 아이의 죄책감을 자극하거나 아이를 훈육해 부모로서 체면을 세우려고 한다. 모든 훈육은 태아와 신생아 때 필요한 공생 관계가 10대 시절까지 똑같이 유지되어야 한다는 오해에서 비롯된다. 어떤 문화권에서는 자녀가 성인이 되어도 마찬가지라고 보는 부모도 있다. 아이가 어릴 때는 부모를 필요로 하므로, 우리는 아이가 의존하는 존재라는 사실에 애착을 느낀다.

신생아기는 부모가 가장 힘들게 보내는 시기이자, 한편으로는 아이와 가장 끈끈하게 공생하는 시기이기도 하다. 아이의 건강한 발달을 위해서는 초기 관계가 공생적이어야 부모와 아이 사이에 깊은 애착이 형성된다. 이때 부모는 아이가 원하는 것은 다 내줘야 하지만 단 하나, 자신의 어린 시절에 완수하지 못한 정서적 발달이 남긴 잠재의식 속 기준은 대물림하면 안 된다. 많은 가정에서 아이가 아장아장 걷기 시작해 독립성을 드러내기 시작하면 끔찍하게 힘들다고 하는 이유가 바로 이 때문이다.

$$\vee$$

> 부모로서 우리는 왜 '미운 세 살'이라는 표현을 쓸까? 그 나이부터 우리가 애착을 갖는 공생 관계가 위태로워지기 때문이다.
> "놔줘, 비켜."
> 아이는 부모에게 소리친다. 하지만 공생 관계를 포기하는 것은 진정한 자아를 잃어버린 부모에겐 엄청난 불안감을 유발하기 때문에 대단히 고통스럽다.

아이가 대학에 갈 때가 돼서 지원할 학교의 조건을 부모가 정하면, 그때도 똑같은 힘겨루기가 일어난다. 수많은 10대가 나에게 불평하기를, 차로 다니기 힘든 거리에 있는 학교에는 부모가 아예 지원조차 '허락하지 않는다'는 것이다. 대부분 부모가 경제권을 쥐고 있으니 아이는 부모가 시키는 대로 할 수밖에 없다.

양육의 목표는 우리 내면의 충만함으로 아이를 사랑하는 것이다. 이 말은 두려움을 품고 아이의 행복이나 성공을 대하지 않는다는 뜻이다. 우리가 스스로에 대해 충만함을 느낀다면 아이에게 우리의 욕구를 대신 충족시켜달라고 할 필요가 없다. 우리가 이제 막 다시 발견하기 시작한 각자의 진정한 모습으로 욕구를 충족한다면, 자신의 욕구를 채우려는 욕심 없이 오로지 아이에게 필요한 방식으로 아이를 대할 수 있다. 아이의 외모나 성취는 부모를 비추는 거울이 아니다. 아이가 성공해야 우리의 기분이 더 좋아진다는 이유로 그렇게 되기를 바라는 건 오래가지 못한다.

부모의 꿈을 대신 실현해야 한다는 부담으로부터 아이를 자유롭게 해줘야 한다. 그 꿈은 아이의 욕구가 아닌 우리의 욕구에 기반한 것이기 때문이다. 아이가 그 짐을 내려놓아야만 힘들더라도 몸소 경험하고 깨달으며 자기 목소리를 찾고 자신에게 맞는 올바른 길을 발견해 나가게 된다. 그것이야말로 우리가 아이에게 줄 수 있는 최고의 선물이다.

부모는 왜 '미운 세 살'이라는 표현을 쓸까?

☐ 부모가 스스로에 대해 충만함을 느낀다면 아이에게 우리의 욕구를 대신 충족시켜달라고 할 필요가 없다.

☐ 부모는 아이가 부모의 바람대로 행동하는 편이 아이에게 가장 이롭다는 생각이 들면 아이를 조종해서라도 순응하게 만드는 경우가 많다.

☐ 자연스러운 성장 곡선을 따르다가 부모의 바람과 충돌하는 일이 생기면, 아이는 솔직하게 대응하는 것이 겁날 수 있다. 그뿐 아니라 부모를 실망시킨다는 죄책감마저 들지도 모른다. 그러다보면 진정한 모습은 점점 사라지고 거짓된 모습을 연기하게 된다.

☐ 아이를 순종하게 만들려는 욕구가 대체 어디서 오는지 가만히 살펴보면, 아이가 내 말을 따르지 않을 때마다 느껴지는 '공허함'이 원인이다. 압도적인 공허함이 견디기 힘들 정도의 불안감을 일으킨다.

☐ 불안감을 느끼는데 왜 불안한지 모를 때 우리는 그 감정을 밖으로 쏟아내곤 한다. 그럴 때 겉으로 드러나지 않는 우리의 근원적 두려움을 받아내야 하는 건 대개 우리 아이들이다.

☐ 부모는 아이들의 건강과 안전, 미래를 염려한다. 그러다 보면 아이들을 우리의 '안전한' 통제 아래 두려고 훈육한다. 우리가 아이들을 대하는 방식의 상당 부분을 떠받치는 건 두려움이며, 그것이 우리가 아이들을 훈육하는 진짜 이유일 때가 많다.

☐ 훈육은 자신의 부족함을 맞닥뜨렸을 때 무력감을 느끼는 부모가 기대는 버팀목에 지나지 않는다. 그리고 이 알아차림은 혁명적이라 해도 과언이 아니다.

26장

교감의 힘

o

부모는 아이가 가방을 내려놓기도 전에 이렇게 질문을 쏟아낸다.
"오늘 어땠어? 시험 잘 봤어? 점심은 맛있었니?"
스스로 아이와 교감하려고 애쓰는 좋은 부모라 믿으며
그 짧은 순간에 자신의 걱정을 무심코 아이에게 쏟아내고
자기가 원하는 방향으로 대화를 주도한다.
그런데 아이들은 대부분 '보스'에게 보고할 기분이 아니다.
아이가 원하는 건 지금의 기분을 존중받는 것뿐이다.

부모는 아이를 끊임없이 교정하려는 생각을 버리고 아이와 교감을 나눠야 한다. 아이들이 간절히 원하는 건 교정이 아니라 교감이다. 아이들은 자신의 진정한 모습 그대로 사랑받고 싶어할 뿐 더 바라는 게 없다. 있는 그대로의 모습을 인정받지 못하면 모든 좋지 않은 행동과 정신적인 문제, 범죄를 포함한 각종 사회적 역기능의 원인이 된다.

심각한 단절은 아주 사소한 일에서 일어날 수 있다. 아이들은 부모의 낌새를 금세 알아차리며 부모가 자기를 대하는 태도도 순식간에 파악한다. 예를 들어 아이가 학교를 마치고 집에 들어올 때 수많은 가정에서 단절이 일어난다.

부모는 아이가 가방을 내려놓기도 전에 이렇게 질문을 쏟아낸다.
"오늘 어땠어? 시험 잘 봤어? 점심은 맛있었니?"

스스로 아이와 교감하려고 애쓰는 좋은 부모라 믿으며 그 짧은 순간에 자신의 걱정을 무심코 아이에게 쏟아내고 자기가 원하는 방향으로 대화를 주도한다.

그런데 아이들은 대부분 '보스'에게 보고할 기분이 아니다. 학교에서 종일 어른들이 정한 목표와 할 일을 해내느라 지쳐서 또다른 어른의 질문에 답하고 싶은 마음이 조금도 없다. 아이가 원하는 건 지금의 기분을 존중받는 것뿐이다.

"나 지금 얘기하고 싶지 않아. 너무 피곤해."

아이가 이렇게 말한다고 가정해보자. 자기 머릿속 영화에 사로잡힌 부모는 아이의 기분을 이해하지 못한 채 아이의 태도를 언짢게 받아들이고, 아이가 자신을 밀어낸다고 여겨 실망한 기색을 드러낸다. 하지만 아이에게 무시당하고 있다는 부모의 느낌은 상상일 뿐이며, 아이의 욕구가 아닌 부모 자신의 욕구를 중심에 놓은 결과다. 이런 느낌은 아이가 부모의 억눌린 자아를 대신 충전해주지 못할 때마다 일어나는 공허감에서 비롯된다.

아이가 학교에서 돌아올 즈음 우리는 정서적으로 대비하는 것이 좋다. 중요한 건 우리의 계획에 공간적 거리를 두는 것이다. 그래야 부모와 떨어져 있다가 돌아온 아이가 집에서 편안함을 느낀다. 이를 위해서는 아이로 하여금 분위기를 주도하게 해야 한다. 이야기하는 사람은 아이여야 한다. 아이에 대한 불안 때문에 그렇게 하기가 쉽지 않다는 걸 안다. 하지만 그래야만 효과적인 양육이 이루어진다. 아이를 훈육하는 대신 자신의 욕구를 드러내지 않도록 우리 자신을 단련해야 한다.

아이가 집에 오면 무엇이든 받아줄 기세로 웃으며 문을 열어주자. 아이가 웃음으로 화답하든, 우리를 안아주든, 무슨 말을 하든 다 받아줘야 한다. 아이의 기분이 어떻든 완벽하게 용인된다는 느낌을 받아야 한다. 다시 말하자면 아이는 집에 적응하는 데 필요한 건 무엇이든 부모에게 요청하는 감독 역할이다.

부모인 우리는 집에 돌아오는 것이 아이에게 얼마나 큰 전환인지 이해하지 못한다. 시험이나 게임 등 아이의 일과에 관해 궁금한 것이 아무리 많아도 아이가 먼저 말을 꺼내기 전에는 아직 물어볼 때가 아니다. 따뜻하게 맞아주는 것 외에는 묵묵히 아이가 이끄는 대로 따르면 된다. 아이가 기운을 회복하고 집안 환경에 적응하고 나면, 그때 아이의 하루에 관해 부드럽게 물어보면 된다. 이쯤 되면 아이는 대체로 기분 좋게 이야기를 할 것이다. 하지만 강요해서는 안 된다. 그보다는 진정한 교감이 이루어지게 하는 것이 좋다.

부모로서 우리에겐 정서적 교감보다 정신적 교감을 강조하는 편이 더 쉽게 느껴질 수 있다. 정신적 교감은 대개 말하는 것을 의미하기 때문이다. 그런데 문제는 우리는 아이에게 말을 건넴으로써 교감을 나누고 있다고 생각하지만, 실제로는 아이가 원하는 것을 듣지 않고 우리의 바람만 강요하니 교감은 전혀 이루어지지 않는다는 것이다. 바로 이런 이유로 첫 번째 규칙이 우리의 생각을 말하는 대신 아이의 기분에 조용히 맞추는 것이다. 우리가 아무 말 없이 다 받아주는 분위기를 만들면, 아이는 자신의 솔직한 모습들을 보여주려고 할 것이다.

하지만 우리 중에 이렇게 온전히 아이에게 집중할 수 있는 부모가 얼마나 될까? 아이의 기분이 어떻든 우리가 아이에게 진실로 집중하며 곁에 있는 건 익숙해지기 전까지는 힘들게 느껴질 수 있다. 우리는 침묵을 수다로 채우는 데 너무 익숙하다. 온갖 양육법이 개발되는 이유 중 하나가 바로 가만히 아이 곁에 있어주지 못하기 때문이다.

　침묵하는 법을 가르쳐주는 학교는 없다. 학교 교육과정 중 어디에 '침묵'이 있는가?

　침묵을 편안하게 받아들이는 것은 아이와 교감을 나누고 그것을 유지하기 위해 내가 제안하는 6단계 중 가장 중요한 첫 번째 단계다. 이 6단계를 기억하기 쉽도록 각 단계의 머리글자를 따서 'WINNER'라 이름 붙였다. 'WINNER'가 나타내는 단계들은 다음과 같다.

Witness : 지켜보기

Inquire : 물어보기

Neutrality : 중립 지키기

Negotiate : 협상하기

Empathize : 공감하기

Resolve : 해결하기

부모와 아이 사이에 진정한 교감이 이루어지려면?

☐ 아이들이 간절히 원하는 건 교정이 아니라 교감이다.

☐ 이야기하는 사람은 아이여야 한다. 그러나 아이에 대한 불안 때문에 그렇게 하기가 쉽지 않다. 하지만 그래야만 효과적인 양육이 이루어진다.

☐ 아이를 훈육하는 대신 자신의 욕구를 드러내지 않도록 우리 자신을 단련해야 한다.

☐ 우리는 아이에게 말을 건넴으로써 교감을 나누고 있다고 생각하지만, 실제로는 아이가 원하는 것을 듣지 않고 우리의 바람만 강요하니 교감은 전혀 이루어지지 않는다.

☐ 교감을 위한 첫 번째 규칙은 우리의 생각을 말하는 대신 아이의 기분에 조용히 맞추는 것이다.

☐ 우리가 아무 말 없이 다 받아주는 분위기를 만들면, 아이는 자신의 솔직한 모습들을 보여주려고 할 것이다.

☐ 시험이나 게임 등 아이의 일과에 관해 궁금한 것이 아무리 많아도 아이가 먼저 말을 꺼내기 전에는 아직 물어볼 때가 아니다.

☐ 따뜻하게 맞아주는 것 외에는 묵묵히 아이가 이끄는 대로 따르면 된다. 아이가 기운을 회복하고 집안 환경에 적응하고 나면, 그때 아이의 하루에 관해 부드럽게 물어보면 된다.

27장

W : 지켜보기

。

"부모님은 제 말을 절대 안 들어요."
이것이 내가 늘 듣는 아이들의 불만이다.
물론 우리는 듣고 있다고 생각한다.
하지만 부모로서 우리가 듣는 건 우리 안의 목소리지
아이들의 목소리가 아니다.
부모는 왜 아이들이 우리 말을 듣지 않는지 모르겠다고 말한다.
그 이유는 부모가 무의식적으로 내뿜는 기운 탓에
아이들에게는 부모의 말이 크고 시끄러운 경종처럼 느껴지기 때문이다.

∨
∨

내가 제안하는 6단계 중 1단계 W는 지금 이 순간 벌어지고 있는 일
을 지켜본다witness는 뜻이다. 생생한 현장의 목격자가 되기 위해서는
부모 역할에서 벗어나 어떤 일이 일어나든 가만히 지켜볼 수 있어야
한다.

장엄한 일몰을 바라볼 때 우리는 그것을 한 여성 혹은 남성으로서, 아니
면 부모나 배우자로서 바라보지 않는다. 우리의 의식이 일몰의 장엄함에 푹
빠지면 이런 역할은 안중에도 없어지고 그저 일몰과 하나가 된다. 사고思考에
서 존재로 상태를 전환했기에 그 순간의 아름다움에 몰입할 수 있는 것이다.
　'노을이 좀더 밝은 오렌지 빛깔이었어야 했는데…'
　이렇게 머릿속 영화와 비교해 해석하는 것이 아니라 그 상황의 '있는 그대
로'의 모습에 빠져든다. 만약 당신의 머릿속이 정신적 수다로 가득하다면 지

금 경험하는 일의 심오한 경지로 빠져들지 못할 것이다.

일몰을 지켜볼 때 우리는 여전히 여자이거나 남자, 부모 혹은 배우자이지만 우리가 경험하는 것을 받아들이는 과정에서 이런 역할은 부차적이다.

어느 순간 우리 앞에 무엇이 펼쳐지든, 지금 당장 무슨 일이 일어나든, 설령 별로 좋지 않게 느껴지는 일이 벌어진다 해도, 거기에 보물이 있어서 우리가 알아보기만 하면 된다고 생각할 수 있다면 도움이 된다. 아이가 우리를 필요로 할 때 아이 곁에서 가만히 지켜볼 수 있다면 깊은 변화를 경험하게 될 것이다. 하지만 마음이 바쁘면 이런 값진 교훈을 놓치게 된다.

장엄한 일몰에 몰입할 때와 똑같은 방식으로 아이들과 교감할 수 있을까? 물론 그럴 수 있다. 우리가 머릿속 영화 상영을 멈추고 아이들의 현실을 있는 그대로 마주하기만 한다면. 지켜보기의 관건은 있는 그대로의 현실과 교감할 수 있느냐다.

아이가 부모를 멀리하는 듯할 때 그 이유는 부모가 자기를 진심으로 대하지 않는다고 느끼기 때문이다. 하지만 우리는 대부분 알지 못한다.

"부모님은 제 말을 절대 안 들어요."

이것이 내가 늘 듣는 아이들의 불만이다. 물론 우리는 듣고 있다고 생각한다. 하지만 부모로서 우리가 듣는 건 우리 안의 목소리지 아이들의 목소리가 아니다.

부모는 왜 아이들이 우리 말을 듣지 않는지 모르겠다고 말한다. 그 이유는 부모가 무의식적으로 내뿜는 기운 탓에 아이들에게는 부모의 말이 크고 시끄러운 경종처럼 느껴지기 때문이다.

"부모님은 저에게 설교만 늘어놔요."

아이들, 특히 10대 아이들이 내게 하는 말이다. 그러니 아이들로서는 귀를

닫는 것 말고는 자신을 보호할 방법이 없다.

　부모가 자신의 잠재의식 속 기준을 내려놓고 오직 그 순간에 충실할 때 아이들이 필요로 하는 지점에서 아이들과 만날 수 있다. 실질적으로 교감을 나누면 비극이 펼쳐질 일도 없다. 문제가 있으면 가치 판단은 내려놓고 있는 그대로 대처해라. 그러면 아이의 건강한 발달에 기반이 되는 교감을 계속 유지할 수 있다.

∨
∨

　"열두 살 된 아들이 저와 말을 통 안 해요. 컴퓨터 앞에 앉아서 친구들과 채팅만 하려고 합니다."

　한 아빠가 내게 이렇게 고민을 털어놓았을 때, 나는 이런 역학 구도는 하루아침에 형성된 게 아니니 하루아침에 달라지진 않을 거라고 설명했다. 또한 아들의 행동은 아버지가 자신에게 하는 행동에 대한 느낌을 고스란히 반영한다고 덧붙였다. 아들은 자신이 중요하다고 생각하는 일들이 계속해서 짓밟히는 데 익숙해서 이렇게 말하는 것이나 다름없었다.

　'저는 저를 보호하기 위해 제 방에 들어갈 거예요. 방에서 제가 중요하다고 생각하는 것들을 제 힘으로 챙길 거예요.'

　내가 아들과의 유대관계를 강화할 필요가 있다고 말하자, 그 아빠가 한숨을 쉬며 말했다.

　"하지만 제가 자기 방에 들어가지도 못하게 하는걸요. 아이가 저에게 한마디도 하지 않는데 어떻게 교감을 나누죠?"

"상황을 '있는 그대로' 보는 것부터 시작해보죠. 아이가 컴퓨터로 무얼 하나요?"

내가 물었다.

"공부하고, 비디오게임을 해요."

"그렇다면 아이가 정말로 좋아하는 비디오게임에 관심을 보이고, 함께 해보고 싶다고 말하는 거죠. 이렇게 하는 게 교감을 나누는 첫 번째 방법이에요."

이것이 부모가 아이의 현실을 지켜보는 방법이다.

"하지만 전 비디오게임이 싫습니다. 지루해요."

"아버지에게 무엇이 흥미로운지는 중요하지 않아요. 아이와 교감을 나누는 것이 중요하죠. 당신이 진심으로 교감을 나누려고 애쓰는 걸 보면 아이도 마음을 열 거예요. 하지만 시간이 걸린다는 사실을 명심하세요. 한 번에 벽돌 하나를 쌓는다는 생각으로 신뢰를 쌓아야 할 거예요. 혹시 아이가 당신을 거부해도 발끈하지 마세요. 과정의 일부로 받아들이세요. 지난 수년간 아이의 기분이 어땠는지를 보여주는 것뿐이라고 생각하면 도움이 될 거예요."

본래 폐쇄적인 아이는 없다. 아이들은 안전하다고 느끼면 마음을 열고 자기 생각을 공유하려고 한다. 어느 한순간 겉으로 드러난 행동과 무관한, 자신의 타고난 선량함을 부모가 알아주기를 원한다. 혹시 잘못된 행동을 해도 부모가 당황하지 않을 거라는 확신이 들면 아이는 기쁨을 느낀다. 아이들을 지켜본다는 것은 곧 아이들을 조건 없이 받아들인다는 뜻이다.

내가 조건 없는 수용에 대해 말하면 간혹 이렇게 묻는 부모들이 있다.

"아이가 거짓말을 하거나 물건을 훔치거나 남을 속이는데도 괜찮다고 해야 하는 건 아니죠?"

그럴 때 나는 이렇게 설명한다.

"조건 없는 수용은 특정 행동에 대해 괜찮다고 하느냐 마느냐 하는 이야기가 아니에요. 관계가 괜찮아야 한다는 얘기죠. 아이는 자신의 실수를 고백하고 약점을 인정해도 안전하다는 느낌을 받을 필요가 있어요. 그래야 자기가 어떤 행동을 해도 여전히 선하고 가치 있는 사람임을 확신할 수 있으니까요. 스스로에 대해 좋은 감정을 느끼면 좋은 행동을 하고 싶어진답니다."

아이들은 인신공격을 받을 것 같으면 입을 꼭 닫아버린다. 그러니 아이들이 마음을 열길 바란다면 부모는 심판 역할을 하면 안 된다. 지켜본다는 건 그 상황에 개입해서 행동을 조정하려는 충동을 포기한다는 뜻이다. 행동을 조정하는 건 어떤 식으로든 의미 있는 교감이 이루어진 다음에 해야 한다. 당장은 부모에게 마음을 열고 싶어하는 아이의 욕구를 가만히 지켜볼 뿐이다.

⌄
⌄

부모가 다 받아줄 것 같은 기운을 느끼면 아이는 부모와 더 많은 시간을 보내고 싶어한다. 나는 프레드와 딸의 관계를 통해 이를 확인할 수 있었다. 프레드는 결벽증 성향이 있어서 집을 깔끔하게 유지하고 싶어했다. 하루는 상담 치료 중에 프레드가 딸아이와 다툰 이야기를 털어놓았다.

"애가 무척 버릇이 없고 무례해요."

알고 보니 그가 귀가했을 때 딸아이가 거실 소파에 발을 올린 채 좋아하는 TV 프로그램을 보며 스무디를 홀짝이고 있었고, 책들이 여기저기 널려 있었다.

프레드는 집안이 이 정도만 어질러져도 화가 났다.

"소파에서 발 내려!"

그가 소리를 질렀다.

"책 정리해. 스무디도 주방에 갖다놓고. 거실에선 음식물 먹으면 안 되는 거 몰라?"

아이는 "흥!" 하며 자리에서 일어나더니, 나지막이 툴툴대며 자기 방으로 들어가 문을 쾅 닫았다. 그 모습에 더욱 화가 난 프레드는 딸의 방문을 벌컥 열고 버럭 소리쳤다.

"어떻게 감히! 이 버릇없는 자식, 내가 제대로 가르쳐야겠어. 일주일 동안 TV 시청은 금지야!"

내가 그의 기운이 도미노를 무너뜨릴 만한 기세로 휘몰아쳤다고 말하자, 프레드는 당황한 표정을 지었다.

"당신 눈에는 집안이 난장판으로 보였겠지만, 딸아이가 볼 땐 전혀 그렇지 않았을 거예요. 아이는 그냥 자기에게 딱 편안한 상태로 있었던 거예요. 방문을 쾅 닫은 건 아이만의 방식으로 이렇게 말한 거고요. '이 집에서 나는 중요하지 않아. 내 즐거움보다 아빠의 규칙이 더 중요하지.'"

프레드가 가만히 지켜보는 사람이 아닌 바로잡는 역할을 자처한 것이 문제였다. 그는 가족이라도 저마다 지내는 방식이 다름을 받아들일 수 있어야 했다. 프레드가 지켜보는 태도를 유지했다면 귀가했을 때, 딸의 발이나 책, 스무디가 놓인 위치가 거슬리기보다는 편안한 분위기와 아이의 즐거운 기분이 느껴졌을 것이다. 그가 이런 것들을 느낄 수 있었다면 그도 딸 곁에 앉아 TV를 보거나 '네가 이렇게 즐거워하는 모습을 보니 좋구나' 하는 마음으로 미소를 띠며 방으로 들어갔을 것이다.

다행히 프레드는 자신의 비판적인 태도가 실은 친해지는 걸 회피하는 방식이며 실제로 그에겐 다른 사람과 정말로 가까워지는 것에 대한 두려움이 잠재해 있고, 이를 해결하는 데 어려움을 겪고 있다는 사실을 기꺼이 인정했다. 상담 치료를 통해 그는 가족을 있는 그대로 받아들이고 그들과 교감하며 그 관계를 자신의 기준보다 우선시해야 한다는 것, 그런 다음에 가족 모두가 적당히 깔끔하게 지내도록 자연스럽게 유도할 수 있다는 것을 이해했다. 이렇게 하면 가족들도 그가 오로지 집안이 깨끗한 것에만 관심 있다고 느끼지 않고 그가 원하는 바를 더 적극적으로 수용하려 할 터였다.

'듣고 있어, 보고 있어, 다 괜찮아.'

이것이 지켜보기가 전하는 강력한 메시지이다. 지켜보기를 통해 상황을 완전히 바꿀 수 있으며, 이는 훈육으로 인해 다투는 일 없이 교감으로 이어지는 새로운 양육 방식의 시작이다.

마음을 열고 수용하는 자세로 말없이 지켜본다는 것이 어려울 수도 있다. 나는 내담자들에게 가만히 지켜보는 상태로 들어가는 데 도움이 되도록 다음과 같은 생각에 집중해보라고 권한다.

- 내 앞에 펼쳐진 상황은 나에게 가르침을 주고 있는데, 단지 내가 못 알아보는 것뿐이다. 내 앞에 펼쳐진 상황은 어떤 식으로든 나의 발전

을 위해 내가 유도한 것이며, 어떻게 이런 일이 일어날 수 있는지 발견함으로써 나는 이득을 얻을 것이다.

• 내 앞에 펼쳐진 상황은 적이 아니라 친구로서 나에게 온 것이다.

• 내 앞에 펼쳐진 상황은 내 마음 상태를 반영하며, 내가 어떻게 반응하는지를 보면 나 자신을 어떻게 느끼는지 알 수 있다.

• 내 앞에 펼쳐진 상황은 부족함이 있어도 그 자체로 완벽하며, 나 또한 그렇다.

WINNER 전략 첫 번째 : 지켜보기

☐ 아이들을 지켜본다는 것은 곧 아이들을 조건 없이 받아들인다는 뜻이다.

☐ 아이가 부모를 멀리하는 듯할 때 그 이유는 부모가 자기를 진심으로 대하지 않는다고 느끼기 때문이다. 하지만 우리는 대부분 알지 못한다.

☐ 부모가 진심으로 교감을 나누려고 애쓰는 걸 보면 아이도 마음을 열 것이다. 하지만 시간이 걸린다는 사실을 명심해야 한다. 한 번에 벽돌 하나를 쌓는다는 생각으로 신뢰를 쌓아야 한다.

☐ 혹시 아이가 당신을 거부해도 발끈하지 마라. 지난 수년간 아이의 기분이 어땠는지를 보여주는 것뿐이라고 생각하면 도움이 될 것이다.

☐ 본래 폐쇄적인 아이는 없다. 아이들은 안전하다고 느끼면 마음을 열고 자기 생각을 공유하려고 한다. 어느 한순간 겉으로 드러난 행동과 무관한, 자신이 타고난 선량함을 부모가 알아주기를 원한다.

☐ 아이들이 마음을 열길 바란다면 부모는 심판 역할을 하면 안 된다. 지켜본다는 건 그 상황에 개입해서 행동을 조정하려는 충동을 포기한다는 뜻이다.

☐ 행동을 조정하는 건 어떤 식으로든 의미 있는 교감이 이루어진 다음에 해야 한다. 당장은 부모에게 마음을 열고 싶어하는 아이의 욕구를 가만히 지켜볼 뿐이다.

☐ '듣고 있어, 보고 있어, 다 괜찮아.' 이것이 지켜보기가 전하는 강력한 메시지이다.

28장

I : 물어보기

。

엄마는 충격을 받고 잠시 할말을 잃은 듯했지만,
그 순간이 모든 것을 바꾸는 계기가 되었다.
무기력한 표정으로 딸을 바라보던 엄마는 용기를 끌어모아 이렇게 말했다.
"엄마가 네 말에 귀 기울이지 않아서 미안해.
그러니 다시 한 번 말해주겠니?
너에게 무슨 일이 일어나고 있는지 정말로 알고 싶어."
딸은 눈물이 차올라 아무 말도 하지 못했다.
그때 엄마가 손을 뻗어 딸아이의 손을 꼭 잡았다.

WINNER 전략에서 2단계에 해당하는 I는 물어보기Inquire를 뜻한다.
처음부터 강조하자면 물어보기는 조사관처럼 아이의 생활에 관해 꼬
치꼬치 캐묻는다는 뜻은 아니다. 어떤 일이 벌어졌을 때 그 근본적인
이유를 파악한다는 뜻이다. 여기엔 두 가지 측면이 있지만, 어디에도
아이를 심문하듯 몰아세우는 건 없다.

첫째는 누구도 다른 사람을 진실로 알지는 못하며 그럴 의무도 없다는 사
실을 인정하는 것이다. 물어보기의 목적은 상대방이 어떤 사람인지를 알아
내는 것이 아니라, 상대방이 어떤 식으로 자신을 드러내고 싶어하든 그들과
교감을 더 돈독히 하는 데 우리의 에너지를 집중하는 것이다. 이를 위해서는
우리가 사는 방식은 인간이 살아가는 무수한 방식 중 하나에 불과하다는
사실을 인정해야 한다. 세상엔 무수히 많은 가능성이 있으며, 자기만의 방식

으로 삶에 접근하고 그것을 표현하는 건 인간의 고유한 권리다. 그 방식이 설령 내 방식과 전혀 다르더라도 말이다.

인간은 매우 복잡한 존재라서 우리가 어떤 사람의 행동을 보면서 생각하는 것이 실제로 그 사람에게 벌어지고 있는 상황과 일치하는 경우는 거의 없다. 다른 사람으로 존재한다는 것이 어떤 것인지 알 수 없기에, 상대방이 원하는 방식으로 자기 내면세계의 일부를 드러내면 그 상태로 교감할 수밖에 없다.

다른 사람이 내 삶 속에 들어온다는 것, 특히 아이처럼 우리의 보호를 받으러 온다는 것은 하나의 특권이다. 우리는 아이들 곁에 있을 때 경이로움으로 충만해지며 결코 그들을 통제하려 해서는 안 된다. 우리가 바라는 건 우리에게 맡겨진 이 소중한 영혼이 고유한 본모습을 발견하고 자기에게 정말로 의미 있는 것이 무엇인지 깨달아 개성 있는 존재로 활짝 꽃을 피우는 것이 전부여야 한다.

아이들이 지닌 아름다움과 놀랍도록 개성 있는 존재 방식을 보면 우리의 마음에는 경외심이 차오른다. 부족한 점들도 전부 점점 나아지는 과정, 즉 아이의 고유한 존재 안에서 시작해 지속되고 있는 작업의 하나로 이해된다. 우리에겐 우리의 방식을 강요할 것이 아니라 아이의 고유한 본모습을 보호하고 육성하며 비춰줄 책임이 있다. 부모의 안내는 지시가 목적이 아니며, 아이가 자신의 깊숙한 욕구를 성찰해 결실을 보게 하려는 데 있다.

물어보기의 둘째 측면은 아이가 하는 행동의 '이유'를 발견하는 것이다. 다만 그 이유는 아이가 아니라 부모인 우리 안에서 찾아야 한다. 우리의 어떤 점이 아이에게서 그런 반응을 일으키는가? 우리의 어떤 행동 때문에 아이가 진정한 모습에서 멀어져 일탈 행동을 하는가? 아이에게 전문가의 중재와 같은 도움이 필요하다면 우리가 어떻게 해야 최선의 도움을 제공할 수 있을까?

심리치료사로 오랫동안 일하면서, 나는 사람들이 어떤 행동을 하는 데는 언제나 그만한 이유가 있다는 걸 알게 됐다. 그것이 우리에게 분명히 드러나지 않을 수도 있고, 우리가 용납할 만한 이유가 아닐 수도 있다. 하지만 당사자에게는 그 이유가 타당하다는 것을 우리는 이해해야 한다. 특히 자녀에 관한 한, 아이가 어떤 행동을 하든 부모는 그 뒤에 숨겨진 의미를 헤아리는 것이 중요하다.

그런데 우리가 어떤 사람에게 특정 행동을 하는 이유를 묻는 것은 정말로 이유를 알고 싶어서라기보다는 비난하려는 목적일 때가 많다. 거기에는 사실 아이에 대해 알고 싶은 욕구는 전혀 없고 아이를 변화시키려는 욕구만 있다. 우리가 진실로 궁금해하지 않는 한, 진짜로 마음을 열지 않는 한, 물어보기는 아무 효과가 없다. 이때 '왜'는 심판과 통제를 감추려는 말일 뿐이기 때문이다.

진정한 물어보기는 심문자에서 탐구자로, 즉 어떤 일이 벌어지는 역학 구도를 진실로 이해하려는 탐구자로 태도를 바꾸는 것이다. 부모의 에너지가 이렇게 부드러워지면 아이들은 부모의 반대에 부딪힐 거라는 느낌 없이 계속해서 자신을 드러내고 싶어한다. 이를 보여주는 사례가 있다.

열네 살 소녀 메릴린과 엄마 달린은 10대 자녀와 부모 사이에 일어나는 전형적인 여러 문제들을 해결하려고 나를 찾아왔다. 두 사람은 서로 상처 주고 옥죄고 있다고 느끼며 원망이 가득했다. 표면상의 문제는 메릴린의 학교 성적이 갑자기 뚝 떨어지고 학교에서 아무런 의욕을 느끼지 못한다는 것이었다.

"애가 왜 이렇게 실망스러운 행동을 하는 걸까요? 모든 과목에 C를 받아오면 대체 어떻게 성공하겠다는 거죠? 멋진 삶을 살 기회를 스스로 걷어차고 있다는 걸 왜 모를까요?"

메릴린의 엄마가 물었다.

이 질문 속에는 지금껏 좋은 성적을 유지해온 메릴린이 갑자기 공부에 흥미를 잃은 근본 원인을 알아보려는 의도는 전혀 없다. 엄마의 질문은 사실상 이렇게 말하는 것과 마찬가지다.

'제발 그 바보 같은 TV 프로그램 좀 그만 보고 예전처럼 다시 공부하는 게 어때?'

다시 말해, 달린의 '질문'은 사실 질문이 아니라 문제가 해결되지 않는데 대한 불만을 표현한 것에 불과했다. 그녀의 질문엔 호기심도 없고 아이를 이해하려는 순수한 욕구도 없었다. 그저 딸아이가 일부러 인생을 망치고 있는 것으로밖엔 안 보이니 개선이 필요하다고 여길 뿐이었다.

"그러면 제가 뭘 물어봐야 하죠?"

달린이 물었다.

우리는 잠시 아무 말 없이 앉아 있었다. 먼저 침묵을 깬 쪽은 달린이었다.

"저는 정말 최선을 다해 노력하고 있어요. 제 관심을 아이에게 보여주고 있다고 생각했어요. 제가 아이에게 하고 싶은 말을 달리 어떻게 표현해야 할지 모르겠어요."

그녀가 말했다.

엄마는 딸아이가 갑자기 공부에 흥미를 잃게 된 진짜 이유를 전혀 모르는 게 분명했다. 아이가 안전하다는 느낌을 받아 자기가 겪고 있는 일들을 말해도 되겠다고 생각하도록 딸과 교감하는 법도 알지 못하는 게 분명했다. 하지만 그녀의 태도 변화는 상담실의 분위기를 바꾸기에 충분했다. 메릴린도 엄마가 정말로 혼란스러워한다는 걸 알 수 있었다.

∨
∨

나는 메릴린에게 제안했다.
"너의 솔직한 느낌을 엄마에게 알려주는 게 어때?"
메릴린은 엄마를 바라보며 또박또박 말했다.
"엄마는 나에게 무슨 일이 일어나고 있는지 신경도 안 써요. 나랑 앉아서 내가 말하고 싶은 것들을 들어줄 시간도 없잖아요. 엄마가 알고 싶어하는 건 내 시험이 어땠고 성적이 어떤지가 다예요. 엄마에겐 내 기분보다 똑똑한 딸을 두는 게 더 중요한 것 같아요."
달린은 놀라서 입을 다물지 못했다.
"네 기분이 어떤지 중요하지 않다니, 그게 대체 무슨 말이야? 나는 늘 네가 어떻게 지내는지, 뭐 필요한 건 없는지 물어보잖아. 그런데 그럴 때마다 너는 날 밀어내고."
메릴린이 답답하다는 표정으로 쳐다보자 내가 달린에게 말했다.
"방금 메릴린은 정말로 중요한 말을 했어요. 그 말에 대한 답으로 당신은 딸이 당신을 밀어낸다고 했고요. 하지만 방금 제가 본 건 당신이 아이를 밀어내는 모습이에요. 아이의 말을 듣는 게 아니라 반박했으니까요. 다시 한 번 해보시겠어요? 이번엔 아이가 당신에게 하는 말을 들으려고 해보세요."

달린은 충격을 받은 듯했다. 잠시 할말을 잃은 듯했지만, 그 순간이 모든 것을 바꾸는 계기가 되었다. 무기력한 표정으로 딸을 바라보던 엄마는 용기를 끌어모아 이렇게 말했다.

"엄마가 네 말에 귀 기울이지 않아서 미안해. 그러니 다시 한 번 말해주겠니? 너에게 무슨 일이 일어나고 있는지 정말로 알고 싶어."

메릴린은 눈물이 차올라 아무 말도 하지 못했다. 그때 달린이 손을 뻗어 딸아이의 손을 꼭 잡았다. 그렇게 두 사람은 잠시 아무 말 없이 서로를 바라보았다.

메릴린이 침묵을 깨고 자신이 겪은 일을 말하기 시작했다. 달린은 전혀 모르는 일이었다. 알고 보니 한 남자아이가 메릴린에게 치근댄 것이 발단이었다. 그 남자아이에겐 이미 여자친구가 있었다. 이 일로 메릴린은 다른 친구들이 모두 참석한 파티에 초대받지 못했다. 시간이 갈수록 더 소외되고 따돌림당한다는 생각에 학교에서 공부하는 것에조차 흥미를 잃었다. 성적이 나빠진 것은 메릴린이 정서적으로 고통받고 있음을 보여주는 지표였다.

딸아이가 어떤 일을 겪고 있는지 알게 되자, 엄마는 자신의 10대 시절에 친구 관계가 얼마나 중요했는지를 떠올리며 딸아이의 심정에 공감하고 깊은 교감을 나눌 수 있었다. 메릴린이 자신의 괴로움을 털어놓아도 괜찮겠다고 느낀 건 엄마의 태도가 비평가에서 동지로 바뀌었기 때문이다.

앞에서 우리는 어렸을 때 욕구 충족이 되지 않은 부모가 그 공허함을 어떻게 달래려고 하는지 살펴보았다. 달린이 그런 경우였다. 다른 사람들이 우리의 이런 모습을 알아채면 거리를 두려 할 것이다. 우리가 공허함을 느끼는 곤궁한 상태여서 누구를 만나든 피상적이거나 비난조의 질문만 할 뿐 진실한 호기심을 느끼지 못하기 때문이다.

자기가 겪고 있는 일을 부모가 정말로 알고 싶어한다고 느끼면 아이들은 부모의 질문을 기회 삼아 이야기를 들려준다. 그때 우리는 아이가 스스로에 대해 알아가도록 다정하게 유도할 수 있으며, 아이는 이를 통해, 어떤 일이 벌어지든, 그것이 아무리 언짢은 일이더라도 능히 상대할 힘을 얻는다.

WINNER 전략 2단계 : 물어보기

- [ ] 부모의 안내는 지시가 목적이 아니며, 아이가 자신의 깊숙한 욕구를 성찰해 결실을 보게 하려는 데 있다.

- [ ] 물어보기의 둘째 측면은 아이가 하는 행동의 '이유'를 발견하는 것이다. 다만 그 이유는 아이가 아니라 부모인 우리 안에서 찾아야 한다.

- [ ] 사람들이 어떤 행동을 하는 데는 언제나 그만한 이유가 있다. 그것이 우리에게 분명히 드러나지 않을 수도 있고, 우리가 용납할 만한 이유가 아닐 수도 있다. 하지만 당사자에게는 그 이유가 타당하다는 것을 우리는 이해해야 한다.

- [ ] 아이가 어떤 행동을 하든 부모는 그 뒤에 숨겨진 의미를 헤아리는 것이 중요하다.

- [ ] 우리가 어떤 사람에게 특정 행동을 하는 이유를 묻는 것은 정말로 이유를 알고 싶어서라기보다는 비난하려는 목적일 때가 많다. 아이에 대해 알고 싶은 욕구는 전혀 없고 아이를 변화시키려는 욕구만 있다.

- [ ] 우리가 진실로 궁금해하지 않는 한, 진짜로 마음을 열지 않는 한, 물어보기는 아무 효과가 없다. 이때 '왜'는 심판과 통제를 감추려는 말일 뿐이기 때문이다.

- [ ] 진정한 물어보기는 심문자에서 탐구자로, 즉 어떤 일이 벌어지는 역학 구도를 진실로 이해하려는 탐구자로 태도를 바꾸는 것이다. 부모의 에너지가 이렇게 부드러워지면 아이들은 부모의 반대에 부딪힐 거라는 느낌 없이 계속해서 자신을 드러내고 싶어한다.

- [ ] 자기가 겪고 있는 일을 부모가 정말로 알고 싶어한다고 느끼면 아이들은 부모의 질문을 기회 삼아 이야기를 들려준다. 그때 우리는 아이가 스스로에 대해 알아가도록 다정하게 유도할 수 있다.

29장

N : 중립 지키기

아이에게 식탁에 있는 접시를 치워달라고 요청하는 경우
우리는 "접시 좀 치워주렴"이라고 분명하고 간단하게 말하지 않고,
약간의 당혹감이나 부적절한 긴장감을 실어 말한다.
그때 아이가 우리의 요청을 단번에 들어주지 않으면
우리의 당혹감은 어렸을 때 자신의 요구가 외면당했던 역사만큼 커진다.

WINNER 전략에서 3단계에 해당하는 N은 중립Neutrality을 의미한다. 우리에게는 정서적 반응을 일으키는 자극과 조건들이 이미 형성되어 있어서 아이들을 상대할 때 불필요한 감정을 일으키는 경향이 있다.

예를 들어 우리는 아이가 장난감을 정리했으면 할 때, 혹은 옷을 옷장에 걸어두거나 음식을 다 먹은 후 빈 접시를 주방에 가져다 뒀으면 할 때 그런 요구사항에 감정을 덧붙여서 전달한다. 항상 논리보다 느낌으로 반응하는 아이들은 그 감정을 금세 알아채며, 그 감정이 대화의 분위기를 좌우한다. 부모에게 결핍이나 불안의 기미가 보이면 아이는 반발심이 든다. 감정적으로 부모의 욕구를 충족시킬 수 없을 것 같기 때문이다.

부모가 아이에게 식탁에 있는 접시를 치워달라고 요청하는 경우 아이에게 전달되는 메시지는 접시를 주방에 갖다놓을 필요가 있다는 것이 아니라, 부모의 요구에 따라야 한다는 뜻이다. 우리는 "접시 좀 치워주렴"이라고 분명하고 간단하게 말하지 않고, 약간의 당혹감이나 부적절한 긴장감을 실어 말한다. 그때 아이가 우리의 요청을 단번에 들어주지 않으면 우리의 당혹감은 어렸을 때 자신의 요구가 외면당했던 역사만큼 커진다. 우리는 목소리가 더 높아지고 더 간절해지며, 점점 억제가 안 되는 것을 느낀다. 그러다 원하는 결과를 얻지 못하면 화가 나서 소리를 버럭 지른다.

"대체 뭐가 문제니? 왜 이렇게 말을 안 들어?"

아이는 두려움과 원망이 뒤섞인 표정으로 우리를 바라본다. 대체 뭐가 그토록 큰일인지 어리둥절해하면서.

부모가 감정을 섞지 않고 명료하게 말하면 무엇을 요구하든 자연스럽게 힘이 실린다. 설령 아이가 부모의 강력한 존재감을 알아채지 못해도 부모는 아이가 잘 볼 수 있는 곳에 침착하게 자리를 잡고 눈을 맞추며 단호하지만 다정하게 말해야 한다.

"엄마 부탁을 들어주지 못할 어떤 이유가 있니? 엄마 부탁을 존중해 접시들을 치워주면 좋겠구나."

그런 다음 아이가 그 요청을 들어줄 거라 기대하며 자리를 뜨면 된다.

중립이란 먼저 우리의 감정을 잘 다스린 다음 아무런 정서적 앙금 없이 원하는 바를 분명하게 요구하는 것을 뜻한다.

"네가 이걸 하지 않으면 나는 무척 실망할 거야"

"부끄러운 줄 알아"

"지금 내가 얼마나 도움이 필요한지 안 보여?"

이와 같이 감정이 실린 말은 하지 말아야 하며, 철저하게 실무적인 대화를 할 때처럼 숨은 의도도 절대 담지 말아야 한다.

우리는 옷을 제자리에 정리하라고 아이에게 말할 때도 요구사항만 담백하게 말하는 경우가 거의 없다. 우리의 요구 뒤에는 이미 감정이 어느 정도 실려 있다. 아이들은 바로 이 정서적 자극에 반응하며, 그로 인해 역효과가 일어나고 비극이 펼쳐진다.

집안일을 다룰 때는 중립적인 태도를 유지할 수 있다고 치자. 하지만 만약 열세 살짜리 딸이 남자친구와 잠자리를 가진 사실을 알게 됐다면 어떨까?

우리의 본능적인 첫 반응은 분통을 터뜨리는 것이고, 그게 당연한 반응이라고 느낀다. 이 같은 상황에서 우리가 꺼내는 비장의 무기인 것이다. 그런 행동엔 그런 반응이 용납된다고 합리화한다.

"어떻게 내 딸이 '그런' 애가 됐지?"

우리는 스스로 이렇게 묻는다. 결국 머릿속으로 아이가 10대 엄마가 되고, 학교를 그만두고, 노숙자로 전전하는 모습을 상상한다. 하지만 그것이 정말로 그렇게까지 무너져야 할 일일까?

화가 나는 건 이해가 된다. 아이가 그런 극단적인 행동을 하면 부모로서 엄청난 두려움이 생길 수 있다. 그렇게 두려움에 압도될 때 우리의 유일한 반응은 극심한 공포에 빠져 어쩔 줄 모르는 것뿐이다. 자녀에게 신경을 쓰는 부모라면 그런 상황에서 어떻게 '중립적'일 수 있겠는가?

열세 살 여자아이가 성적으로 적극적이라면, 그 상대가 여러 명이든 단 한 명이든, 마음이 극도로 곤궁한 상태임을 드러내는 것일 수 있다. 아이는 부모와의 관계에서 경험하지 못하고, 그 결과 자기 내면에서도 느껴보지 못한 의미 있는 교감을 원한다고 외치는 것이다. 그런 아이는 어디에도 닻을 내리지 못한 채 교감할 수 있는 상대를 찾아 헤맨다. 그런 상황에서 남자친구 혹은 일련의 스치는 잠자리 상대들은 일시적으로나마 아이에게 자의식을 제공한다. 아이는 말 그대로 자존감을 빌려오기 위해 어떤 대가라도 치르려는 것이다. 상황이 이렇다보니 누군가와 교감을 나누고 그것을 통해 스스로에 대한 가치를 느낄 수만 있다면 마약의 유혹에도 쉽게 노출된다. 이런 아이에게 정말로 필요한 건 정서적 발달을 돕는 것인데, 현실은 이런 불법적인 행동을 하면 감옥신세를 지게 된다.

우리는 이런 행동에 빠진 아이에 대해 자존감이 낮다는 말을 자주 한다. 하지만 이는 그저 일반화하는 말일 뿐 실체는 없다. 심지어 그 아이가 스스로에 대해 좀더 나은 사람이라고 느껴야 하며 자신의 가치를 더 높이 평가해야 한다고 당위적으로 판단하는 분위기마저 풍긴다. 성적으로 문란한 여자아이에게 '노는 애' '창녀' 같은 표현을 쓰는 것은 마치 그 아이가 의도적으로 몸을 팔고 있다는 뜻으로 들린다. '미혼모'라는 표현도 아이가 아무 생각 없이 행동한 결과라는 조롱과 비난으로 가득하다.

아이들이 어떤 말썽을 피우든 그것은 전적으로 내적 빈곤 때문이며, 정서적 욕구가 논리와 합리적 판단을 압도해버리기 쉽다는 걸 우리가 안다면, 아이들을 몰아붙이는 것은 올바른 대응책이 아님을 분명히 깨닫게 될 것이다. 부모가 감정적으로 반응하면 아이가 이미 느끼고 있는 죄책감이 더 심해질 뿐이다. 아이와 부모 사이의 골이 더 깊어지는 건 말할 것도 없다.

이런 위기 상황에서 우리가 부모로서 해야 할 일은 아이가 느끼는 갈망의 깊이를 헤아려 그 수준에 맞게 개입하는 것이다. 이때 처음부터 판단, 질책 혹은 통제를 하려 들면 안 되고 먼저 우리의 정서적 기운이 지금의 단절을 만든 주범임을 인정해야 한다.

부모가 발끈하면 핵심을 놓치게 된다. 이런 상황에서 우리가 드라마를 쓰는 건 우리의 죄책감을 누그러뜨리고 아이에게 불안감을 전가할 뿐이다. 이제 와서 외출을 금지하고, 지금껏 누려온 혜택을 다 빼앗고, 남자친구를 만나지 못하게 하고, 다른 친구들과도 놀지 못하게 한들 소 잃고 외양간 고치는 격이다. 외출을 못 하게 한다고 상황이 바뀌지 않으며, 남자친구를 만나지 못하게 한다고 사태의 심각성이 줄어들지도 않는다.

겉으로 드러나는 모습만 보고 접근하면 아이가 겪는 고통의 뿌리를 이해할 수 없다. 오히려 아이의 행동이 더 나빠지거나 노골적인 반발을 불러일으켜 집을 나가게 할 가능성도 있다. 그러면 정말로 문제가 심각해진다. 어쩌면 거리의 매춘부가 되어 포주로부터 왜곡된 자존감을 확인하는 신세가 될지도 모른다.

이럴 때일수록 부모가 감정적으로 대응하지 않는 것이 중요하다. 물론 이런 위기 앞에서 감정을 다스린다는 건 굉장히 어려운 일이다. 하지만 감정을 억제해야 하고, 수년간 충족되지 않은 욕구를 단 한 번의 진지한 대화나 상담 치료로 바로잡을 수는 없다는 사실을 인정해야 한다.

중립을 유지하면 감정적으로 대응하는 것과는 근본적으로 다른, 의미 있는 행동을 할 수 있다. 중립적인 태도는 어떤 상황에서든 감정이라는 잡초를 걷어내기 때문에, 부모가 어떻게 움직여야 아이에게 이로운지를 명확하게 볼 수 있게 한다. 상황이 무척 심각할 경우, 나는 부모와 아이를 일주일간 집중

치료 프로그램에 보내기도 한다. 부모와 아이는 거기서 전문가의 도움을 받으며 치유 과정에 몰입하게 된다. 하지만 그건 시작에 불과하다는 점을 강조하고 싶다. 수년간 느껴온 내면의 공허함이 단 일주일 만에 채워지긴 어렵기 때문이다.

부모가 아이와의 유대감을 회복하는 동안, 아이는 자기 자신과도 다시 교감하면서 자신의 진정한 가치를 이해하게 된다. 이때 부모는 아이가 남자친구나 다른 친구들과 연락하는 것을 용인해야 한다. 아이가 견고한 자의식을 확립하기 위해서는 스스로 행동의 변화를 이끌어나가야 하기 때문이다. 부모의 역할은 아이와 교감을 나누는 것이지, 아이에게 지시하거나 감독하는 것이 아니다. 내적 빈곤이 자존감과 자신감으로 채워지기 시작하면 아이는 스스로에 대한 기준을 높이고 자신이 잠재력을 발휘하는 데 도움이 될 만한 사람들 그리고 그런 상황에 끌릴 것이다. 이건 오직 아이가 자발적으로 움직일 때 가능하다. 부모로서 우리가 할 일은 아이가 잘 지내도록 지지하는 분위기를 만들어주는 것뿐이다.

너무 일찍 성관계를 맺은 아이에게 내가 적용하는 원칙은 마약을 하거나 다른 위험한 행동에 가담한 경우, 혹은 학교에 적응하지 못하는 경우에도 똑같이 적용된다. 우리의 개입 수준은 상황의 심각성에 따라 달라져야 한다. 열여섯 살 아이가 이따금 마리화나를 피우는 것과 열세 살짜리가 코카인을 하는 것은 매우 다른 상황이다. 헤로인에 중독된 경우는 말할 것도 없다. 그런 행동의 핵심은 전부 내적 빈곤, 즉 공허함이다. 따라서 아이가 필요로 하는 것에 맞춰 적절한 개입이 이루어져야 한다.

아이 문제의 핵심을 이해하고 나면 부모는 정서적으로 극심한 고통을 경험할 수 있다. 그러다 보면 그 고통을 분노로 표출하기도 하고 자신을 탓하거나 슬퍼하기도 한다. 모두 부모가 견뎌야 할 무거운 감정들이다. 중립적인 태도는 이런 감정을 견뎌내고 아이도 그런 감정을 견뎌내도록 돕는다는 뜻이다. 우리가 현실감을 유지할수록 아이들의 감정을 더 잘 받아들일 수 있다. 그러면 아이들도 서서히 속마음을 털어놓게 된다. 그러다 때가 되면 말썽을 부리려는 내면의 충동도 사라질 것이다.

부모가 아이를 위해 감정을 털어놓을 공간을 만드는 과정을 한 내담자는 '감정 작업feeling work'이라고 불렀다. 이 내담자는 6주간 매일 이 작업을 했다. 오후가 되어 10대 자녀가 학교에서 돌아오면, 엄마는 아이가 집안 분위기에 적응할 수 있게 기다려주었다. 그런 다음 아이가 자신의 감정을 이야기하도록 이끌었다. 딸아이가 또래 친구들의 압력과 놀이터 정치를 경험하고 있던 터라, 엄마는 아이의 인생에서 친구들만큼이나 강력한 존재가 되어주는 것이 중요하다는 걸 깨달았다. 그러기 위해 매일 아이가 속내를 털어놓을 수 있게 했다.

두 사람은 매일 오후 30분쯤 앉아서 글짓기를 하거나 그림을 그리거나 일기를 쓰거나 아이의 느낌에 관해 이야기를 나누었다. 엄마는 차분히 들으며 해결책도 결과물도 필요 없다는 사실을 아이가 받아들이도록 도왔다. 그저 감정을 공유하는 것으로 충분했다. 그렇게 6주간 집중적으로 교감을 나누고 나자, 아이는 자기 문제를 스스로 해결해나가기 시작했다.

이와 같은 원칙은 열네 살 아이의 방에서 마리화나와 피임약, 가짜 신분증을 발견한 부모에게도 똑같이 적용된다. 효과적인 대응을 위해 부모는 먼저 자신의 느낌에 주목하고 그로 인해 일어나는 감정을 알아차려야 한다. 그 감정을 처리하기 위해 친구나 심리치료사를 만나는 방법도 있을 것이다. 당장 그 감정을 해소하지 않으면 아이를 치유하는 게 아니라 더 혼란에 빠뜨릴 수 있기 때문이다.

그런 과정을 거쳐 정서적으로 중립 상태가 됐다고 느껴지면 그때 아이와 대화를 시도한다.

"네 방에서 이런 걸 발견했어."

이런 말로 시작할 수 있을 것이다.

"처음엔 놀랐는데, 지금은 단지 너에게 무슨 일이 일어나고 있는지 알고 싶어."

부모가 솔직하고 침착한 상태로 자기에게 정말로 관심을 보인다고 느끼면 아이는 속내를 털어놓고 싶어할 것이다.

설령 아이가 "엄마 싫어" 혹은 "다 아빠 때문이야"라고 말하더라도, 또 그 말이 아무리 듣기 힘들어도 감정적으로 대응해봐야 혼란만 가중한다는 걸 명심해야 한다. 아이들은 부모의 심판에 대한 두려움 없이 속내를 털어놓을 수 있어야 한다. 오직 부모의 정서적 중립만이 이를 가능하게 한다.

WINNER 전략 3단계 : 중립 지키기

☐ 중립이란 먼저 부모로서 우리의 감정을 잘 다스린 다음 아무런 정서적 앙금 없이 원하는 바를 분명하게 요구하는 것을 뜻한다.

☐ 부모에게는 정서적 반응을 일으키는 자극과 조건들이 이미 형성되어 있어서 아이들을 상대할 때 불필요한 감정을 일으키는 경향이 있다.

☐ 부모에게 결핍이나 불안의 기미가 보이면 아이는 반발심이 든다. 감정적으로 부모의 욕구를 충족시킬 수 없을 것 같기 때문이다.

☐ 우리는 옷을 제자리에 정리하라고 아이에게 말할 때도 요구사항만 담백하게 말하는 경우가 거의 없다. 우리의 요구 뒤에는 이미 감정이 어느 정도 실려 있다. 아이들은 바로 이 정서적 자극에 반응하며, 그로 인해 역효과가 일어나고 비극이 펼쳐진다.

☐ 아이들이 어떤 말썽을 피우든 그것은 전적으로 내적 빈곤 때문이며, 정서적 욕구가 논리와 합리적 판단을 압도해버리기 쉽다는 걸 부모가 안다면, 아이들을 몰아붙이는 것은 올바른 대응책이 아님을 분명히 깨닫게 될 것이다.

☐ 위기 상황에서 부모로서 우리가 해야 할 일은 아이가 느끼는 갈망의 깊이를 헤아려 그 수준에 맞게 개입하는 것이다. 이때 처음부터 판단, 질책 혹은 통제를 하려 들면 안 되고 먼저 우리의 정서적 기운이 지금의 단절을 만든 주범임을 인정해야 한다.

☐ 아이들은 부모의 심판에 대한 두려움 없이 속내를 털어놓을 수 있어야 한다. 오직 부모의 정서적 중립만이 이를 가능하게 한다.

30장

N : 협상하기

∘

사람들은 갈등을 몹시 두려워한다.
다른 사람의 기분을 거슬러서는 안 된다고 느끼는 것 같다.
아이가 심각한 문제를 겪고 있음에도 내 앞에서
가능한 한 좋은 부모로 보이고 싶었던 한 부부는 이렇게 말했다.
"우리는 말다툼을 하거나 싸우지 않아요."
내가 그건 건강한 관계를 보여주는 표시가 아니라고 하자
부부는 당황했다.

∨
∨

WINNER 전략에서 4단계에 해당하는 두 번째 N은 협상하기Negotiate 를 뜻한다. 협상의 기술은 인생의 복잡한 요소들을 우리에게 해가 되지 않고 보탬이 되는 방식으로 헤쳐 나갈 때 개발할 수 있는 소중한 능력이다.

우리가 아이들에게 협상하는 법을 가르칠 수 있다면 삶을 창조적인 과정, 즉 어떤 상황이든 그 결과에 저마다 영향을 미칠 수 있는 것으로 바라보도록 격려하게 된다. 아이들은 관계라는 것이 서로를 좀더 풍요롭게 하며, 양쪽 모두 각자의 권리를 온전히 주장할 수 있다는 사실을 알게 된다.

부모라면 누구나 자기 아이가 이와 같은 방식으로 자율성을 키우기를 바랄 것이다. 하지만 실제로는 협상이 필요한 상황에서 아이가 권한을 행사하지 못하게 할 때가 많다. 우리가 어떤 식으로 그렇게 하느냐고? 훈육에 기대어 "내 말대로 하든가, 아니면 꺼져"라는 뜻을 행동으로 보여준다.

'협상'이라는 용어는 비즈니스 세계에서 아주 쉽게 사용되지만, 그 의미를 제대로 아는 사람은 별로 없는 것 같다. 특히 기업에서 협상이라고 하면 누군가는 얻고 누군가는 포기해야 하는 다툼을 벌이는 적대적인 시도라고 이해하는 사람들이 많다. 상대방의 희생을 통해 얻는 승리가 목표이기 때문이다. 이런 협상에서 양쪽 모두 승자가 되는 상호적 개념은 전혀 없다.

그러니 우리 아이들이 협상의 기술을 발달시키는 대신 적대적인 태도를 배우는 건 어쩌면 당연한 일일지도 모른다. 마치 네 방식 아니면 내 방식 둘 중 하나밖에 없다는 듯이. 아이들은 자기가 원하는 것을 얻기 위해서는 부모의 뜻을 거역할 수밖에 없다고 믿고, 충분한 압박을 가하면 부모가 항복할 거라 기대한다.

인생의 여러 가지 복잡한 상황에 접근하는 법은 다양하다. 예를 들어 우리는 아이들과 A, B, C라는 게임을 할 수 있다. 이 게임을 이용해 어떤 문제든 최소한 세 가지 각기 다른 해법이 있다고 설명할 수 있다. 열린 태도로 유연하게 그 해법을 찾기만 하면 된다. 해법에는 A라는 방법, B라는 방법, 혹은 C라는 방법이 있을 수 있다. 한 사람이 A를 원하고, 다른 사람이 B를 원하면, 성공으로 가는 길은 C를 발견하는 것이다. 이런 게임은 아이로 하여금 자율성을 보장받는 듯한 기분을 느끼게 해준다. 아이는 우리가 일단 선입견을 내려놓으면 어떤 문제든 해결책은 있다는 사실을 알게 된다. 나와 너 둘 중 하나가 아니라, 나와 네가 함께 새로운 통찰을 통해 참신한 길을 밝히는 것이 바로 협상임을 알게 된다.

이 협상 과정이 아이에게 너무 많은 권한을 부여한다고 생각하는 사람도 있을 것이다. 하지만 양육의 목적은 아이의 성장 속도에 맞춰 아이 스스로 점점 더 많은 권한을 행사하도록 돕는 것이다. 게다가 가만히 생각해보면 아이들은 이미 힘을 가지고 있으며, 그러면 안 될 이유가 없다. 부모는 왜 아이가 힘을 가지는 걸 두려워할까? 아마도 우리 중 일부는 스스로 불안하고 부족하다고 느끼다보니 아이가 계속 나약한 상태에 머물러 우리의 거짓된 우월감이 유지되기를 바라서일 것이다.

∨
∨

타일러라는 남자아이가 생각난다. 타일러는 상담 과정에서 아버지에게 무척 화를 냈다. 아버지가 정한 과외 수업을 전부 그만두고 싶다고 했다. 특히 스페인어와 영어 과외를 제발 그만하게 해달라고 애원했다. 성적이 좋아졌으니 더는 과외가 필요 없다고 주장하기도 했다. 이어진 협상에서 타일러는 스페인어와 영어 과외만 그만두게 해준다면 다른 과목 과외 수업은 계속 받겠다고 했다. 내가 타당한 제안이라고 말하자, 타일러의 아버지가 발끈하며 쏘아붙였다.

"그러면 타일러는 자기가 주도권을 쥐었다고 생각할 텐데요."

"애초에 이 모든 과외 수업을 마련함으로써 상황을 주도한 게 누군데요?"

내가 물었다.

"저죠. 저는 단지 타일러에게 성공적인 인생을 이끌어갈 최고의 기회를 마련해주고 싶었어요."

타일러의 아버지가 멋쩍어하며 인정했다.

"당연히 그러셨겠죠. 그런데 타일러가 어느 정도까지는 아버지가 정한 대로 따르다가 지금은 협상을 원하잖아요. 그렇게 조정한다고 해서 아이가 주도권을 쥐는 건 아니에요. 사실 어느 한 사람이 주도권을 쥘 필요가 없어요. 서로 존중하고 배려하면 모두가 원하는 바를 충족할 수 있으니까요."

내가 동의를 표하면서 덧붙였다.

여기서 기억할 점이 있다. 협상은 삶을 지속하는 것과 상관없는 문제에 한정한다는 사실이다. 안전과 건강에 관한 문제는 협상의 대상이 아니다. 예를 들어 탄산음료가 아이의 건강에 해롭다는 증거가 확실하다면, 주저 없이 집에서 탄산음료 마시는 것을 금해야 한다. 부모로서 조치가 필요하다면 동요하지 말고 과감히 주도권을 잡아야 한다.

∨
∨

삶을 지속하는 것과 상관없는 문제라면 아이가 대화의 주체라고 느껴야 한다. 예를 들어 아이는 토요일과 일요일 모두 친구들과 나가서 놀겠다고 하는데, 부모는 이틀 다 그럴 수는 없다고 생각했다. 아이가 계속 고집을 부리자, 엄마는 권위로 누르고 싶은 욕구를 느꼈다. 이런 생각이 들기 시작한 것이다.

'왜 이렇게 반항하는 거야? 고집쟁이 같으니. 내가 부모인데 자녀로서 굴복할 줄도 알아야지.'

엄마가 설교를 늘어놓으려고 하자 아이가 말했다.

"방법이 하나 생각났어요. 엄마가 원하는 대로 제가 금요일 저녁까지 숙제를 다 끝내면 토요일과 일요일 이틀 다 나가서 놀아도 되는 걸로 해요. 엄마가 걱정하는 건 제 숙제잖아요, 그렇죠?"

'애답지 않게 아주 똑똑한 소리를 하는구만!'

엄마는 자신이 난감한 상황이라고 느끼면 순식간에 아이를 통제하려 한다는 사실을 깨달았다. 감사하게도 이 엄마는 아이를 통제하지 않기로 했다. 아이가 요건만 충족한다면 주말을 어떻게 보내든 무슨 상관이란 말인가.

엄마는 주말에 나가서 놀고 싶은 아이의 욕구가 아니라 모든 일이 자기에게 편한 쪽으로 진행되기를 바라는 자기의 욕심이 문제임을 깨달았다. 상황을 지배하고자 하는 전쟁에 뛰어들지 않음으로써 그녀는 아주 큰 선물을 얻었다. 우리가 협조적인 태도로 대하기만 하면 아이가 얼마나 지혜로울 수 있는지를 알게 된 것이다.

타협과 희생은 중요한 뭔가를 포기해야 하는 데 반해, 협상은 누구도 손해 보지 않는, 이른바 '윈윈' 해법을 추구한다. 협상을 한다는 건 양측 모두에게 가장 좋은 결과를 찾는다는 의미이다. 굴복하는 것이 아니라 힘있게 소통하는 것이다.

약점이 아닌 강점을 기반으로 우리가 중요하다고 여기는 것을 이루어내는 데 초점이 맞춰진다. 다시 말해 타협과 희생은 결핍의 느낌을 포함하는 데 반해, 우리가 올바르게 이해하고 실천하는 협상은 무한한 가능성에 대한 믿음에 기반한다. 세상엔 우리를 행복하게 해줄 것들이 많이 있으며, 우리는 단지 이를 증명해 보일 방법을 찾기만 하면 된다고 믿는 것이다. 무한한 가능성이 있다고 느끼면 선택할 수 있는 종류와 양도 무한하다는 사실을 금세 깨닫게 된다.

효과적인 협상을 위해서는 갈등을 견뎌내는 힘이 필수다. 만족스러운 결론에 이를 때까지 갈등을 견뎌내지 못하면 자기에게 중요한 뭔가를 포기하게 되며, 이는 결국 자기의 일면을 포기하는 것과 같다. 그렇게 되면 결과물이 나와도 행복하지 않다. 그저 갈등으로 인해 생긴 불안감에서 벗어났다는 안도감이 있을 뿐이다. 방법은 어떤 관계든 가까운 관계에서는 갈등이 일어날 수밖에 없다는 점을 인정하고 최고의 성취를 위해 불안감을 견디는 것이다.

사람들은 갈등을 몹시 두려워한다. 다른 사람의 기분을 거슬러서는 안 된다고 느끼는 것 같다. 정서적으로 안정된 사람은 다른 사람의 의견에 반대하면 안 되는 걸까? 아이가 심각한 문제를 겪고 있음에도 내 앞에서 가능한 한 좋은 부모로 보이고 싶었던 한 부부는 이렇게 말했다.

"우리는 말다툼을 하거나 싸우지 않아요."

내가 그건 건강한 관계를 보여주는 표시가 아니라고 하자 부부는 당황했다. 나는 그들의 예상과 반대되는 설명을 했다.

"저는 갈등이 아예 없는 관계가 갈등을 견디는 관계보다 반드시 더 행복하다고 믿지 않아요. 중요한 건 갈등을 겪느냐 안 겪느냐가 아니라 그 갈등을 어떻게 풀어가느냐죠. 갈등 안엔 진정한 자기 발전의 씨앗이 들어 있거든요."

우리는 협상을 통해 자신의 뜻을 펼치는 동시에 상대방의 바람도 존중하는 법을 배운다.

WINNER 전략 4단계 : 협상하기

- ☐ 협상의 기술은 인생의 복잡한 요소들을 우리에게 해가 되지 않고 보탬이 되는 방식으로 헤쳐 나갈 때 개발할 수 있는 소중한 능력이다.

- ☐ 타협과 희생은 중요한 뭔가를 포기해야 하는 데 반해, 협상은 누구도 손해 보지 않는, 이른바 '윈윈' 해법을 추구한다.

- ☐ 협상을 한다는 건 양측 모두에게 가장 좋은 결과를 찾는다는 의미이다. 굴복하는 것이 아니라 힘있게 소통하는 것이다.

- ☐ 효과적인 협상을 위해서는 갈등을 견뎌내는 힘이 필수다. 만족스러운 결론에 이를 때까지 갈등을 견뎌내지 못하면 자기에게 중요한 뭔가를 포기하게 되며, 이는 결국 자기의 일면을 포기하는 것과 같다. 그렇게 되면 결과물이 나와도 행복하지 않다. 그저 갈등으로 인해 생긴 불안감에서 벗어났다는 안도감이 있을 뿐이다.

- ☐ 갈등을 견디는 방법은 어떤 관계든 가까운 관계에서는 갈등이 일어날 수밖에 없다는 점을 인정하고 최고의 성취를 위해 불안감을 견디는 것이다.

- ☐ 중요한 건 갈등을 겪느냐 안 겪느냐가 아니라 그 갈등을 어떻게 풀어가느냐에 달려 있다. 갈등 안엔 진정한 자기 발전의 씨앗이 들어 있기 때문이다.

- ☐ 우리는 협상을 통해 자신의 뜻을 펼치는 동시에 상대방의 바람도 존중하는 법을 배운다.

31장

E : 공감하기

。

누군가 고통에 휩싸여 있을 때 우리가 흔히 하는 말이 있다.
"신에겐 다 계획이 있어."
"걱정하지 마, 다 잘될 거야."
"모든 일엔 이유가 있어."
하지만 괴로운 사람에겐 이런 말은 아무 의미가 없으며
우리와 더 멀어지게만 할 뿐이다.
많은 경우 우리가 할 일은 그저 그 사람을 존중하며
곁에 있어주는 것이다.

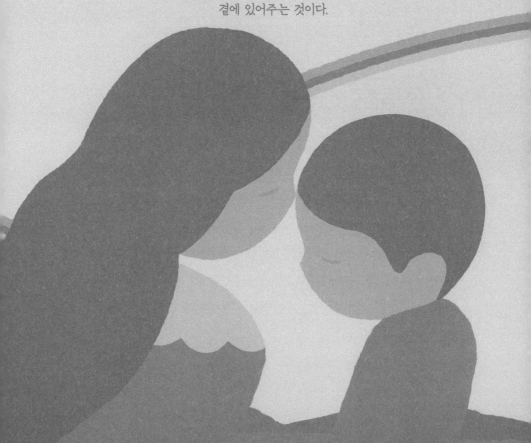

WINNER 전략에서 5단계에 해당하는 E는 공감하기Empathize를 뜻한다.

$$\vee \atop \vee$$

크리스탈의 삶은 트라우마와 비극으로 망가진 상태였다. 가난하게 자랐고, 오빠가 어린 나이에 마약범들과 다투다 죽는 모습을 지켜봐야 했다. 크리스탈은 아주 일찍부터 인생의 가혹한 현실로부터 자기감정을 보호해야 한다고 생각했다. 감정을 드러내지 않고 꼭꼭 숨기기만 한 탓에 삶의 괴로움이 아물지 않은 상처처럼 곪아 있었다.

크리스탈은 누군가와 친해지는 것이 어려웠다. 관계가 깊어질 것 같으면 마음의 빗장을 걸어 잠갔다. 그렇게 몇 번 관계가 깨지는 일이 반복되자 크리스탈은 나를 찾아와 자신이 왜 이렇게 마음을 닫아버리는지 알고 싶다고 했다.

"제 남자친구들은 하나같이 제가 차갑고 무정하다고 생각해요. 또 저를 무서워하고, 심장이 없는 사람 같다고 말해요."

크리스탈의 말이다.

나는 과거에 고난을 겪은 사람들은 보호받는 느낌을 받으려고 자꾸만 벽을 세워 자기감정이 드러나지 않게 막는다고 설명했다. 과거의 고통이 너무 커서 깊은 감정을 차단하고, 그 고통이 되살아날까 두려워 누군가와 가까워지는 것을 겁내는 것이다. 누구를 만나든 또 상처만 받으리라 생각하면서.

아주 어린 나이에 트라우마를 겪은 사람은 누군가 정서적으로 잔인하게 굴 것 같으면 철저히 방어막을 친다. 그 한 가지 방법이 무정한 태도를 보이는 것인데, 그런 식의 접근법밖에 알지 못하기 때문이다. 하지만 반대로 살다가 뒤늦게 트라우마가 생기면 마음의 문을 활짝 열기도 한다.

수용적인 분위기가 조성되자 크리스탈은 자신의 과거와 조우하게 되었고, 묻어둔 감정들을 다시 살피기 시작했다. 억울함과 체념만 있던 자리에 눈물이 흐르자, 천천히 만개하는 꽃처럼 마음을 조금씩 열기 시작했다. 차츰 일상에서도 전에는 불가능했던 방식으로 사람들과 교감을 나누기 시작했다. 자기 내면의 더 깊은 감정과 교감하고 있음을 직접적으로 보여주는 결과였다. 스스로 고통을 다스릴 수 있다는 믿음이 생기자 다른 사람들도 믿을 수 있게 된 것이다.

불완전한 세상에서 허점투성이의 인간으로 존재하는 경험을 받아들이고 그 과정에서 일어날 수밖에 없는 불안감을 견디는 법을 배우면, 다른 사람들 역시 나와 같은 인간으로서 비슷한 어려움을 겪고 있다는 사실을 알고 마음을 열게 된다. 그와 같은 고통을 경험해봤기에 상대를 더 잘 이해하게 된다. 그렇다고 그들이 느끼는 것을 똑같이 느끼거나 그들이 어떻게 느끼는지 안다고 생각해도 된다는 뜻은 아니다. 그들이 어떻게 느끼든 그것을 바로잡아야 한다는 생각 없이 그들 곁에 있을 수 있다는 뜻이다. 우리는 모든 사람이 각자 느끼는 대로 머물도록 지켜볼 수 있다.

사람들이 나에게 자주 하는 질문이 있다.

"내가 걱정하고 있다는 걸 알려주거나 내 의견을 전달하지 않는다면, 혹은 그 사람의 고통을 덜어주지 않는다면, 내가 염려한다는 사실을 다른 사람이 어떻게 알 수 있을까요?"

내 대답은 이렇다.

"반드시 뭘 해야만 염려하는 건 아니에요. 공감하면 사람들이 각자의 인생 여정에서 어디쯤 있든지 있는 그대로 존중하게 돼요. 다들 고통을 겪으면서도 각자의 위치에서 성장하고 강해지려고 한다는 걸 아니까요. 그들이 잿더미를 딛고 일어설 거라는 믿음은 이 우주가 치유의 장소이며, 우리가 준비만 되면 더 충만한 삶으로 이행할 수 있다는 확신에서 비롯됩니다."

우리는 우리 자신과 정서적으로 연결되어 있을 때 딱 그만큼 다른 사람의 경험을 있는 그대로 받아들이며 곁을 지킬 수 있다. 우리가 그들의 문제를 무겁게 받아들이든 가볍게 받아들이든 달라지는 건 없다. 다른 사람이 어떤 경험을 하든 우리에겐 그들을 판단할 권리가 없다. 그들의 기질 그리고 그 기질로 무엇을 감당할 수 있는지는 그들만의 고유한 특징이기 때문이다. 우리는 온전히 집중하는 태도로 그들 곁에 있기만 하면 된다.

누군가가 괴로운 감정에 휩싸여 있을 때 가만히 곁을 지킨다는 건 쉬운 일이 아니다. 우리의 본능은 그 사람을 고통으로부터 구해주려고 한다. 간혹 견딜 수 없는 불안감에 무작정 그 상황에 끼어들어 상대방의 자연스러운 감정 처리를 방해하기도 한다.

훈련받지 않은 눈으로 보면 고통에서 구해주는 것이 공감 같지만 그건 오해다. 괴로운 사람 곁에 있으면 당연히 불안해진다. 다른 누군가가 인간적으로 몸부림치는 모습을 오롯이 지켜볼 때 생기는 불안감을 견딜 수 있는 것이 진정한 공감 능력이다. 다른 사람에게 공감하기 위해서는 그들의 정서적 경험을 가로채거나 우리의 감정으로 대체해서는 안 된다. 하지만 그런 함정에 빠지는 사람들이 아주 많다. 상황이 그렇게 되면 우리는 상대방의 느낌과 연결되는 것이 아니라 우리 자신의 해결되지 않은 문제들로 상대방의 경험을 오염시키고 만다.

누군가 고통에 휩싸여 있을 때 우리가 흔히 하는 말이 있다.

"신에겐 다 계획이 있어."

"걱정하지 마, 다 잘될 거야."

"모든 일엔 이유가 있어."

하지만 괴로운 사람에겐 이런 말은 아무 의미가 없으며 우리와 더 멀어지게만 할 뿐이다.

많은 경우 우리가 할 일은 그저 그 사람을 존중하며 곁에 있어주는 것이다. 공감해줄 필요성이 느껴지면 상대방의 눈을 조용히 들여다보며 그들의 경험에 오롯이 집중하면 된다. 이때 계속 침묵을 지키는 것이 좋다. 상대방이 먼저 말을 꺼낼 경우, 대화의 목적은 언제나 그 사람이 스스로를 이해할 수 있도록 돕는 것이어야 한다.

그것이 아이의 고통이든 우리 자신의 고통이든 인생의 고통을 감내하지 못한다면 우리에겐 손해다. 우리는 고통을 견디는 만큼 삶의 무한한 기쁨도 경험할 수 있기 때문이다. 다시 말해 쓰라린 고통을 피하지 않고 고스란히 경험할 수 있어야만 웅장한 기쁨을 받아들일 힘이 생긴다.

부모라면 누구나 아이를 사려 깊은 사람으로 키우고 싶어할 것이다. 어른이 되었을 때 사회에 보탬이 되는 행동을 하고 이타주의를 실천할 그런 사람으로. 그러기 위해서는 아이가 아주 어릴 때부터 부모가 모든 면에서 아이에게 공감하는 모습을 보여줘야 한다. 예를 들어 우리가 아끼는 꽃병을 아이가 깼을 때 마치 집에 불이라도 지른 것처럼 아이에게 소리를 지른다면, 그건 세상에 더 많은 관심을 가지라고 가르치는 게 아니라 뒤로 물러나라고 가르치는 셈이다. 이때 아이는 스스로에 대해 충만함이 아닌 부족감을 느끼게 된다. 그러다 보면 아이의 이타성이 발달하는 게 아니라 오히려 위축된다.

공감은 훈육의 반대 개념이다. 공감은 괴로움과 기쁨을 모두 받아들일 힘을 주는 반면, 훈육은 어떤 감정도 깊이 경험하지 못하게 한다. 훈육엔 조종과 억제가 따르기 때문에 인생 경험의 깊이를 제한한다. 사실상 인생이라는 멋진 길 위에 '진입 금지' 장벽을 세우는 셈이다.

WINNER 전략 5단계 : 공감하기

☐ 어린 나이에 인생의 가혹한 현실로부터 자기감정을 보호해야 한다고 생각하는 사람들은 감정을 드러내지 않고 꼭꼭 숨기기만 한 탓에 삶의 괴로움이 아물지 않은 상처처럼 곪게 된다.

☐ 과거에 고난을 겪은 사람들은 보호받는 느낌을 받으려고 자꾸만 벽을 세워 자기감정이 드러나지 않게 막는다. 과거의 고통이 너무 커서 깊은 감정을 차단하고, 그 고통이 되살아날까 두려워 누군가와 가까워지는 것을 겁내는 것이다.

☐ 공감하면 사람들이 각자의 인생 여정에서 어디쯤 있든지 있는 그대로 존중하게 된다. 다들 고통을 겪으면서도 각자의 위치에서 성장하고 강해지려고 한다는 걸 아니까.

☐ 누군가가 괴로운 감정에 휩싸여 있을 때 가만히 곁을 지킨다는 건 쉬운 일이 아니다. 우리의 본능은 그 사람을 고통으로부터 구해주려고 한다. 간혹 견딜 수 없는 불안감에 무작정 그 상황에 끼어들어 상대방의 자연스러운 감정 처리를 방해하기도 한다.

☐ 훈련받지 않은 눈으로 보면 고통에서 구해주는 것이 공감 같지만 그건 오해다. 괴로운 사람 곁에 있으면 당연히 불안해진다. 다른 누군가가 인간적으로 몸부림치는 모습을 오롯이 지켜볼 때 생기는 불안감을 견딜 수 있는 것이 진정한 공감 능력이다.

☐ 공감은 훈육의 반대 개념이다. 공감은 괴로움과 기쁨을 모두 받아들일 힘을 주는 반면, 훈육은 어떤 감정도 깊이 경험하지 못하게 한다.

32장

R : 반복하고 연습하고 해결하기

°

"역할 놀이를 얼마나 자주 해야 할까요?"
내가 종종 받는 질문이다. 내 대답은 언제나 똑같다.
"새로운 행동이 자리 잡을 때까지요."
새로운 루틴을 만들려면 시간이 걸리지만,
노력하다보면 결국엔 습관으로 자리 잡는다.

WINNER 전략에서 마지막 단계인 R은 반복하기Repeat, 연습하기Re-hearse, 해결하기Resolve를 뜻한다. 반복과 연습의 목적이 문제 해결이니 '해결하기Resolve'로 시작해보자. 갈등을 해결하려면 부모의 단호한 의지가 필요하다는 점에서 'Resolve'는 이중의 의미를 지닌다(resolve 에는 '해결하다' 외에 '다짐하다' '단호한 결심' 등의 뜻도 있다—옮긴이).

갈등을 해결한다는 것, 갈등을 완전히 끝낸 상황에 이른다는 것은 주어진 문제를 모두 처리해 마음에 감정의 찌꺼기를 남기지 않는다는 뜻이다. 그러려면 우리가 단호한 의지를 키워야 하고, 그래서 그것이 우리의 개인적 특성이 되면 아이들도 그 모습을 고스란히 배워 자기 것으로 만든다.

나는 해결되지 않은 상황에 갇히고 복잡한 문제에 얽매여 빠져나올 길을 찾지 못하는 부모들을 많이 본다. 어쩔 줄 몰라 당혹스러워하는 상태가 그들의 기본 감정이 되어버린 것이다. 많은 경우 그들은 자신이 처한 상황에 피해의식을 느끼는 데 익숙해져 삶을 긍정적으로 느끼는 건 상상조차 못 한다. 이런 부정적인 성향은 정서적 암과 같아서 인생의 좋은 관계들을 순식간에 모조리 망가뜨린다.

부모들이 나를 찾아와 오랫동안 어떤 문제를 놓고 아이와 어려움을 겪고 있다고 말하면, 나는 가장 먼저 그들의 마음가짐을 바꿀 준비가 되어 있는지 묻는다. 이때 부모들은 대단히 거창한 뭔가를 해야 한다고 생각하는데, 변화의 첫걸음이 적어도 겉보기에는 전혀 거창하지 않다는 사실에 놀란다. 상황을 변화시키는 첫걸음은 각자의 마음가짐을 포함해 온전히 우리의 내면에서 시작된다.

답답한 상황에 직면한 이들에게 나는 모든 문제에는 세 가지 해결책, 즉 그 상황을 바꾸거나, 받아들이거나, 회피하기가 있다고 설명한다. 이중 어느 하나가 불가능하다면 남은 두 가지 중에 선택해야 한다.

상황을 바꾸는 건 어떻게 할까? 앞에서 우리는 우리 내면의 풍경을 바꾸는 것에 대해 이야기를 나누었다. 그런 다음에는 어떻게 해야 할까? 아이의 행동에 변화가 일어나도록 도우려면 어떻게 해야 할까? 가장 유용한 방법은 반복과 연습이다. 앞에서도 언급했지만, 나는 역할 놀이를 많이 활용한다. 반복과 연습을 통해 아이는 새로운 행동을 마음에 새긴다. 반복과 연습으로 숙달됐다는 느낌이 들게 하는 것이다.

"역할 놀이를 얼마나 자주 해야 할까요?"

내가 종종 받는 질문이다.

내 대답은 언제나 똑같다.

"새로운 행동이 자리 잡을 때까지요."

새로운 루틴을 만들려면 시간이 걸리지만, 노력하다보면 결국엔 습관으로 자리 잡는다. 이 같은 접근법은 우리 아이들은 '나쁜' 아이가 아니며, 다만 방법을 모를 뿐이라는 사실에 기반한다.

나는 역할 놀이를 일상생활 전반에 폭넓게 활용한다. 역할 놀이는 처음 학교에 입학했을 때 같은 전환기에 활용하면 큰 도움이 된다. 또한 아이가 정신적 혼란에 빠졌을 때나 갈등 상황에서도 유용하다.

방법은 가족 구성원이 각자 다른 역할을 맡고 돌아가며 차례로 다양한 역할을 해보는 것이다. 그렇게 다른 사람의 입장을 경험하고 느껴보면 공감과 이해가 싹튼다. 가족 모두가 다른 사람의 입장을 경험하고 나면 해결책을 찾기 위한 브레인스토밍을 한다. 그렇게 나온 아이디어들도 역할 놀이로 연기를 해본다.

이 방법은 효과가 빨리 나타나지 않는다. 시간과 인내 그리고 많은 경우 복합적인 협력이 필요하다. 부모들은 말은 의욕적으로 하지만 정말 효과적인 해결책을 찾을 정도로 에너지를 투입하는 경우는 드물다. 그건 고도의 지혜와 의지가 필요한 일이다.

대개 우리는 어느 한 가지 방법을 선택해 꾸준히 시도함으로써 끝장을 보고야 말겠다고 결심하기가 참 어렵다. 나는 부모들에게 말한다.

"이 상황을 바꾸는 데 필요한 일이라면 무엇이든 다 하겠다는 결심이 서지 않으면 이 상황을 그냥 받아들이세요. 현재 상황을 받아들이겠다고 결심해놓고 상황에 대해 화를 내면 안 됩니다. 상황을 바꾸든지 아니면 받아들이든지, 그건 당신의 선택이에요. 선택한 다음엔 그 선택에 불만을 품지 않아야 하고요."

지혜는 의지와 밀접한 관련이 있어서 서로의 자양분이 된다. 하지만 정말 중요한 건 우리가 어떤 어려움을 해결하기로 결심하든, 아이들은 자기만의 고유한 청사진을 지닌 씩씩한 인격체로서 존중받는 분위기에서 자라야 한다는 점이다.

이런 분위기에서는 자기 내면의 소리를 믿고 따를 수 있을 뿐만 아니라, 인생의 난관에 대처하는 능력을 자기 안에서 발굴하는 법을 배울 수 있다. 자신을 알아가도록 이끄는 분위기에서 자라는 아이들은 부모가 '받아들일 것 같은' 감정만이 아닌 다른 모든 감정을 오롯이 느끼며 자라기 때문에 슬프거나 외롭거나 화나는 느낌도 두려워하지 않는다. 그런 감정을 불러일으킬 만한 경험으로부터 자신을 방어하려고 하지도 않는다. 그들은 어떤 어려움이 생겨도 해결하려는 열린 자세로 살아가기 때문에 지혜가 넘치는 사람으로 멋지게 성장한다.

확고한 내면의 결심은 아이가 인생의 어려움뿐만 아니라 모험으로 가득한 삶에 평생 대비할 수 있게 한다. 아이의 타고난 회복력을 믿고 적절히 대응하는 부모 곁에서 자라기에 자신의 한계에 위축되기보다 강점을 활용할 줄 알게 된다. 강점과 약점이 함께 어우러져 자신을 온전하게 이룬다는 걸 이해하며 자란 아이는 자신의 부족한 점을 회피하려고 하지 않는다. 오히려 그것이 자신을 인간답게 만들고 다른 사람들과 연결되도록 한다는 사실을 직감적으로 안다.

아이를 엄하게 키우는 부모가 여전히 많지만, 요즘은 지나치게 달콤한 양육법 또한 유행이다. 즉 그 말은 아이에게 "너는 정말 특별해"라고 말하는 부모를 자주 보게 된다는 것을 의미한다. 이렇게 말하면 아이에게 영감을 주고 자존감을 높여줄 것 같지만, 실제로는 그와 반대 상황이 자주 일어난다. 아이는 자기 역량을 기반으로 스스로에 대해 진짜로 그렇게 느끼는 것이 아니라, 부모의 확신을 근거로 거짓된 자의식을 갖게 된다. 아이에게 "특별하다"라고 말하면 자신이 남들보다 우월하다고 느끼게 하며, 은연중에 "그러니까 너는 다른 사람들보다 더 뛰어난 결과를 내야 해"라는 메시지를 전하게 된다. 이는 아이에게 "너는 그 모습 그대로 무척 사랑스러워"라고 말하는 것과는 전혀 다르다. 부모가 아이에게 존재 자체로 사랑스럽다고 말하는 건 아이가 스스로를 온전히 받아들이며 자기만의 개성에 충실하도록 용기를 북돋우는 것이다.

아이에게 "특별하다"라고 말하는 것은 거만함을 부추길 위험도 있다. 그것은 자신 그리고 아마도 자기 능력에 대한 과장된 인식이다. 아이에게 "너는 원하는 무엇이든 될 수 있어"라고 말하는 것이 유행이라지만, 모든 아이가 자기가 원하기만 하면 무엇이든 될 수 있다는 건 진실이 아니다. 그뿐만 아니라 자기 아이가 특별하며 꿈꾸는 대로 뭐든 될 수 있다고 생각하는 것은 특출난 면 하나도 없이 지극히 평범한 삶을 살더라도 타고난 개성에 충실한 모습 그대로 오롯이 아이를 받아들이는 태도와는 정반대다.

"너는 원하는 무엇이든 될 수 있어"와 같은 근거 없는 말을 하기보다는 다음과 같이 말하는 편이 훨씬 도움이 된다.

"다른 사람을 따라하거나 네가 옳다고 생각하는 누군가처럼 되려고 애쓰지 말고 그냥 너답게 살다보면 세상에 너를 드러내는 법을 찾게 될 거야. 그냥 너 자신에 충실하다보면 네 삶에 맞는 길, 현실적이면서도 네가 어떤 사람인지를 소중히 여기게 하는 길을 찾게 될 거야."

이와 같이 자신의 깊은 내면과 교감하는 데 초점을 맞추는 방식으로 말해주면 아이는 자신의 본질과 무관하고 거창하기만 한 환상에 빠지지 않게 된다. 가령 아이가 타고난 신체 조건을 고려하지 않은 채 모델이 되겠다는 환상에 빠져 잡지에 실린 모델처럼 보이려고 자꾸만 굶는 문제도 피할 수 있다.

우리가 부모로서 명심해야 할 점이 있다. 생산적인 삶을 살겠다는 단호한 의지를 키우는 건 아이가 자아 발견을 통해 스스로 해야 할 일이다. 우리가 강요한다고 되는 것이 아니다. 그것은 아이가 자신의 진면목을 발견하도록 부모가 이끌어주는 분위기에서 자란 아이들이 서서히 성장하며 자연스럽게 내놓는 결과이다.

아이의 가치는 다른 사람들이 어떻게 보느냐가 아니라 아이 스스로 느끼는 고유한 개성에 달려 있다. 아이가 학교나 경기장 혹은 밴드 공연에서 얼마나 잘하는지와는 아무 상관이 없다. 그런 외부 요소들로 아이의 자의식이 평가되다 보면 확고한 결심이 발달하는 게 아니라 오히려 취약해진다. 외부에서 인정받지 못할 경우 아이의 자존감은 무너지고, 그와 더불어 그들의 역량도 발휘하지 못하게 된다.

젊은 사람이 스스로 결심을 세우면 망설임 없이 자신의 잠재력을 탐색하려고 한다. 하지만 결연한 의지가 부족한 사람이 '될 수 있는 건 무엇이든 되려고' 세상으로 나가면 스스로 무너지기 쉽다. 우리가 흔히 '중년의 위기'라고 부르는 경험이 그렇다.

지금까지 우리는 아이의 인생이 부모의 회유와 조종에 반응하는 것이 아니라 스스로의 진정한 바탕 위에서 발전해야 한다는 이야기를 나누었다. 이 모든 이야기는 아이가 어른이 되었을 때 부서지는 모래가 아닌 단단한 바위 위에 미래를 설계하도록 준비시키는 데 목적이 있다. 부모가 바라는 모습이 아닌 자기만의 고유한 특성에 충실한 사람이 되려고 다짐할 때 아이들은 확고하고 안정감 있게 성장한다. 정체성 부족의 전형적 결과물인 중년의 위기도 겪지 않는다. 이런 사람에겐 무너질 가짜 인생이 없으며, 허물어진 잔해 속에서 발견되기만 기다리는 미처 몰랐던 진짜 모습도 없다.

훈육 없는 양육법으로 아이 스스로 단호한 의지를 키우게 하는 건 단기가 아닌 장기간에 걸친 발달을 목표로 한다.

자라는 사과나무 가지에 사과를 꽂아서 과수원에 열매가 풍성한 것처럼 '보이게' 하는 것이 아니라, 사과나무가 무럭무럭 자라 많은 사과가 달릴 때까지 지켜보고 도와주는 것이다. 인위적으로 꽂아놓은 사과는 진짜 열매가 아니므로 썩어서 땅에 떨어지고 만다.

✓ Key points!

WINNER 전략 마지막 단계 : 반복하기, 연습하기, 해결하기

☐ 갈등을 해결한다는 것, 갈등을 완전히 끝낸 상황에 이른다는 것은 주어진 문제를 모두 처리해 마음에 감정의 찌꺼기를 남기지 않는다는 뜻이다.

☐ 답답한 상황에 직면한 이들에게 나는 모든 문제에는 세 가지 해결책, 즉 그 상황을 바꾸거나, 받아들이거나, 회피하기가 있다고 설명한다. 이중 어느 하나가 불가능하다면 남은 두 가지 중에 선택해야 한다.

☐ 지혜는 의지와 밀접한 관련이 있어서 서로의 자양분이 된다. 하지만 정말 중요한 건 우리가 어떤 어려움을 해결하기로 결심하든, 아이들은 자기만의 고유한 청사진을 지닌 씩씩한 인격체로서 존중받는 분위기에서 자라야 한다는 점이다.

☐ 우리가 부모로서 명심해야 할 점이 있다. 생산적인 삶을 살겠다는 단호한 의지를 키우는 건 아이가 자아 발견을 통해 스스로 해야 할 일이다. 우리가 강요한다고 되는 것이 아니다. 그것은 아이가 자신의 진면목을 발견하도록 부모가 이끌어주는 분위기에서 자란 아이들이 서서히 성장하며 자연스럽게 내놓는 결과이다.

☐ 훈육 없는 양육법으로 아이 스스로 단호한 의지를 키우게 하는 건 단기가 아닌 장기간에 걸친 발달을 목표로 한다.

내 아이를 위한 다짐

◇
◆

내 아이는 내가 색칠할 도화지가 아니며,

내가 다듬을 다이아몬드도 아니다.

내 아이는 세상과 공유할 전리품이 아니며,

내 영예로운 훈장도 아니다.

내 아이는 하나의 견해나 기대 혹은 환상이 아니며,

나를 비추는 거울도 내 유산도 아니다.

내 아이는 내 인형이나 프로젝트가 아니며,

내 노력이나 소망도 아니다.

내 아이는 더듬거리고, 비틀거리며, 시도하고,

울고, 배우고, 망치고,

실패하고, 다시 도전하기 위해 여기에 있다.

우리 어른들의 귀에는 희미하게 들리는 북소리를 듣고

자유를 한껏 즐기는 노래에 맞춰 춤을 추기 위해.

부모로서 내가 할 일은 옆으로 비켜 서
그 무한한 가능성을 지켜보며,
내 상처를 치유하고,
내 우물을 채우며,
아이가 훨훨 날게 하는 것이다.

—셰팔리 차바리

통제와 훈육 중심의 양육에서 벗어나는 것은 우리가 지금껏 배워온 내용과 길러진 방식을 거스르는 것이기 때문에 부모에게 참 쉽지 않은 일이다. 만약 이와 같은 길을 가고자 한다면 부모의 내면에 어느 정도의 알아차림이 일어나 그들 각자의 습관적 반응과는 별개로 새로운 방식으로 움직여야 한다.

예상한 대로 그 과정에서 빠르게 진전을 볼 때도 있고 좌절을 맛볼 때도 있을 것이다. 그러다보면 우리의 감정을 충분히 파악하고 다른 사람들의 감정도 이해하며 인생의 흐름을 '있는 그대로' 따라가게 되는 순간들이 찾아온다. 그때 비로소 다른 사람의 드라마에 휩쓸리지 않고 그들의 감정을 가만히 지켜볼 수 있는 마음의 여유가 생긴다. 하지만 거기서 조금만 발을 헛디뎌도, 주변에서 벌어지는 아주 작은 일에도 궤도를 이탈할 수 있다. 갑자기 에너지가 바뀌어 무의식적으로 행동하게 되는 것이다.

이런 일이 일어나는 건 보통 무언가가 우리 안에 불안감을 일으키기 때문이다. 불안감은 우리가 옳다고 여긴 생각이 흔들리거나 안전에 위협을 느낄때 생긴다. 아이들은 부모 내면의 해결되지 않은 갈등에 불을 붙이는 연료와

성냥이 될 수 있다. 하지만 아이들이 갈등을 촉발하는 방식은 매우 미묘해서 알아채기 힘든 경우가 대부분이다. 이때 우리는 통제력에 기대 주변 환경을 다스리려 한다. 가족들은 우리가 이와 같이 하려는 것을 곧장 알아차리고 주저 없이 지적한다. 이제 문제는 우리가 가족의 말에 주의를 기울이고 다시 중심을 잡으려고 할 것인가에 달려 있다. 물론 우리의 내면이 혼란스러울 땐 마음을 열고 다른 사람의 의견을 기꺼이 받아들이기란 쉽지 않다. 그 의견이 우리가 듣고 싶은 내용과 반대일 때는 더욱 그렇다. 하지만 바로 그 순간이 우리에게는 부정적인 감정을 해소하고 방향을 수정할 수 있는 기회다.

그런데 걷잡을 수 없을 정도로 화가 날 때는 어떻게 방향을 바꿀까? 그런 자제력을 어떻게 끌어모아야 할까?

감정적 반응이 극심할 때는 갑자기 모든 걸 내려놓기가 당연히 쉽지 않다. 거기엔 무엇이 어떻게 되어야 한다고 고집하는 우리의 머릿속 영화를 중단시키는 일도 포함된다. 또한 지금까지 그 과정에 들인 시간과 에너지, 비용을 고려하면 방향을 바꾸는 것도 망설여진다. 그래서 눈앞에 벌어지고 있는 현실에 화를 내면서 내가 원하는 방향으로 상황을 돌려놓으려고 싸우는 것이다.

설령 분노를 다스려야 할 필요성이 눈에 보여도, 우리가 뒤로 물러서면 혹시 나약하다는 신호로 보일 거라고 말할지도 모른다. 갈등이 이미 벌어졌는데 어떻게 중간에 아무렇지 않게 뒤로 물러난단 말인가?

우리는 싸움을 할 때마다 손실을 감수해야 한다. 싸울 땐 자기 자신에게 집중하지도, 지금 이 순간에 초점을 맞추지도 못한다. 문제는 과거가 얼마나 더 오래 지금 우리의 삶을 지배하도록 허용하느냐이다. 우리는 언제까지 다른 시대의 유령들과 싸움을 벌이고 싶은 걸까?

모든 부모의 인생 이야기 뒤에는 자신의 진정한 자아를 제대로 발달시킬 수 없었던 한 아이가 있다. 이런 인생사를 살아온 우리가 이제 우리 아이들에게서 고유한 방식으로 자신을 드러낼 권리를 빼앗는다. 아이들이 우리처럼 살도록, 훈육에 기대어 우리가 당했던 것처럼 아이들을 짓누른다.

아이들은 본래 온전하고 귀한 모습으로 우리에게 온다. 자기 안의 온전함과 가치를 우리가 일깨워줄 거라는 희망을 품고 말이다. 하지만 우리는 과거에 형성된 조건들 때문에 이를 배신하고, 타고난 모습 그대로 존재할 아이들의 기본권을 부정한다.

아이들은 온전한 삶을 추구하며 자신의 가치를 발견해 나가는 부모 곁에서 자랄 자격이 있다. 그래야 아이들만의 온전함과 자존감도 확장될 것이기 때문이다. 이것은 아이들의 권리이자 양육이라는 성스러운 임무를 맡은 우리의 소명이다.

이 책을 내가 처음 부모가 되고 교사가 되었을 때 읽었다면 어땠을까? 초등학교 교사로 근무할 당시 매년 소위 '제 멋대로 구는 통제 불능 아이들'을 만나면서 무엇이 이 아이를 이런 모습에 이르게 했고, 또 어떻게 이 아이를 달라지게 할 수 있을까에 관한 교사로서의 내 고민은 해가 갈수록 무감각해졌다. 교사의 노력에는 한계가 있다는 핑계를 대며 바뀌지 않은 현실에 서서히 지쳐갔다.

이제 교직을 떠난 지 제법 시간이 흘렀다. 당시의 그 아이들에게 더 괜찮은 어른이 되어주지 못했던 미안한 마음과 그때 이 책이 있었더라면…, 하는 아쉬움이 크다.

이 책을 읽으며 교실에서 가졌던 복잡한 생각들이 하나씩 정리되는 느낌이 들었다. 아이를 통제해야 하며, 옳고 그름은 확실하게(무섭게 혹은 때려서라도) 가르쳐야 한다는 부모와 교사의 태도가 아이들로 하여금 모든 관계를 억압과 순종, 강자와 약자의 구도로 바라보며 네편 내편을 가르게 만든다는 저자의 주장에 깊이 공감했다. 또한 이때 아이들은 가장 사랑하는 부모, 교사 같은 어른으로부터 굴욕감과 수치심을 느끼게 되고, 억울함과 분노와 불만을 쌓아가게 된다는 원리를 이해하게 되었다.

그렇다면 아이의 응석을 다 받아줘야 하는 것인가, 라는 의문이 생길 수 있는데, 저자는 절대 그렇지 않다고 말한다. 대신 저자는 이 책에서 부모의 그런 마음이 제대로 전달되지 못하는 이유를 찾아내고, 아이의 자율성과 동기, 책임감을 키우도록 돕는 훨씬 높은 수준의 양육법과 우리가 해야 할 일을 명쾌하게 보여준다. 이 책을 통해 나에게 선물 같았던 그 변화를 모든 부모와 선생님이 경험하길 바란다.

—이은경 (자녀교육전문가, 전 초등교사)

우리는 아이들의 말에 귀 기울이고, 아이들이 하는 말을 들으며, 아이들이 자기 모습을 드러내게 해야 한다. 셰팔리 박사의 새 책 『깨어있는 양육』은 그 방법을 보여준다. 저자는 우리에게 훈육은 필요치 않으며 우리 아이들에게 필요한 건 사려 깊은 안내임을 다시금 되새기게 한다. 모든 부모와 예비 부모가 꼭 읽어야 할 책이다.

—캐런 프리젠티(뉴욕시 서밋 스쿨 교장)

셰팔리 박사는 우리가 아이들과 갈등하는 근본적인 원인을 다루며, 그 갈등을 매우 새로운 방식으로 다스리는 법을 가르쳐준다. 아이에게 힘을 주고, 아이와의 관계를 더 긴밀하게 만드는 해결책을 찾으라는 것이다. 이 심오한 책을 읽고 나면 더 든든하고 유능한 부모가 될 것이다.

—로라 마컴 박사(『편안한 부모 행복한 아이Peaceful Parent, Happy Kids』의 저자)

이 책은 당신이 늘 꿈꿔온 모습의 부모가 되도록 도와줌으로써 아이와의 관계를 획기적으로 변화시킬 것이다. 셰팔리 박사의 이 멋진 책은 현실적인 지혜가 넘쳐난다. 모든 부모에게 강력하게 추천한다!

—바버라 니콜슨·리사 파커(국제 애착 육아 협회Attachment Parenting International 공동 설립자)

셰팔리 박사의 이 도발적인 책은 실망시키지 않는다. 부모로서 시행착오를 겪으며 얻은 열정과 연민, 지혜 그리고 임상 연구와 사례들을 바탕으로, 아이들을 통제하고 순종하지 않으면 벌을 주는 권위주의적 양육 방식이 우리가 바라는 목표나 우리가 원하는 부모 자녀 관계에 도움이 되지 않는 이유를 아주 능숙하게 설명한다. 거기서 그치지 않고 효과적인 양육법을 가르쳐준다!

—키스 자프렌(위대한 아버지 프로젝트The Great Dads Project 설립자,『어떤 아버지든 위대한 아버지가 될 수 있다How to Be a Great Dad: No Matter What Kind of Father You Had』의 저자)

셰팔리 박사가 또 한번 양육의 렌즈를 확대해 그 핵심을 보게 하는 일을 해냈다. 이번엔 우리가 어떻게, 왜 아이들을 훈육하는지에 초점을 맞춘다. 전작 『깨어있는 부모』 덕분에 전통적인 부모 자녀 관계가 뒤집혔으니 이제 새로운 눈으로 볼 수 있다.

이 책은 부모로서 아이들을 통제하려는 낡은 방식에서 벗어나 확실한 이정표를 제시한다. 셰팔리 박사는 언제나 양육 방식을 새로운 경지로 올려놓는 깊고 명쾌한 작업에 우리를 초대하며, 이번 책도 예외가 아니다. 이 책을 다 읽고 나면 훈육을 전혀 다른 시각에서 바라보게 될 것이다. 부모와 자녀라는 역할 대 역할이 아닌 인간 대 인간soul-to-soul의 진정한 관계가 꽃을 피우고, 부모와 아이 모두 내면의 온전함을 깨닫게 될 것이다. 좋은 부모의 참된 의미를 알려주는 이 풍성하고 짜임새 있는 책을 적극 추천한다.

—애니 번사이드(노틸러스 어워드 수상작 『인간 대 인간 양육Soul to Soul Parenting』의 저자)

신선하고 자극적이며 인생을 바꾸는 책! 이 책은 부모로서 우리의 역할과 아이에게 자제력을 가르치고 진정성과 자율성을 지니게 하는 것의 진짜 의미를 깊이, 그리고 길게 통찰한다. 깨어있는 양육을 실천하기 위해 첫발을 내디디려면 용기가 필요하다. 이 책은 그 여정을 지혜롭게 시작하도록 도와줄 것이다. 때로는 가볍게 쿡 찌르고, 때로는 세게 밀어붙이기도 하면서. 어떤 방법으로든 당신은 크게 도약할 것이다!

—로리 페트로(강사, 부모 교육 전문가, 사랑으로 가르치기Teach through Love 설립자)

이 책은 깊은 통찰로 양육의 새로운 길을 밝혀주고 훈육에 대한 매우 새로운 접근법을 제시한다. 셰팔리 박사는 이 복잡한 주제를 누구나 곧장 이해할 수 있도록 설명하며, 무척 유용한 지침을 명확하게 제시한다. 이 책은 우리 아이들과 아이들의 미래 그리고 잠재력을 깊이 염려하는 모든 이에게 주는 선물이다.

—제시 A. 메츠거(임상심리학 박사)

독자를 마음으로부터 변화시켜 새로운 방식으로 생각하고 느끼고 행동하게 하는 책은 드물다. 『깨어있는 양육』이 바로 그런 책이다! 이 책은 우리가 아이들과 갈등을 빚는 이유를 곧장 파고들어 전혀 새로운 위치에서, 훨씬 진화된 자유롭고 즐거운 위치에서 아이들을 대하도록 자극한다.

—줄리 클라인한스(교육 혁신 전문가, 부모와 청소년을 위한 공인 지도자·교사·멘토)

셰팔리 박사는 우리가 매우 오랫동안 목발처럼 의지해온 훈육에 대한 환상을 능숙하게 무너뜨리고, 우리 아들딸들이 행복하고 건강하고 자신감과 자제력을 갖춘 사람이 되도록 돕는 법을 구체적으로 알려준다. 놀랍게도 설교는 늘어놓지 않는다! 부모와 교육 종사자들이 꼭 읽어야 할 책이다.

—사이라 라오(여기 다 함께 미디어In This Together Media 회장)

이 책은 게임 체인저다. 훈육에 관한 모든 개념을 완전히 뒤집고, 원하는 성과를 내는 새롭고 혁신적인 방법을 제시한다. 아이는 물론 아이와 당신의 관계가 발전하고 건강하게 꽃피우기를 바란다면 이 책을 반드시 읽어야 한다!

—벨린다 앤더슨(공인 인생 코치, 『내면으로부터의 삶Living from the Inside Out』의 저자)

셰팔리 박사는 양육에 관한 우리의 인식을 바꾸기 위해 온갖 수단과 방법을 동원한다. 이번에는 우리가 아이들에게 원하는 긍정적인 경험을 유발하기는커녕 역효과만 내는 낡은 패러다임에 과감히 도전한다. 이 책을 읽은 부모는 누구나 정직하게 자신을 돌아보고 통찰하며, 궁극적으로 변화하려는 탐구를 시작할 것이다. 부모가 이렇게 성장한다는 건 자녀에게 줄 수 있는 최고의 선물이다.

—마이클 매탈루니(팟캐스트 「멋진 아빠Kick Ass Dad」 「불안한 세상에서의 열정 육아Passionate Parenting in a Volatile World」 진행자)

셰팔리 박사는 먼저 우리 자신의 진실한 모습을 받아들여야 아이의 진실한 모습을 이해하고 그 자체로 소중히 여길 수 있다고 가르친다. 그러한 교감을 통해 누구나 상처받을 수 있음을 인정하고, 호기심을 가지고 공감하며 서로에게 맞추려 하는 값진 '여유'를 경험하게 된다. 전통적인 훈육은 이런 교감을 다양한 형태로 방해한다.

셰팔리 박사의 책은 아이들이 문제 행동을 할 때나 곤란한 상황에 부딪쳤을 때 새로운 방식으로 접근하는 법을 설명하고 있다. 그 방법은 우리가 아이들과 더 깊이 교감하고 아이와 우리 자신의 상처를 치유하는 발판을 마련하도록 돕는다.

—수잔 노스럽 엘드레지(공인 임상 사회복지사, 심리치료사)

셰팔리 박사의 이 멋진 책을 읽는 건 오랫동안 외면해온 얼굴의 흉터를 응시하는 것처럼 고통스러울 수 있다. 당신은 당신 자신과 당신의 양육 방식에 관한 불편한 진실을 접하게 될 것이다.

하지만 셰팔리 박사는 생생한 일화와 지혜로운 통찰을 통해 그 불편한 진실이 등불 역할을 하게 만든다. 이 책을 다 읽을 때쯤엔 통제의 악순환을 끊고 당신과 아이 모두에게 이로운 새로운 양육을 시작할 힘과 지식으로 무장된 느낌을 받을 것이다. 다소 거칠지만 타당하고 직설적이면서도 아름답게 쓰인 이 책은 훈육하는 것이 쉽지 않아 도움을 받고 싶어하는 모든 부모들의 필독서다.

—수잔 코브(육아 정보 웹사이트 '키즈 인 더 하우스Kids in the House' 편집자)

『깨어있는 양육』은 기발하고 강력한 책이다! 책에 담긴 통찰과 지혜가 모든 부모 자녀 관계를 개선해줄 것이다. 12~13세 아이를 둔 엄마로서 나는 훈육에 기댄 양육법이 효과가 없다는 걸 몇 번이고 경험했으나 대안을 찾지 못해 난감했다. 그런데 셰팔리 박사가 이 책에서 그 대안을 알려준다. 전부 탁월한 방법들이다. 모든 부모가 이 책을 읽어야 한다!

—스테파니 길보(두 아이의 엄마)

셰팔리 박사의 신간 『깨어있는 양육』은 우리 모두가 기다려온 양육서다. 이 책은 깨어 있는 양육의 중요성과 함께 벌과 훈육이라는 구시대적 방법이 왜 효과가 없으며 해를 끼치기까지 하는지를 깊숙이 들여다본다. 과거의 경험이나 미래에 대한 걱정이 아닌 현재의 관점으로 부모와 아이의 역학 구도를 바라보는 새로운 패러다임을 제시한다. 이는 두려움과 비난이 아닌 상호 존중과 이해를 바탕으로 진정성 있는 관계를 발전시킨다. 이 책을 활용하는 부모는 틀림없이 자기 자신과 아이에게 더 많은 연민과 공감을 느끼게 될 것이다.

—캐시 카사니 애덤스(공인 임상 사회복지사, 공인 부모 코치, 『자각하는 부모Self-Aware Parent』의 저자, 젠 페어렌팅 라디오Zen Parenting Radio 진행자)

셰팔리 박사의 책은 모든 면에서 변화를 일으킨다. 저자는 겉으로 드러나는 아이의 행동 너머를 보고 아이의 핵심, 마음, 본질을 이해하는 법을 알려준다. 이것이야말로 모든 부모가 궁극적으로 원하는 것이 아닌가? 숙련된 행동치료사인 나는 처음엔 이 책이 내 사고방식에 도전하는 것처럼 느껴졌다. 하지만 익숙한 방식에서 벗어나자 보석 같은 지혜들을 발견할 수 있었으며 부모 자녀 관계에 관한 내 관점도 일부 바뀌었다.

—퍼진 파텔(행동치료사)

의자에 꼼짝 않고 앉아 있게 하는 얄궂은 벌은 이제 그만! 당신의 태도를 완전히 바꿔놓을 새로운 양육법이 등장했다. 셰팔리 박사는 인위적인 기술이

나 일시적인 전략에 기대지 않고 아이들과 진정성 있고 깊은 교감을 나누는 방법을 제시한다. 아이들에게 자율성과 영감을 주고 동기를 부여하고 싶은 부모라면 반드시 읽어야 할 책이다.

—타냐 피터스(임상심리학 박사)

깨어있는 양육

1판 1쇄 발행 2023년 7월 28일
1판 5쇄 발행 2025년 1월 15일

지은이 셰팔리 박사
옮긴이 구미화
펴낸이 이선희

책임편집 이선희
독자 모니터링 박소연 박연주
저작권 박지영 형소진 최은진 오서영
디자인 이보람
광고 디자인 최용화 장미나 이연우
마케팅 정민호 박치우 한민아 이민경 박진희 황승현
브랜딩 함유지 함근아 박민재 김희숙 이송이 박다솔 조다현 배진성
제작 강신은 김동욱 이순호
제작처 영신사

펴낸곳 (주)나무의마음
출판등록 2016년 8월 25일 제406-2016-000107호
주소 10881 경기도 파주시 회동길 210
문의전화 031-955-2696(마케팅) 031-955-2643(편집) 031-955-8855(팩스)
전자우편 sunny@munhak.com

ISBN 979-11-90457-27-9 03180

○ 나무의마음은 (주)문학동네의 계열사입니다.
○ 잘못된 책은 구입하신 서점에서 교환해드립니다.
  기타 교환 문의: 031-955-2661, 3580

www.munhak.com